Stock
und Stein
Verlag Krefeld

Katrin und Klaus Mees

Neustart am Ende der Welt

Trekking auf wilden Wegen
durch Patagonien und Feuerland

Verlag Krefeld

"Neustart am Ende der Welt" ist in der Deutschen Nationalbibliothek verzeichnet.

Erstausgabe 2024

Stock und Stein Verlag Krefeld
Raderfeld 30 b
47807 Krefeld
www.stockundsteinverlag.de

Fotografien: Katrin Mees, Klaus Mees

Gesetzt aus der Times New Roman und der Hobo.
Layout und Satz, Kartenskizzen: Susanne Goertz

1. Auflage 2024
ISBN 978-3-9824910-6-6

Inhalt

Aufstieg zum Cerro Mocho im Nördlichen Patagonischen Eisfeld

Übersichtskarte von Patagonien und Feuerland

PROLOG

In Kürze endet unser Berufsleben, und unaufhörlich beschäftigen uns nun diese beiden Lebensweisheiten, die unser Bewusstsein zuvor höchstens am Rande gestreift haben: Die Endlichkeit des Lebens und die Einschränkungen, die in unseren alternden Genen schlummern. Es ist, als würden sie uns rufen: "Ihr seid jetzt auf der Zielgeraden, also beeilt euch!"

Unsere Stimmung schwankt von Tag zu Tag und bewegt sich zwischen Wehmut und Erleichterung. Was erwartet uns in der Zukunft? In ein Stimmungstief werden wir nicht fallen, denn neben unserer beruflichen Tätigkeit gab es immer auch andere Interessen.

Ja, die Zeit drängt, und es gibt so viel nachzuholen. Immerhin haben wir in all den Jahren gelernt, wie man das Beste aus der Zeit herausholt. Und jetzt haben wir eine Gelegenheit, verpasste Chancen aufzuspüren und zu nutzen.

Schon immer waren wir mit Begeisterung auf Reisen und nutzten jede Gelegenheit, fremde Länder kennenzulernen. Mit dem Eintritt ins Berufsleben mussten wir uns zwar an kürzeren Urlaub und weniger exotische Reiseziele gewöhnen, doch wir entdeckten weiterhin gerne neue Länder und Menschen mit ihren Lebensgeschichten.

Nun bietet sich uns die Möglichkeit, diese neue Lebensphase nach unserenVorstellungen ohne zeitliche Begrenzung zu gestalten.

Die Frage "Wenn nicht jetzt, wann dann?" ist wie unser persönlicher Motivationscoach, der uns in jedem Lebensabschnitt daran erinnert hat, dass die Festlegung von Zielen und die Planung zu ihrer Verwirklichung eine entscheidende Rolle bei der Lebensgestaltung spielen. Und nun scheint es, dass seine Appelle an uns immer lauter werden. Und wir wissen auch: Am Ende zählt in unserem Buch des Lebens, wie in allen Büchern nicht die Anzahl der Seiten, sondern die Qualität der Geschichten, die wir darin geschrieben haben. Also werden wir neue Abenteuer und Erfahrungen und spannende Kapitel hinzufügen.

Katrin:

Was mache ich wohl in einem halben Jahr, wenn ich keine Lehrerin mehr bin? Diese Frage kommt mir unerwartet in den Sinn, während ich Schülern beim Lösen eines französischen Rätsels zusehe. Schon allein der Gedanke daran fällt mir schwer, denn mein Leben ist vollständig von der Schule dominiert. In den vergangenen Jahren hat sich die Unterrichtsstruktur geändert. Lehrer müssen nun von acht bis siebzehn Uhr in der Schule anwesend sein. In dieser Zeit unterrichte ich lediglich drei Stunden, den Rest der Zeit verbringe ich im Lehrerzimmer, ohne sie sinnvoll nutzen zu können. Das neue Motto: "Der Arbeitsplatz des Lehrers ist die Schule" wird vom Schulleiter mit größtem Engagement umgesetzt, aber wir haben keine Rückzugsräume und die drei Schulcomputer sind ständig belegt oder kaputt. Meine Bücher stehen daheim im Regal. Früher konnte ich mich zu Hause bis spät in die Nacht in völliger Ruhe vorbereiten. Die gibt es nun in dem hektischen Lehrerzimmer nicht mehr. Ständig ist jemand in Bewegung, das Telefon läutet, ein Kollege nimmt ab, ruft mit dem Telefonhörer in der Hand: "Wer weiß, wann der nächste Elternabend ist?" Eine Kollegin möchte wissen, wann der kommende Wandertag stattfindet, eine andere, wie weit ich mit der Planung des Deutsch-Französischen-Freundschaftstages bin. Unmöglich, mich hier zu konzentrieren. Erschöpft kehre ich um 17 Uhr nach Hause zurück, nachdem ich drei Stunden unterrichtet und sechs Stunden vergeblich damit verbracht habe, ein neues Konzept für die Unterrichtseinheit "Erzählperspektive" zu erstellen. Zu Hause greife ich auf meine alten Unterrichtsmaterialien zurück. Jetzt bin ich zu der Lehrerin geworden, die ich nie sein wollte, mit antiquierten Unterrichtsvorbereitungen auf vergilbtem Papier.

Der Unterricht verläuft routiniert und wenig inspirierend für die Schüler. Die Herausforderungen, mich an die Ganztagsschule anzupassen und die fehlende Möglichkeit, mich in Ruhe auf den nächsten Schultag vorzubereiten, veranlassen mich, meine Unterlagen für den vorzeitigen Ruhestand einzureichen. Dieser Entschluss stellt sich als eine der besten Entscheidungen meines Lebens heraus. Klaus bringt mich an meinem letzten Schultag zum Flughafen, weg von der Arbeit, dem Alltag und meinem bisherigen

Leben. Wolken ziehen über den blauen Himmel und scheinen mich mitzunehmen. Meine Freiheit beginnt. In Pamplona lande ich und mache mich allein auf den Jakobsweg, um den Abschied von meinem bisherigen Leben hinter mir zu lassen und neue Wege zu gehen. Mit meinem Rucksack finde ich in einer Pilgerherberge eine Unterkunft. Ein Lebensabschnitt ist unwiderruflich zu Ende gegangen, die Freude über ein neues Leben, in dem ich selbst über meinen Tagesablauf bestimmen kann, wächst von Tag zu Tag. Keine Vertretungsstunden, keine mühsamen Korrekturen und keine endlosen Konferenzen mehr. Stattdessen freue ich mich darauf, neue Menschen, Länder und Kulturen kennenzulernen. Im Lehrerzimmer saß ich die letzten Jahre in Konferenzen immer links vom Fenster mit Blick in die freie Natur. Jetzt bin ich in dieser Freiheit angekommen, und jemand anderes sitzt auf meinem Platz, schaut vielleicht auch sehnsüchtig hinaus und würde gerne mit mir tauschen.

Die Sonne scheint mir warm auf den Rücken. Allein oder gemeinsam mit anderen Pilgern genieße ich den Blick auf die Silhouette der Pyrenäen. Wir werden von der Bevölkerung als Pilger wahrgenommen, erhalten am Spanischen Nationalfeiertag ein Stück von einer Paella, die von drei Männern auf einem riesigen runden Tablett extra für uns in die Unterkunft getragen wird. Passanten halten auf der Straße an, um uns Schokoriegel zu schenken. Das Fischgericht am Abend bereitet von Tomaso und seinen baskischen Freunden, schmeckt süß-salzig und gewöhnungsbedürftig. Während meiner Wanderung fällt mein Berufsleben wie eine Ritterrüstung von mir ab und ich steige als Individuum mit meinen eigenen Wünschen und Bedürfnissen heraus. Jeder Pilger macht eine ähnliche Wandlung durch. Unterwegs erzählt man sich gegenseitig, warum man sich auf den langen und beschwerlichen Weg gemacht hat. Alle Geschichten zeigen eine Krisensituation, das Ende einer Beziehung, die Loslösung vom bisherigen Leben. Die Geschichte eines jeden Pilgers ist anders und jede spiegelt die Verwandlung in eine andere Person wider. Wenn ich nicht mehr zuhören oder einem Gedanken folgen möchte, gehe ich allein weiter, setze einen Fuß vor den anderen. Sehe mich selbst als kleinen Punkt in der weiten Landschaft, die mich wie ein Mantel umgibt. Ich bin mit ihr verschmolzen, ein Teil des Universums. Wir alle haben einen unterschiedlichen Rhythmus, aber treffen immer wieder in den Herbergen aufeinander: die Kanadierin, deren Freund an Krebs gestorben ist, Tomaso, der den langen Weg über die Meseta nach Léon mit einem Bus abkürzen möchte, und Jacques, der betrübt wirkt, aber nicht sagt, warum. Es ist eine neue Erfahrung, nur so vor mich hinzugehen, meinen Gedanken nachzuhängen und zu wissen, dass die lange Zeit des Berufslebens aufgehört hat. Jetzt beginnt etwas Neues, etwas Anderes, etwas, von dem ich noch nicht weiß, wo es mich hinführt. Vielleicht hat auch Klaus dieselben Gedanken und wir gestalten diesen Lebensabschnitt gemeinsam. Gehen nur mit dem Nötigsten ausgestattet durch fremde Landschaften, gespannt darauf, was auf uns zukommt. Ich freue mich darauf.

Klaus:
Langsam schließt er die Tür hinter sich, sehr langsam, als ob er überlegte, seine Entscheidung noch einmal rückgängig zu machen. Aber dann fällt die Tür ins Schloss. Kurz hält er inne und atmet tief durch, bevor er sich abwendet und davongeht. Wie in einer Filmszene sieht man ihn nur noch von hinten, während er immer kleiner wird. In den letzten Tagen hatte er das Zimmer ausgeräumt, alle Gegenstände, die er jahrzehntelang benützt hatte, verschenkt oder entsorgt. In diesem Moment wird ihm bewusst, dass auch er nicht mehr gebraucht wird. Zum letzten Mal geht er den vertrauten Weg über den langen Flur zum Treppenhaus und die Treppe hinunter zur Tiefgarage. Seit Tagen spiele ich in meinen Träumen die Hauptrolle in diesem Drama. Der Abschied vom Berufsleben fühlt sich scheinbar schwer an. Doch sobald ich aufwache, ändert sich alles: Kein bittersüßer Abschied, nur Freude, Abenteuerlust und die Neugierde auf all die gewöhnlichen und außergewöhnlichen Dinge, die ich im Ruhestand anstellen werde.

Über Jahrzehnte hinweg erforderten Termine und Projekte meine ganze Aufmerksamkeit, bestimmten Pläne meinen Tagesablauf: Dienstpläne, OP-Pläne und unzählige andere Pläne sorgten dafür, dass meine Tage einer bestens eingeübten Routine folgten. Das Berufsleben hat nun sein Ende gefunden, aber Pläne gibt es weiterhin, jedoch keine feste Tagesroutine mehr. Ein neues Kapitel voller neuer Abenteuer wartet darauf, geöffnet zu werden, denn am Ende der Welt warten neue Erfahrungen und Herausforderungen. Ich habe bereits eine Vorstellung von diesem geheimnisvollen Ort. Er ist weniger eine konkrete geografische Region als vielmehr ein Sinnbild für entlegene und unberührte Gebiete fernab der Zivilisation. Gemeinsam mit Katrin werde ich das Ende der Welt im tiefen Süden des amerikanischen Kontinents suchen. Wie zwei Nomaden werden wir uns im ehemaligen Siedlungsgebiet indigener Stämme zwischen Atlantik und Pazifik bewegen. Uns in Abgeschiedenheit und unberührter Natur auf Entdeckungsreisen begeben. In einem ständigen Wechsel der Orte. Nur zu Fuß und weit entfernt von viel begangenen Wegen und dem abgesicherten, vorhersehbaren Leben zu Hause. Fern der Schnelllebigkeit unseres Alltags. In einem Land, wo Abgeschiedenheit, wilde Natur und ein raues, wechselhaftes Klima tagein, tagaus die Spielregeln des Lebens neu bestimmen. Unser Zelt ist leicht zu transportieren. Und wir werden lernen, mit wenig auszukommen, denn allzu schwer sollten unsere Rucksäcke nicht werden.

Ich habe vergessen, den Wecker abzustellen. Um sechs Uhr reißt er mich aus dem Schlaf. Reflexartig springe ich aus dem Bett, um an meinen Arbeitsplatz im Klinikum zu fahren, aber im selben Augenblick fällt mir ein, dass es keinen neuen Arbeitstag mehr gibt. Ich gehe wie gewohnt in die Küche und mache uns einen Cappuccino. Es ist wie im Urlaub, nur mit dem Unterschied, dass dieser nicht enden wird. Viel Zeit, nicht unbegrenzt, aber lang genug, um alte Wünsche und Träume zu realisieren. Diese Erkenntnis gewinnt langsam immer deutlichere Konturen. Wir sind frei! Kein Zeitdruck mehr frühmorgens auf dem Weg zur Klinik, kein ungeduldiges Warten mehr an der geschlossenen Bahnschranke, kein nerviges Schleichen mehr in der Tempo-30-Zone. Ab sofort bewegt sich das Leben in eine andere Richtung. Mit dem Cappuccino gehe ich zurück ins Schlafzimmer. Im Bett lehnen wir uns zurück, trinken in Ruhe den Kaffee und beginnen zu planen …

Der September war gerade zu Ende gegangen, aber die Sonne strahlte noch warm vom Himmel und ließ den Herbst weiter warten.

Nur einen Monat später sind wir unterwegs nach Buenos Aires. Die blau-violetten Blüten der Jacarandabäume kündigen den südamerikanischen Frühling an. Unsere Reise geht weiter Richtung Süden. Wir fliegen in den blauen Himmel hinein und schweben bald über dem Tiefblau des Atlantiks, fühlen uns wie Entdecker und spüren beide, dass neue Abenteuer auf uns warten. Mit geschlossenen Augen lassen wir die moderne Welt hinter uns und begeben uns auf eine fesselnde Zeitreise. Wir tauchen tief in die Vergangenheit ein und befinden uns augenblicklich im Jahr 1520, einer Ära neuer Entdeckungen. Christoph Kolumbus und Vasco da Gama haben bereits die Grenzen der bekannten Welt verschoben und weitere Pioniere stehen bereit, um das Unbekannte zu erforschen. Ferdinand Magellan, der portugiesische Seefahrer im Dienst der spanischen Krone, bereitet sich auf eine neue Entdeckungsreise vor. Begleitet von 237 Männern sticht er mit fünf Segelschiffen in See. Sie folgen der südamerikanischen Küste abwärts und suchen nach einer Passage zum Pazifik und einer Route zu den Gewürzinseln zwischen dem pazifischen und indischen Ozean. In Europa sind die Gewürze Pfeffer, Nelken und Muskat heiß begehrt, und derjenige, der eine neue Handelsroute findet, kann mit Ruhm und Reichtum rechnen.

Auf der Südhalbkugel neigt sich im November der Frühling langsam dem Ende zu. Aufs Äußerste gespannt läuft Antonio Pigafetta an der Reling entlang und schaut ständig zur Küste. Der italienische Reise-Schriftsteller, der Ferdinand Magellan begleitet, ist plötzlich voller Aufregung. Wiederholt hatte er auf das nahe Land geschaut, nichts erregte bislang seine Aufmerksamkeit. Nun ist er hellwach. Er rätselt, beugt sich weit vor, schaut angestrengt zum nahen Ufer, traut erst seinen Augen nicht, doch dann ist er sich sicher: "Die außerordentlich große Gestalt sieht wie ein Mensch aus." Auch Magellan hat die Neugierde gepackt. Er findet einen Ankerplatz und lässt sich mit Pigafetta an Land rudern. Als der Mann vom Stamm der Aonikenk später vor ihnen steht, notiert Pigafetta in sein Tagebuch: "Er war so riesig, dass wir ihm nur bis zum Gürtel reichten … Er hatte ein großes Gesicht, das ganz rot bemalt war … Er war in die fein zusammengenähten Felle eines Tieres gekleidet. Dieses hat einen Kopf und Ohren groß wie ein Maultier, den Hals und den Körper wie ein Kamel, die Beine eines Hirsches, den Schwanz eines Pferdes, und es wiehert wie dieses. Von seiner Art gibt es reichlich in diesem Land." Es ist die erste Beschreibung eines Guanakos. Weiter notiert er: "Der Riese hatte an den Füßen Sandalen aus denselben Fellen, die sie in der Weise von Schuhen bedeckten." Ihre großen Fußabdrücke müssen einen starken Eindruck hinterlassen haben. Sie nannten diese Menschen "Patagoni", Großfüßler. Zu Zeiten Magellans waren Europäer im Durchschnitt nur etwa 160 Zentimeter groß.

Spätere Untersuchungen von Skelettfunden zeigten, dass die Nomaden vom Stamm der Aonikenk die europäischen Weltumsegler um eine ganze Kopflänge überragten. Sie hatten zwangsläufig größere Füße. Sie gaben dem Land seinen Namen: Patagonien.

Jeder hat eine andere Vorstellung davon, wo Patagonien auf der Landkarte beginnt. Weder eine chilenische Region noch eine argentinische Provinz trägt diesen Namen. Das entlegene Land, das Siedlungsgebiet indigener Stämme zwischen Atlantik und Pazifik, hat seine Mystik behalten. Im Westen stellten breite Flüsse, die reichlich Schmelzwasser von den Andenhängen in den Pazifik leiten, gleichermaßen für die Inka und die spanischen Konquistadoren eine Herausforderung dar, bei dem Versuch, nach Patagonien vorzudringen. Dort trafen sie auf kriegerische Mapuche-Stämme. Diese betrachteten den Norden als eine Welt des Bösen, bevölkert von Monstern, Dämonen und machthungrigen Eindringlingen. Heftig wehrten sie sich dagegen. Zuerst kamen die Inka, und obwohl sie zahlenmäßig überlegen waren, gelang es ihnen nicht, ihr Reich über den Rio Maule hinaus nach Süden auszudehnen. Nach dem Niedergang der Inka folgten die spanischen Eroberer. Sie konnten den Grenzfluss ohne Gegenwehr zwar überschreiten, trafen jedoch danach auf erbitterten Widerstand der Mapuche. In einem Friedensvertrag einigten sie sich mit ihnen auf den etwas weiter südlich gelegenen breiten Rio Bio Bio als Grenze.

Für einige Menschen beginnt das geheimnisvolle Patagonien bereits südlich von Santiago de Chile, für andere hingegen noch tiefer im Süden. Aber muss man das so genau wissen? Bewohner und Kultur eines Landes ändern sich selten. Grenzen entstehen vornehmlich aus wirtschaftlichen und politischen Gründen und oft berücksichtigen sie geografische Gegebenheiten. Drei Fahrstunden südlich von Santiago de Chile gehen wir dieser Frage nach.

"Sind wir bereits in Patagonien?", fragen wir Carmen, die uns in der Casa Chueca in Talca freundlich begrüßt. Sie runzelt die Stirn, blickt angestrengt nach oben und überlegt, als ob sie eine schwierige Examensfrage beantworten müsste: "Creo que no!" Das glaube ich nicht!

"Und wo beginnt es?" Sie weiß es auch nicht mit Sicherheit. "Ich vermute bei Concepción am Rio Bio Bio."

"Aber", ergänzt sie, "das Wetter hier in unseren Bergen ist oft so wie in Patagonien!"

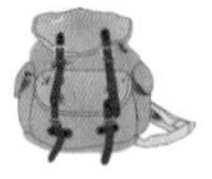

Neue Freiheit

Nun ist sie da, die neue Freiheit. Wir spüren sie sogleich beim Erwachen. Kein Wecker hat unseren Schlaf gestört, keine Geräusche mehr von der Straße und aus der Nachbarschaft. Und langsam begreifen wir, dass keine festen Termine auf uns warten, keine Aufgabenliste abgearbeitet werden muss. Wir können den Tag nach unseren eigenen Vorstellungen gestalten. Können in dieser neuen Freiheit alles und nichts zugleich tun. Aber wir erkennen auch bald, dass echte Freiheit nicht nur bedeutet, alles tun zu können, was wir wollen, sondern auch zu wissen, was wir wollen. Und das ist der spannendste Teil dieser neuen Kapitel: herauszufinden, wie wir sie gestalten möchten. Wir werden unseren Rhythmus bald finden. Unsere neue Freiheit gleicht einem unbeschriebenen Buch, jeder Tag eine leere Seite, die darauf wartet, von uns gestaltet zu werden. Und eines ist sicher: Es wird eine Reise voller Überraschungen, Entdeckungen und unvergesslicher Erinnerungen sein.

Unser Weg führt uns zunächst in Richtung unseres persönlichen "Endes der Welt" auf dem südamerikanischen Kontinent. Wir werden von Buenos Aires und Santiago de Chile das argentinische und chilenische Patagonien erreichen. Dort mit öffentlichen Verkehrsmitteln und dem Schiff an abgeschiedene Orte gelangen, die wir mit Rucksack und Zelt erkunden werden. Der Weg wird uns immer weiter in den Süden führen. Wir werden die Magellanstraße überqueren, die unberührte Wildnis Feuerlands erreichen. Und mit einem kleinen polartauglichen Schiff schließlich auch die Abgeschiedenheit der Antarktis. Die Einsamkeit und Stille dieser Orte gibt uns Raum und Zeit zum Nachdenken. Es ist jedes Mal ein Neustart ins Fremde und Ungewisse, eine Gelegenheit, aus dem vertrauten Alltag auszubrechen. Es ist ein steter Zyklus des Abschieds und der Rückkehr, der uns mit neuen Perspektiven, Erfahrungen und einem neuen Blick auf die Welt zurückkommen lässt.

Unsere Patagonien-Abenteuer beginnen südlich des 35. Breitengrades auf dem Kondor-Circuit. In den kommenden Tagen werden wir durch Buchenwälder und Vulkansandwüsten streifen, Flüsse und Schneefelder durchqueren. Wir werden einen mysteriösen Ufo-Landeplatz entdecken und einen Vulkan bedauern, der seinen stolzen Gipfel bei einem allzu heftigen Ausbruch verloren hat. Sorgfältig packen wir unsere Rucksäcke, denn unterwegs erwarten uns nur unberührte Natur und absolute Einsamkeit. Bloß das Nötigste kommt hinein, vor allem genug Verpflegung für sieben Tage, aber schwer werden sie trotzdem. Schon spüren wir die Last auf unseren Schultern, aber ein paar zusätzliche Kilogramm in unseren Rucksäcken können unserer Vorfreude auf die Tour nichts anhaben. Schließlich gibt uns das die perfekte Ausrede, um zwischendurch mal eine Pause einzulegen und die Aussicht zu genießen!

Carmen schaut uns mit großen Augen an. “Wollt ihr wirklich keine Pferde? Den ganzen Weg zu Fuß gehen und euer Gepäck selbst schleppen?”, fragt sie und bietet uns ein Pferd und einen Führer an. Beides klingt verlockend bequem. Aber wir haben beschlossen, auf Komfort zu verzichten, genauso wie auf fremde Hilfe.

“Auf sumpfigen Wegen bleiben die Füße trocken! Auch bei Flussdurchquerungen! Und euer Gepäck drückt nicht ständig auf dem Rücken. Außerdem verirrt ihr euch bestimmt nicht!”, versucht Carmen, uns zu überreden. Doch wir winken ihr freundlich ab. Das wäre doch kein Abenteuer mehr, so wie wir es uns vorstellen: Gehen und stehen bleiben, wann und wo wir wollen, unserem eigenen Rhythmus folgen und den Weg auf unsere ganz eigene Art erkunden.

Das Taxi ist vorbestellt und kommt pünktlich. Es ist kurz nach sechs am Morgen. Talca schläft noch. Unser Taxifahrer ist bereits hellwach. Er gibt uns gleich eine Lektion in Landeskunde: “Si un Chileno da una vuelta en la cama se cae al mar.” Wenn sich ein Chilene im Bett umdreht, fällt er ins Meer. Er hört nicht auf zu lachen, die Vorstellung findet er ausgesprochen amüsant. In der Tat: Chile ist lang, aber schmal, zwischen der Grenze in den Anden und dem Pazifik misst es gerade einmal bis zu 200 Kilometern. Auf der Zufahrtsstraße kaum Verkehr, auch nicht im kolonial geprägten Zentrum der Stadt. Beim Anblick der historischen Gebäude erklärt uns der Taxifahrer voller Nationalstolz: “Chile ist ein recht junger

Staat. Erst vor 200 Jahren konnten wir uns vom spanischen Königreich lösen und unsere Souveränität erhalten. Hier wurde damals die Unabhängigkeitserklärung unterzeichnet." Er zeigt auf ein stattliches koloniales Gebäude. Am Busbahnhof führt er uns quer durch den menschenleeren Innenhof und bringt uns zur Haltestelle.

"Espera aqui, adíos!" Wartet hier, tschüss! Er hebt noch die Hand zum Abschied und läuft schnell zurück zu seinem Auto, das er im Halteverbot abgestellt hat.

Wir sind auf dem Weg in das Naturreservat "Altos de Lircay". Seit bald 50 Jahren schützt die Regionalverwaltung dort die endemische Fauna und Flora, vor allem die vom Aussterben bedrohte Hualo-Südbuche. Sie wird bis zu 30 Meter hoch. Mit etwas Glück sehen wir vielleicht das Pudú, ein kleines Reh. Ein Zwerg, denn ausgewachsen erreicht es nur eine Höhe von etwa 40 Zentimetern. Es ist äußerst scheu, fürchtet sich vor allem vor dem Puma. Viel öfter werden wir Kondore beobachten, wenn sie majestätisch mit ihren übergroßen Schwingen über unseren Köpfen kreisen. Bewundern werden wir sicher auch die großen purpurroten Blütenglocken der Copihue, der chilenischen Nationalblume. Für die Mapuche, die das Land seit Urzeiten bewohnen, symbolisierten die leuchtenden Blüten dieser Kletterpflanze einst die Laternen eines Chicha-Diebes. In ihrer Vorstellung thronte Copihue, ein gefürchteter Geist auf den hohen Bergkämmen der Anden. Gelegentlich stieg er hinab in die Täler, um sich an Chicha, dem traditionellen Maisbier der Mapuche, zu berauschen. Damit er zurückfand, hängte er Lichter an die Zweige der Bäume, die er mit dem Feuer der Vulkane entzündete. Doch bei seinem letzten Ausflug geriet er in einen erbitterten Kampf mit mächtigen Geistern, wurde besiegt und ins Exil verbannt. Er hatte nur eine letzte Bitte: Mit den Lichtern wollte er seinen Weg dorthin beleuchten. Doch dieser Wunsch wurde ihm verwehrt. Die Laternen blieben an ihrem Platz. Seitdem schmücken die roten Glocken der Copihue die Wälder und erinnern an diese Legende.

Nach einer halbstündigen Fahrt durchquert der Bus San Clemente, eine kleine Provinzstadt. Überall werben noch Plakate für das alljährliche Rodeo, das vor Kurzem stattgefunden hat. Mein Sitznachbar ist aus seinem kurzen Schlaf erwacht, schiebt sich seine Mütze aus dem Gesicht und folgt meinen Blicken.

"Ist schon vorbei!", bedaure ich.

"Nichts verpasst", grummelt er, zeigt mit einer ausladenden Handbewegung seine ganze Geringschätzung und zieht die Stirn in tiefe Falten.

"Das ist doch kein richtiges Rodeo hier! Zwei Cowboys treiben mit ihren Pferden ein Rind durch eine Arena, versuchen ihm den Weg abzuschneiden und es gegen eine gepolsterte Bande zu drücken, bis es nicht mehr ausbrechen kann!", empört er sich. "Richtige Rodeos gibt es nur in Argentinien!"

Bald kann ich ihn besser verstehen. Er ist Argentinier und kommt zufällig aus einer Hochburg des Rodeos, aus San Antonio de Areco, nahe Buenos Aires. Jetzt ist er wieder richtig wach und voller Begeisterung für die argentinischen Gauchos. "Bei uns muss sich ein Gaucho eine Zeit lang auf einem jungen Pferd halten, das noch keinen Reiter gewöhnt ist, ohne richtigen Sattel und Steigbügel. Das ist verdammt anstrengend, denn die Pferde versuchen ihn abzuwerfen. Sie bäumen sich senkrecht auf, machen einen Buckel und hüpfen wie wild mit gestreckten Beinen nach vorne in die Luft, stellen sich abrupt auf die Vorderbeine und schlagen mit den Hinterbeinen aus." Mit seiner Rechten demonstriert er mit ausladenden Gesten die ungestümen Luftsprünge der Pferde. "Gefährlich ist das auch für den Reiter. Früh abgeworfen zu werden, empfindet er als Niederlage. Wenn er es schafft, sich 15 Sekunden lang auf dem wilden Pferd zu halten, applaudiert das Publikum. Wer es am längsten schafft, ist Tagessieger."

"Und wie wird der Tagessieger beim chilenischen Rodeo ermittelt?", frage ich.

"Entscheidend für die Wertung ist, mit welchem Körperteil der Cowboy oder Huaso, wie er hier genannt wird, das Rind an die Wand drückt. Je weiter hinten, desto mehr Punkte erhält er." Er macht es sich in seiner Ecke bequem und ist schon wieder eingeschlafen. Wir nähern uns Vilches Alto, unserem Ausgangspunkt für den Circuito. Der Bus dreht eine Schleife. Endstation. Alle aussteigen! Großfamilien mit viel Handgepäck eilen Richtung Park davon. Heute ist Sonntag. Gute Gelegenheit für einen Spaziergang im schattigen Wald oder für ein Picknick auf einer Wiese neben dem Rio Claro. Die Temperaturen sind bereits sommerlich warm, mit konstanten Tageswerten um die 30 Grad Celsius. Am Parkeingang erwartet uns eine Parkwächterin: "Kein offenes Feuer!", belehrt sie uns sogleich. "Im Park darf nur mit Gas gekocht werden! Bitte zeigen sie mir ihre Kartuschen!" Den Eintrittspreis berechnet sie nach Anzahl der Tage, die wir im Park bleiben wollen und gibt uns eine Quittung.

"Steckt diesen Zettel in die Box da drüben, wenn ihr zurückkommt!" Sie zeigt auf einen Kasten mit einem breiten Schlitz auf der anderen Straßenseite.

Wir schultern die Rucksäcke und folgen einem schattigen Forstweg. Noch fällt uns die Vorstellung schwer, dass wir gerade ein neues Abenteuer beginnen. Aber mit jedem Schritt spüren wir unsere neu gewonnene Freiheit immer stärker, genauso wie das Gewicht unserer überladenen Rucksäcke. Wir sind nicht mehr an solch schwere Lasten gewöhnt. Unsere letzte mehrtägige Wanderung liegt schon Jahre zurück. Damals waren die Rucksäcke auf unserem Weg von Lamayuru nach Manali im indischen Himalaya schwerer und die Anstiege steiler und höher, wir aber auch jünger. Ständig muss ich nun an den Ratschlag eines Freundes denken, der regelmäßig mit dem Rucksack unterwegs ist. Dieses Mal hätten wir seinen Tipp doch beherzigen sollen. Jedes Mal, wenn er diese Anekdote erzählt, kann er sich vor Lachen kaum noch halten: "Um mich auf das Tragen schwerer Lasten vorzubereiten, fülle ich meinen Rucksack mit Sandsäcken und steigere langsam das Gewicht und die Gehdauer. Oft werde ich von neugierigen Passanten gefragt, was ich denn so Schweres mit mir herumschleppe. Wenn ich ihnen dann erkläre, dass es nur Sandsäcke sind, schauen sie mich ungläubig an und denken, ich möchte sie auf den Arm nehmen."

Abrupt bleibt Katrin stehen und zeigt nach vorne. Was ist denn das? Ein Rieseninsekt, groß wie eine Hand, krabbelt mit schwarz behaarten Beinen über den Weg. Eine Vogelspinne. Zu nahe möchte ich ihr lieber nicht kommen. Ich habe eine Spinnenphobie.

Die Vogelspinne verharrt regungslos und gut getarnt im Laub, bereit, ihre Beute mit einer blitzschnellen Attacke zu überraschen.

Die Smaragdeidechse beäugt argwöhnisch die Vogelspinne in der Nähe. Wer hat hier Angst?

Weberknechte kann ich mit ruhigem Gewissen als Freunde bezeichnen, unter keinen Umständen aber behaarte Monsterspinnen. Im Schlafsack möchte ich sie auf gar keinen Fall haben! Sie frisst keine Vögel. Ihr Biss kann aber schmerzhaft sein. Wenn sie bewegungslos zwischen Kieseln und verdorrten Blättern verharrt, können wir sie mit ihrer grau-bräunlichen Färbung nur schwer erkennen. In der Nähe sonnt sich eine Smaragdeidechse. Kopf und Rücken zwischen den Vorderbeinen sind maigrün, Rücken und Schwanz schimmern türkis. Jetzt hat sie die Spinne entdeckt, winkelt ihre Beine ab, spannt die krallenbewehrten Zehen an, hebt den Kopf und beobachtet sie eine Weile regungslos. Sie schaut der Spinne nach, die langsam davon krabbelt und ist auf einen Schlag wie vom Erdboden verschluckt. Wer hatte wohl vor wem Angst?

Schweigend gehen wir nebeneinander her, versunken in unsere Gedanken. Mit jedem Schritt entfernen wir uns von unserem alten Leben. Ich glaube, es ist nicht so sehr von Bedeutung, wohin dieser Weg führt, solange die Richtung stimmt. Weg von Regeln und Pflichten, weg von Hektik und dem Lärm. Das Wandern erlaubt uns, im gegenwärtigen Moment zu leben, ohne uns von anderen Gedanken ablenken zu lassen. Wärme umgibt mich, begleitet von einer tiefen Stille. Jeder Schritt gibt mir das Gefühl der Befreiung, ist eine Abkehr von allem, was unnötig ist. Es wird immer deutlicher, dass nur wenige Dinge im Leben wirklich von Bedeutung sind. Wer Unnötiges mit sich trägt, erkennt dies bald und entscheidet sich, es loszulassen. Ich frage mich, welche Gedanken wohl gerade Katrin beschäftigen. Sie bemerkt, dass ich sie anschaue und erwidert meinen Blick mit einem Lächeln. Es ist beinahe so, als würden unsere Gedanken in der Stille zwischen uns kommunizieren, ohne dass Worte nötig wären. Wir beginnen dieses gemeinsame Abenteuer, diesen Weg in eine neue Freiheit. Wir entfernen uns von der alltäglichen Routine und dem Ballast des modernen Lebens.

Mountainbiker und Ausflügler kommen uns entgegen. Es ist Sonntag Nachmittag, das Wochenende neigt sich seinem Ende zu, und für viele beginnt morgen wieder der graue Alltag. Zurück in der Enge ihrer Wohnung werden sie bald den nächsten Ausflug planen. Genau so wie wir es in der Vergangenheit getan haben. Die Freiheit des Wochenendes verstrich, wie immer im Handumdrehen. Kaum hatten wir uns wieder in die vertraute Enge unserer Wohnung begeben, begannen unsere Gedanken schon das nächste Abenteuer zu planen.

Wir müssten doch schon längst da sein! Katrin wischt sich den Schweiß von der Stirn, schlüpft aus den Schultergurten ihres Rucksacks und wirft einen Blick auf die Karte. "Über neun Kilometer haben wir bereits zurückgelegt. Weit kann es nicht mehr sein." Und tatsächlich, bereits hinter der nächsten Biegung empfängt uns der Zeltplatz Los Carpinteros mit hohen, schattenspendenden Hualos, weitläufig und leer. Der erste Tag unserer neu gewonnen Freiheit neigt sich dem Ende zu. Die Rucksäcke haben stark auf unseren Schultern gedrückt, und obwohl wir sie nun abgelegt haben, verspüren wir immer noch eine seltsame Schwere auf dem Rücken, als ob uns unsichtbare Lasten weiterhin nach unten ziehen. Leicht gebeugt betrachten wir einander und können nicht umhin, uns über unsere windschiefe Haltung lustig zu machen. Wir strecken und recken uns und schlagen unser Zelt hinter dichtem Gebüsch am Ufer eines Baches auf. Befreit von der Last des schweren Rucksacks fühle ich wieder neue Energie und mein Entdeckergeist erwacht.

"Kommst du noch mit auf den Enladrillado?", frage ich Katrin mehr rhetorisch. Sie hat einen kleinen Gumpen in der Nähe entdeckt und hält bereits ihren Bikini in der Hand. Carmen in der Casa Chueca hatte meine Neugier geweckt. "Der Ausblick ist atemberaubend", schwärmte sie. "Ich war letztes Jahr dort oben. Manche glauben sogar, dass Außerirdische schon einmal auf dem Gipfelplateau gelandet sind." Nun möchte ich unbedingt diesen UFO-Landeplatz mit eigenen Augen sehen. Katrin schaut mich ungläubig an.

"Du möchtest jetzt am späten Nachmittag da noch hoch, über 1.000 Meter?" Sie schüttelt entschieden den Kopf und streift ihr durchgeschwitztes T-Shirt ab. "Nein, ich bleibe hier und bade!" Nach dem schweißtreibenden Aufstieg wäre ein erfrischendes Bad sicherlich angenehm. Dennoch möchte ich die Gelegenheit, diesen ungewöhnlichen Ort zu besichtigen, an dem angeblich Außerirdische einst gelandet sein sollen, nicht verpassen. Schließlich könnte das endlich die Gelegenheit meines Lebens sein, in Kontakt mit Außerirdischen zu treten.

In Serpentinen windet sich der Pfad durch dichten Laubwald, angenehm schattig und kühl. Oberhalb der Baumgrenze aber brennt die Sonne wieder vom Himmel, und obwohl ein kräftiger Wind geht, bleibt es unerträglich heiß. Über Vulkanasche und felsiges Gelände steige ich aufwärts, auf den letzten Metern steil und rutschig. Plötzlich weitet sich der Horizont und ich stehe unvermittelt auf einem weitläufigen Plateau bedeckt mit großen verwitterten Basaltplatten. Gelegentlich erwecken sie den Eindruck, als wären sie in einer regelmäßigen Anordnung gelegt. Eine riesige Plattform! Ihre gleichförmige Gestaltung und die exponierte Lage faszinieren mich. Ist es eine Landebahn für Ufos? Gut vorstellbar. Oder der magische Ort für Zeremonien und Riten einer längst vergangenen Kultur? Eher nicht. Die Natur selbst hat dieses Kunstwerk geschaffen, als vor langer Zeit ein Vulkan ausbrach und heißes geschmolzenes Gestein in der Umgebung verteilte. Wind und Wetter schliffen über die Zeit die Steinblöcke zu einer ebenen Fläche. Aber diese Erklärung ist nicht so populär, denn sie nimmt dem Ort sein Geheimnis. Ich balanciere auf den Steinen bis zum Ende des Plateaus, wo es unvermittelt steil abbricht und versuche herauszufinden, wo uns der Weg morgen hinführt. Zu meinen Füßen erstreckt sich das schmale Tal des Rio Claro, viele Hundert Meter tiefer, dahinter begrenzen schneebedeckte Berge den Horizont, überragt vom Vulkan Descabezado Grande, dem großen kopflosen Vulkan. Bei einer explosiven Eruption vor Jahrzehnten hat er sich selbst geköpft. Wo einst ein kegelförmiger Gipfel sein Haupt krönte, klafft nun ein riesiger Krater. Das hat auch seine Höhe reduziert. Zum Viertausender fehlen nun einige Meter. Selber Schuld!

Wir sind spät aufgewacht und haben den Sonnenaufgang verpasst. Unsere erste Nacht im Zelt war schon immer gewöhnungsbedürftig. Wir drehten uns unentwegt von einer Seite auf die andere und stießen ständig irgendwo im Zelt an, bis der Schlaf schließlich über uns kam. Und in den Morgenstunden war er stets fest und tief. Auch heute war es wieder genauso.

"Wie bei unserer ersten Zeltreise! Erinnerst du dich noch?" Katrin reibt sich den Schlaf aus den Augen und richtet ihren Blick auf mich.

"Natürlich! Auch noch an den Ort!" Wir waren damals in Kavalla, einem malerischen Städtchen an der Nordküste der Ägäis.

Der Blick geht tief hinunter in das Tal des Rio Claro und empor zum Vulkan

Die Abende waren angenehm warm, der Retsina schmeckte uns immer besser, und wir verloren uns in langen Gesprächen, für die wir nun im Urlaub viel Zeit hatten. Wir ließen uns vom Licht des lauen Sommerabends verzaubern, beobachteten am Himmel die "Tränen des San Lorenzo" und wünschten uns bei jeder Sternschnuppe Liebe und Glück.

Es waren magische Momente. Wir merkten gar nicht, wie die Zeit verging. Erst in den frühen Morgenstunden legten wir uns schlafen, bis die Hitze des Mittags uns aufweckte. Nun ist es auch wieder viel zu spät, als wir aufbrechen. Wir wollen in das Tal des Rio Claro absteigen, den Fluss durchqueren und dem erkalteten Lavastrom des Descabezado Grande aufwärts folgen. Sollten wir es jedoch nicht bis dorthin schaffen, wäre dies auch kein Problem. Wir sind unabhängig, benötigen lediglich Wasser. Und wer weiß, vielleicht erleben wir heute Nacht genauso magische Momente wie damals in Kavalla, nur diesmal unter einem anderen funkelnden Sternenhimmel in den Anden.

Descabezado Grande am Horizont.

Ein steiniger Pfad windet sich viele Hundert Meter in das weite Tal des Rio Claro hinab, ein langer, mit Geröll bedeckter Abstieg. Die Sonne brennt unbarmherzig auf uns herab, die Luft steht still und flimmert. Nicht ein Hauch von Wind. Die Hitze ist fast erdrückend und der Schweiß rinnt uns in die Augen. Über Kiesel gleiten unsere Schuhe besonders gut wie bei einem Kugellager. Manchmal zu schnell. Und mit dem vollgepackten Rucksack auf dem Rücken führt das oft zu ungewollten Rutscheinlagen. Unsere neuen Rucksäcke sind ultraleicht und auch unser Zelt wiegt weniger als zwei Kilogramm. Aber der Proviant für sieben Tage macht sie schwer: Müsli mit Trockenfrüchten, Nüssen und Milchpulver für morgens, Energieriegel für mittags und gefriergetrocknetes Essen für abends. Eine zeitgemäße und leichte Verpflegung, aber für eine ganze Woche trotzdem schwer. Die Abenteurer vergangener Zeiten verpflegten sich anders. Sie führten bestenfalls frische und luftgetrocknete Lebensmittel mit, doch meistens erlegten sie unterwegs mit der Flinte ein Guanako oder Enten. Zudem ritten sie auf Pfer-

Durchquerung des Rio Claro. Erst einmal ohne den drückenden Rucksack!

den, die ihre gesamte Ausrüstung trugen. Erst spät am Nachmittag erreichen wir den Fluss im Tal.

"Willst du noch zum Campamento Venado?" Katrin schaut mich fragend an. Noch zwei Stunden weitergehen bis zu unserem geplanten Tagesziel, dazu verspüre auch ich absolut keine Lust mehr. Spontan treffen wir eine Entscheidung: Wir bleiben hier! Der Ort wirkt wie ein Paradies. Kaum, dass wir ihn erreicht haben, hat er uns auch schon verzaubert. Absolute Stille, unterbrochen nur vom gleichförmigen Rauschen und Plätschern des Wassers. Ab und zu zwitschert ein Vogel. Die Hitze des Tages hat nachgelassen. Die Sonne steht bereits tief am Himmel und taucht die Berggipfel in warmes orangenes Licht. Wir setzen uns auf einen großen Stein im Flussbett und spüren das kühle Wasser um unsere Füße. In der Weite des Tals fühlen wir uns klein, als ob wir die einzigen Menschen auf dieser Welt wären. Schon bald leuchten und funkeln erste Sterne. Ein Ort der Stille und des Friedens, befreit von jeglicher irdischen Schwere. Wir verlieren uns in der Betrachtung des Mondes und der Sternenbilder. Katrin sucht den Großen Wagen am Himmel, doch er bleibt unauffindbar. Kein Wunder, wir sind zu weit südlich des Äquators, wo er nicht mehr sichtbar ist. Plötzlich wendet sie ihren Kopf und blickt mich direkt an.

“Erinnerst du dich noch an unser allerserstes Treffen?”

“Natürlich!” Der Tag, an dem wir uns kennenlernten, ist fest in meinem Gedächtnis verankert, genauso wie unsere damalige nächtliche Entdeckungsreise am Sternenhimmel. Zugegeben, ich war kein Experte für Sternenbilder, aber den Großen Wagen kannte ich und wusste, dass der Polarstern in fünffacher Verlängerung seiner hinteren Kante hell leuchtet. Stolz präsentierte ich mich als Kenner und versuchte, Eindruck zu schinden. Seitdem hat der Große Wagen eine besondere Bedeutung in unserem Leben gewonnen, denn wir verbinden beide damit den Beginn unserer Beziehung.

Den Heiligabend und den ersten Weihnachtstag zuvor hatte ich mit meinen Eltern verbracht, danach startete ich mit Ralf, einem Freund in meinen ersten Skiurlaub. Während meiner Bundeswehrzeit im Allgäu stand ich an freien Wochenenden einige Male auf Ski und habe versucht, an leichten Hügeln abzufahren, ohne zu stürzen, was mir allerdings trotz aller Bemühungen nur selten gelungen ist. Aber ich bin ein optimistischer Mensch und hoffte, dass sich das jetzt bald durch tägliche Übung ändern würde. In München hielten wir an, um bei Sport Schuster noch ein paar Ski zu besorgen. Viel Geld hatte ich damals als Student nicht, aber es reichte für ein schönes Modell. “Es ist komplett aus Esche, einem sehr robusten Holz”, versicherte der Verkäufer. Erwartungsvoll machten wir uns auf den Weg nach Österreich, wo wir uns in Kaprun mit dem Rest unserer Gruppe trafen. Neue Gesichter für mich, alte Bekannte für meinen Freund.

Eine Person fiel mir sofort ins Auge und zog meine Aufmerksamkeit auf sich. “Das ist Katrin!”, erklärte mir Ralf, nachdem er bemerkt hatte, dass ich dich unablässig beobachtete. Auf den Pisten bemühte ich mich, deine Aufmerksamkeit zu erregen. Mit meinen bescheidenen Fahrkünsten stürzte ich mich todesmutig auch steilere Berghänge hinunter. Geradeaus fahren war kein Problem, doch als unerwartet ein Holzstadel auftauchte, war es zu spät für eine Kurskorrektur. Die Kollision war unvermeidlich, alles ging blitzschnell. Es krachte, das Holz splitterte und die neuen Ski waren nur noch als Brennholz zu gebrauchen. Dennoch, meine spektakuläre Abfahrt hatte einen bleibenden Eindruck hinterlassen. Ganz unkonventionell wollte ich mich präsentieren und es war mir auch gelungen. Ich hatte es zudem geschafft, den Aufprall unbeschadet zu überstehen, ein weiterer Pluspunkt in meinen Augen. Am Abend unterhielten wir uns lebhaft, wir tanzten und spürten eine wachsende Vertrautheit. Als die Hitze der Nacht uns packte, gingen wir hinaus in die frische Luft, um den Mond und die Sterne zu beobachten. Wir hielten uns an den Händen und betrachteten lange das Sternbild des Großen Wagens. Viele Gedanken gingen mir durch den Kopf. Meine Suche nach der idealen Partnerin hatte, da war ich mir sicher, erfolgreich begonnen.

“Und, wie hast du unser erstes Treffen erlebt?”, will ich von Katrin wissen: “Ralf, mit dem du gekommen bist, war schon länger Teil unserer Clique, und Simone, unsere Freundin, organisierte diesen Winter eine Silvester-Ski-Reise nach Kaprun. Ralf war im Skifahren noch recht unerfahren, aber seit er mit Simone befreundet war, bemühte er sich, in dieser Sportart besser zu werden und mit Stemmbogen und Spitzkehren den Weg ins Tal zu meistern, was ihm auch tatsächlich manchmal gelang. Ich erinnere mich noch, wie du im Gastraum der Berghütte sofort auf einer Theke Platz nahmst, einer Sitzposition, die auch ich bevorzugte, da sie mir einen guten Überblick über das Geschehen bot, fast wie von einem Hochsitz aus. Bei genauerer Betrachtung fiel mir auf, dass deine Augen die gleiche Farbe hatten wie meine, ein faszinierendes Graublau-Grün. Voller Tatendrang hast du dich damals mit deinen Ski auf den Weg zur ersten Abfahrt am Hüttenhang gemacht. Deine Fahrt begann langsam, wurde immer schneller und endete ungebremst in einem nahe gelegenen Holzstadel. Ich höre heute noch die besorgten Kommentare von Simone und Ralf: “Verdammt, ich habe ihm doch gesagt, er soll kleine Bögen fahren, dann wird er nicht so schnell”, entfuhr es Simone, und Ralf meinte: “Er sollte Stemmbögen machen wie ich, dann hat er keine Probleme.” Als wir dich nach deiner stürmischen Abfahrt erreichten, hattest du dich aus dem Schnee aufgerappelt. Dein Kampfgeist schien ungebrochen. Mit einem entschlossenen Gesichtsausdruck hast du die Bindung deiner Rest-Ski gelöst, unbezwingbar standest du wieder vor uns und hast stolz verkündet: “Stemmbogen fahre ich nicht! Das sieht ja lächerlich aus, genau wie bei Ralf!” Der schüttelte nur den Kopf, schaute verständnislos und reichlich betreten, aber mich hatte deine unkonventionelle Einstellung beeindruckt. Du strahltest Selbstbewusstsein und Entschlossenheit aus, und es war klar, dass du deine eigene Art hattest, mit Ski abzufahren. Wir tanzten am Abend zusammen und bewunderten unter dem klaren Nachthimmel die unzähligen Sterne. Du zeigtest auf eine Sternenkonstellation, den Großen Wagen: "Er wird auch der Große Bär genannt, da die weniger hellen Sterne in seiner Umgebung tatsächlich die Form von Beinen, Tatzen und einem Bärenschwanz nachzeichnen." An deine Worte erinnere ich mich noch genau. Das eisige Kribbeln in unseren Füßen holt uns zurück in die Realität.

Mit gepackten Rucksäcken stehen wir bei Sonnenaufgang vor dem Rio Claro. Klaus zieht seine rutschfesten Wasserschuhe an, krempelt seine Hosenbeine hoch und watet entschlossen über die Kiesel und Steine im Fluss. Ich hingegen habe meine Wasserschuhe vergessen, muss barfuß ans andere Ufer gelangen und achte nun bei jedem Schritt darauf, nicht auf glitschigen, mit Algen und Moos überzogenen Steinen auszurutschen. Die Vorstellung, mit dem schweren Rucksack nach hinten zu fallen und im nächsten Moment bewegungsunfähig wie ein Maikäfer im Wasser zu treiben, lässt mich hoch konzentriert und behutsam einen Fuß vor den anderen setzen. Wie ein Storch wate ich durch das kniehohe, aber schnell fließende Wasser.

Am Campamento Venado begrüßt uns Wilson, ein junger Chilene. Er ist alleine hier und freut sich, jemanden zu treffen, mit dem er ein paar Worte wechseln kann. Er hat den Platz bereits ausgiebig erkundet und führt uns zu einem versteckt gelegenen, schattigen Platz unter weit ausladenden Bäumen. In der Nähe plätschert ein Bach. Hier lässt sich die Mittagshitze gut aushalten!

Im ersten Tageslicht folgen wir Trittspuren in einen kleinen Buchenwald, steigen weiter über einen aufgeheizten Lavahang steil bergauf. Eine Wandergruppe mit leichtem Gepäck folgt uns. Wie ein Tatzelwurm, einer dicht hinter dem anderen, ziehen sie leichtfüßig an uns vorbei und verschwinden rasch am Horizont. Ihr Ge-

Campamento Venado. Im kühlen Schatten entspannen wir uns so sehr, dass wir unser Tagesziel aus den Augen verlieren.

päck haben sie auf die Rücken der Pferde verfrachtet, die ihnen folgen. Doch wir empfinden keine Spur von Neid. Unsere eigenen Rucksäcke mögen schwer auf unseren Schultern lasten, und unser Fortschritt mag langsamer sein, dennoch schätzen wir die Freiheit, unser eigenes Tempo zu bestimmen und jederzeit anzuhalten, um die Umgebung intensiver zu erkunden.

Das Flussbett des Rio Blanquillo hat sich in einer Hochebene verbreitert und formt malerische Lagunen, die wie smaragdgrüne Tupfer im Sand schimmern. Wir folgen den Pferdespuren und stehen bald vor einem schmalen Flussarm. Das Wasser ist trüb und seine Tiefe ist schwer einzuschätzen. Sicherheitshalber ziehen wir unsere Hosen aus. Es geht unmittelbar steil hinab, und das Wasser wird zusehends tiefer. Bald erreicht es meinen Bauchnabel. Die Kühle ist erfrischend, aber auch etwas unangenehm, da ich nicht weiß, wie viel Tiefe noch vor mir liegt. Mit angehaltenem Atem erkunde ich vorsichtig den Untergrund mit meinen Stöcken. Bei weiterem Abstieg würde mein Rucksack auf dem Rücken nass werden. Noch ein behutsamer Schritt nach vorne, endlich! Der tiefste Punkt ist erreicht, und ich steige wieder auf, um zum anderen Ufer zu gelangen. Das Durchwaten des Flussarms mit unseren Rucksäcken nur in Unterwäsche war eine völlig neue Erfahrung, die sich anfühlt wie eine Wassertaufe, die wir gerade erfolgreich bestanden haben.

Wenig später ändert sich plötzlich die Landschaft. Vor uns erstreckt sich eine weite Sandwüste, hell wie Schnee. Ausgehärtete Lavabrocken liegen weit verstreut, als hätte sie eine Riesenhand über das Land geworfen. Mit Urgewalt hat der Descabezado vor langer Zeit die geschmolzenen Gesteinsmassen aufgeschäumt und herausgeschleudert. In der Luft sind sie erkaltet und im Laufe der Zeit zu Gestein und Vulkanasche zerbröselt. Die Asche ist feinkörnig wie Sand, sie bietet unseren Füßen kaum Halt, ständig rutschen sie wieder nach unten. In einer kleinen Mulde vor uns wandelt sich plötzlich erneut das Landschaftsbild: Unerwartet leuchten die Vegas del Blanquillo, die Auen des Rio Blanquillo, in einem saftigen Grün. Keine Fata Morgana! Ein Bach bringt Leben in die Wüste, lässt Gras und kleine Blumen sprießen. Im Hintergrund, nun ganz nah, erhebt sich der vergletscherte Descabezado Grande. Grünes Land, helle Vulkanasche, der schneebedeckte Gipfel und der weite blaue Himmel, ein faszinierender Kontrast! Wir folgen dem Bachlauf bis zu einem kleinen Lagerplatz. Die Wandergruppe hat ihn bereits vollständig belegt. Wir schauen uns um, suchen nach einem geeigneten Platz für unser Zelt.

“Da drüben winkt jemand!” Katrin hat Wilson zuerst bemerkt. Auf der anderen Seite der Mulde gibt er uns Zeichen zu kommen. Bei ihm ist noch Platz für unser Zelt. Seit Stunden freuen wir uns schon auf ein warmes Bad in den Thermen, in dem unser strapazierter Rücken und die müden Beine sich erholen können.

“Wo sind sie denn?” Wilson weist auf Tümpel auf der gegenüberliegenden Seite, unweit des Zeltplatzes. Fast hätten wir sie übersehen. Sie sind winzig, nur zwei bis drei Personen passen gleichzeitig hinein. Die Mitglieder der Gruppe warten geduldig in einer Schlange, bis sie an die Reihe kommen. Wir heben uns das Bad für später auf.

Unterdessen hat Wilson in Erfahrung gebracht, dass die Besteigung des Descabezado derzeit auch ohne Steigeisen und Pickel möglich ist. Die anhaltende Wärme der letzten Wochen hat das Eis und den

Bergauf über scheinbar endlose Felder aus Vulkanasche.

Schnee stark abschmelzen lassen. Für ihn ist dies die perfekte Gelegenheit, den Vulkan ohne zusätzliche Ausrüstung zu besteigen. Gegen vier Uhr morgens bricht er auf. Bis zum Fuß des Vulkans braucht er drei, bis zum Kraterrand, über Lavageröll und durch Schneefelder etwa acht und weitere vier Stunden für den Rückweg. Erst am Abend wird er zurück sein. Jetzt hören wir, wie er sich im Zelt nebenan vorbereitet. Wir träumen uns lieber zum Kraterrand hoch. Ein schnellerer Aufstieg! Wir haben schon oft genug in Vulkankrater geschaut. Aber um den Panoramablick auf die vergletscherten Berge und benachbarten Vulkane beneiden wir ihn.

Unser Weg führt uns weiter bergauf, durch scheinbar endlose Felder aus Vulkanasche. Ein Ranger warnt uns eindringlich: “Biegt keinesfalls vor dem Cerro Colorado nach rechts ab, bei der Laguna de Mondaca liegt noch viel Schnee! Folgt immer nur dem Fluss!”

Wir kämpfen uns einen langen Hang hinauf, als ob wir eine gigantische Düne besteigen würden. Die sengende Sonne verbirgt sich hinter dichten Quellwolken, aber die Luft ist drückend schwül. Seit geraumer Zeit begrenzt eine Wand unseren Weiterweg, sie wird kontinuierlich höher, und was uns am meisten überrascht: Sie ist tief verschneit. Über diese weiße Wand kann unmöglich unser Weg führen. Wir schauen uns um, suchen nach einem gangbaren Weg. Klaus zeigt auf Fußspuren, die zum Fluss hinunterführen. Am gegenüberliegenden Ufer endet der Weg abrupt an einem steilen Uferhang voller Geröll. Klaus klettert hinauf, um sich einen Überblick zu verschaffen. Währenddessen wate ich durch das eiskalte Flusswasser und suche in Ufernähe nach Anzeichen eines Weges. Klaus hat noch keinen gefunden und schließt sich mir an. Der Fluss macht eine scharfe Kurve und felsige Ufer ragen wie in einem Canyon in die Höhe. Plötzlich wird es kalt, kein Sonnenstrahl dringt in diese enge Schlucht. Eis bedeckt nun den Fluss, meine Füße färben sich blau und langsam fühle ich mich wie ein Blaufußtölpel. Nein, hier geht es nicht weiter, wir müssen umkehren!

Vor einer Stunde ist unser Navi ausgefallen, weil der Akku leer war. Wir gaben uns bei der Suche nach einem geladenen Ersatz nicht allzu viel Mühe, denn der Weg schien immer geradeaus zu führen. Das Navi erwacht wieder zum Leben und schickt uns zurück, am anderen Ufer hinauf und weiter zu dem steilen verschneiten Hang vor uns. Kann das stimmen? Wir vergewissern uns erneut. Das Navi zeigt weiterhin beharrlich in dieselbe Richtung. Also treten wir eine Spur in den Schnee und steigen langsam im Zickzack auf. Bald erkennen wir unseren Irrtum: Wir haben den Rio Blanquillo zu früh durchquert. Das Navi führt uns in einem weiten Bogen um den Canyon herum und dahinter zum Fluss zurück, der sich nun in vielen schmalen Rinnsalen durch ein weites Hochtal schlängelt. Nur Sand und Steine bis zu ockerfarbenen Bergen am Horizont. Wo ist der Lagerplatz? Klaus scheint ratlos und blickt sich immer wieder um, sucht verzweifelt nach den Vegas Manantial, den Auen mit den Blanquillo-Quellflüssen und beharrt felsenfest auf seiner Vorstellung: "Hier kann noch nicht das Campamento sein!" Für ihn befindet es sich auf einer Wiese neben einem Wasserlauf. Beides ist jedoch nicht in Sicht. Wir sind nur von Schnee und Lavasand umgeben, eine wahre Mondlandschaft. Klaus legt den Rucksack ab und geht auf Erkundung Richtung Pass einen Sandhang hinauf. Nach einer halben Stunde kommt er enttäuscht zurück. Einen Lagerplatz auf einer grünen Wiese hat er dort auch nicht gefunden. Wie wir am nächsten Tag feststellen werden, existiert ein solcher Platz auch nicht!

Die Sonne verabschiedet sich mit einem orangegelben Streifen hinter dem Horizont. Die scharfen Konturen der Cerros Colorado und Manantial Pelado werden weicher und verlieren sich im Schatten, während der Himmel von Blau zu Schwarz übergeht. Sterne beginnen zu funkeln, leuchtende Punkte in der unendlichen Dunkelheit. Wir liegen auf unseren Schlafsäcken und blicken durch das geöffnete Zelt hinaus in die Nacht, fühlen uns wie auf einem an-

Flussdurchquerungen in der Tageshitze sind mittlerweile eine willkommene Abwechslung.

Barfuß und mit eiskalten Füßen sucht Katrin einen Weg entlang des steilen Flussufers.

deren Planeten. Nichts stört die Stille der Umgebung. Auch die Zeit scheint stehen zu bleiben. Ein magischer Augenblick. Bald hüllen uns Dunkelheit und Kälte ein. Wir schlüpfen in die warmen Schlafsäcke und machen es uns auf unserer großen Doppelluftmatratze bequem. Ohne Spalt und Kältebrücken bedeckt sie den gesamten Zeltboden. Eine Komfortmatratze, die wir innig lieben. Ich schlafe bestens ein, wache aber kurz darauf auf, weil mir kalt ist. Ich taste frierend nach dem Ventil, der Verschlussstöpsel sitzt noch fest. Da wird mir klar: Die Luftmatratze ist undicht. Klaus schläft friedlich auf einem guten Luftpolster. Nur meine Hälfte hat keine Luft mehr. Mit meiner restlichen Kleidung polstere ich mein Lager. Nützt rein gar nichts. Die Nacht verbringe ich frierend auf hartem Boden. "Morgen früh kommen wir zu einer Lagune, da können wir im Wasser das Loch suchen und es verkleben", tröste ich mich.

Schlaflos drehe ich mich von einer Seite auf die andere, bis ich schließlich in einen Traum falle: Ich sehe mich dabei, wie ich zwei dicke Metzeler Luftmatratzen in unserem VW-Käfer verstaue. Auf der Rückbank lege ich sie zu einem kleinen 2-Personen-Zelt der Marke Mehler und einem zweiflammigen Gaskocher. Wir haben gerade unsere Examina bestanden, geheiratet und das erste verdiente Geld reichte für eine dreiwöchige Campingreise. Das Jahr 1974 war aufregend, denn neben unserer Hochzeit wurde Deutschland auch Fußballweltmeister. Unser kleiner tragbarer Grundig-Fernseher, ein Triumph 1216 in Rot, war während der Spiele allabendlich in Betrieb. In unserer 1-Zimmer-Wohnung in München herrschte wenige Wochen nach dem Einzug noch Unordnung: Alles war ein Provisorium und wartete darauf, zu Ende gebracht zu werden. Zuerst warteten wir auf Schaumstoffpolster für eine Sitzecke, und als sie da waren, warteten diese darauf bezogen zu werden. Kisten mit Hausrat, Büchern und sonstigen Habseligkeiten warteten darauf, ausgepackt zu werden. Doch die Fußballweltmeisterschaft war für uns interessanter als das Sortieren und Einräumen.

Wir fuhren über den Autoput, eine ewig lange Schnellstraße durch das ehemalige Jugoslawien nach Griechenland. Hinter Niš verließen wir die Transitstrecke Richtung Albanien. In den Bergen vor Peć im Kosovo überraschte uns die Nacht. Wir schlugen unser Zelt auf einer Wiese nahe einem Gehöft auf. Unser weißes Zeltdach glänzte im Mondlicht. Besorgt fragten wir uns, ob es in Jugoslawien überhaupt erlaubt war, in der freien Natur zu zelten.

Vorsichtshalber stellten wir es hinter eine kleine Kuppe, sodass es von der Straße aus nicht sichtbar war. Die Nacht verlief schlaflos. Ständig störte uns lautes Hundegebell von dem Gehöft und der Lärm vorbeifahrender Lastwagen, deren Motoren in den steilen Kurven der Bergstraße aufheulten. Ein wunderbarer Sonnenaufgang begrüßte uns. Das satte Grün der Wiesen bildete einen Kontrast zu den dunklen Fichtenwäldern. Tautropfen glänzten an den Grashalmen und in der Ferne sahen wir schemenhaft die Umrisse der Berge aus dem Morgennebel emporsteigen. Unser Zelt stand noch im Schatten, und wir froren. Ich wache auf, spüre erneut die Kälte um mich herum. Warum muss der Traum schon zu Ende sein?

Früh steigen wir zum Pass hinauf durch Schnee und Sand, beide haben sich farblich angeglichen. Oben empfängt uns das ausgebleichte Gerippe einer Kuh. Sie ist offensichtlich auf der Suche nach der Weide auf einer grünen Wiese verhungert. Die Lagune ist vollständig zugefroren, aber in der Sonne beginnt die Eisdecke am Ufer zu tauen. Ich tauche die Luftmatratze in das eiskalte Wasser und entdecke auch schon das Leck, winzig kleine Luftblasen steigen auf. Es ist schnell mit einem Reparaturflicken überdeckt.

Der vermeintliche Zeltplatz auf der grünen Wiese entpuppt sich als eine sandige und steinige Mondlandschaft von unwirklicher Schönheit.

Der Himmel verheißt nichts Gutes. Zirruswolken durchziehen ihn wie zerrissene Federbüschel, und der Wind nimmt an Stärke zu. Noch ist er willkommen, denn er kühlt angenehm.

Zur Mittagszeit erstreckt sich vor uns das Valle del Indio. Im Zentrum verkarstet und steinig, an den Rändern dicht bewaldet. Zu lange sind wir den Pferdespuren gefolgt und nun wird uns bewusst, dass wir auf einem falschen Weg sind. Wir wollen zum Campamento El Bolsón auf der nördlichen Talseite, müssen aber feststellen, dass wir schon eine Weile auf der südlichen Seite abgestiegen sind. Die Weggabelung haben wir überlaufen. Also zurück und wieder hinauf. Ein großer Stein, der die Abzweigung markiert, steht verloren im Sand. Wir haben ihn beide übersehen. Der Cerro Colmillo del Diablo, der "Eckzahn des Teufels", ein dunkler Bergkegel weist uns den Weg zu unserem Lagerplatz. Unvermittelt stoßen wir auf eine breite Schotterpiste. Die Zivilisation ist nicht mehr weit. So früh haben wir sie nicht erwartet. Im Herzen des Naturschutzgebiets waren wir ihr näher als gedacht und doch so weit von der richtigen Abzweigung entfernt! Wer sucht schon den einfachen Weg, wenn man die Gelegenheit hat, sich in einem verkarsteten Tal zu verlaufen und den Teufelszahn zu bewundern? Das ist doch das, woraus Abenteuer gemacht sind!

Am Campingplatz ist die Einsamkeit schlagartig vorbei. Zelte stehen dicht gedrängt nebeneinander. Junge Leute singen und feiern ausgelassen. Sie haben beträchtliche Mengen an Essen und Getränken bequem mit dem Auto über die Schotterpiste herantransportiert. Rauchschwaden von gegrilltem Fleisch steigen auf. Unser Abendessen hingegen ist minimalistisch, aber viel schneller zubereitet. Es besteht aus einem gefriergetrockneten Gericht: Kartoffel-Lauch-Topf mit Schinken. Wir müssen nur heißes Wasser darüber gießen und einige Minuten warten und fertig ist das Mahl. Diese Art der Verpflegung spart uns Gewicht und Platz im Rucksack. Kein Schälen und Kochen von Kartoffeln, keine zeitaufwendige Zubereitung von Zutaten. Außerdem schmeckt es gut und wir müssen kein Geschirr abwaschen, weil wir direkt aus der Tüte essen. Bei traditioneller Verpflegung hätten wir noch zusätzliche Töpfe und Gaskartuschen mitnehmen müssen. Manchmal wün-

An der Laguna Manantial flicken wir die Luftmatratze.

schen wir uns, wir könnten uns das Essen einfach wie im Raumschiff Enterprise herbeibeamen. Aber solange das nicht möglich ist, sind diese gefriergetrockneten Mahlzeiten eine echte Alternative mit geringem Gewicht.

Ausrüstung und Komfort haben sich im Laufe der Jahre stark verändert. Als wir mit dem Bergsteigen begannen und in unbewirtschafteten Hütten übernachteten, gab es noch keine gefriergetrocknete Nahrung. Stattdessen hatten wir Schinken, Käse, Brot und Tütensuppen dabei, vor allem Erbswurst-Suppe. Sie war eines der ältesten industriell hergestellten Fertiggerichte. Die Suppe bestand aus Portionstabletten von gewürztem Erbsenmehl, die wie eine Wurst gerollt und verpackt waren. Man musste sie lediglich in Wasser auflösen und ein paar Minuten kochen. Inzwischen ist die Produktion eingestellt worden, doch über 150 Jahre hinweg war dieses Fertiggericht bei der Armee und Bergsteigern äußerst beliebt.

Kaum bin ich eingeschlafen, werde ich von einem Geräusch neben mir geweckt. Klaus beschäftigt sich mit seiner Luftmatratzenhälfte. Leise flucht er vor sich hin: “Ich habe sie doch gerade erst aufgeblasen. Warum ist jetzt keine Luft mehr drin?” Dann hat er einen Verdacht: “Hast du mir deine Seite untergeschoben?”

Ein Kondor über uns ...

Jetzt bemerke ich, dass meine ebenfalls undicht ist. Da wird uns klar: Beide Hälften unserer Luftmatratze sind undicht! An eine gute Nacht ist nicht zu denken. Stündlich müssen wir sie wieder aufblasen, doch schon bald spüren wir erneut den harten und kalten Boden unter uns. Scharfkantige Aschekörnchen haben unsere geliebte Doppelmatratze an zahlreichen Stellen aufgeschlitzt. So viele Löcher können wir nicht reparieren.

Weglos queren wir über Steine und durch hohes Gestrüpp hinüber zur Südseite des Tals. In der Lichtung des Buchenwalds hatte die Wandergruppe letzte Nacht gezeltet. Der Kontrast zu unserem Lagerplatz könnte nicht größer sein: Stille, keine Straße, keine Menschenseele weit und breit, nur das leise Plätschern eines Baches. In diesem Augenblick wird uns bewusst, dass die geführte Wandergruppe zweifellos eine klügere Wahl getroffen hat. Mit ihrem erfahrenen Guide, der die Strecke wie seine Westentasche kennt, haben sie gewiss einen Vorteil gegenüber uns. Dennoch übt das eigenständige Navigieren auf unseren Touren eine ganz besondere Faszination auf uns aus. Die Kunst, den richtigen Weg zu finden, um unser Ziel zu erreichen, stellt für uns eine tägliche Herausforderung dar und verleiht unseren Abenteuern einen zusätzlichen Reiz.

... ein zweiter gesellt sich dazu und gemeinsam ziehen sie ihre Kreise über uns.

Nach kurzer Pause verlassen wir das Paradies, kämpfen uns in einem engen Tal zwischen zwei Bergrücken durch ein ausgetrocknetes Bachbett zwischen mannshohen Felsbrocken und umgestürzten Bäumen nahezu senkrecht bergauf. Sengende Sonne. Kein Schatten. Kaum ein richtiger Pfad, eher ein wilder Steinbruch. Maria, hilf! Wie lang geht es denn noch so weiter? Mein Blick wandert nach oben und bleibt am Himmel hängen. Dort entdecke ich einen großen Vogel mit mächtigen Schwingen, fingerförmig gespreizten Flügelenden und einer weißen Halskrause. Ein Kondor! Und ein zweiter gesellt sich dazu. Gemeinsam kreisen sie mühelos in der Luft. Ohne Flügelschlag schweben sie majestätisch über mir. Für einen kurzen Moment scheint meine Erschöpfung wie ausgelöscht. So leicht und schwerelos möchte ich jetzt auch vorankommen. Die Kondore verschwinden hinter dem Berg. Die Faszination ist vorbei, die Leichtigkeit dahin. Ich spüre wieder die Schwerkraft, die mich mit meinem Rucksack nach unten zieht. Oben am Cordón del Guamparo, einem Gebirgszug, wird es ungemütlich. Wind empfanden wir in der Hitze bislang als angenehm. Jetzt aber bringt er eisige Kälte und wir beginnen zu frösteln. Aus dem Tal steigen Nebelschwaden auf und hüllen uns ein. Wegmar-

Bald hüllt dichter Nebel unser Zelt auf der nassen Wiese ein.

kierungen sind nur noch als verschwommene Schatten auszumachen. Kurze Zeit später bricht das Terrain vor uns abrupt ab und verschwindet unter einer Decke aus Schnee. Wie sollen wir da hinunterkommen? Wir kehren um und folgen in weitem Bogen einem Pfad bergab auf eine sumpfige Wiese. Nebelfetzen jagen über uns hinweg, der Wind heult und pfeift. Was für ein abrupter Wetterumschwung! Er hat uns brutal überrascht. Beim Aufstieg auf der Ostseite brannte die Sonne noch erbarmungslos vom blauen Himmel herab. Doch jetzt stecken wir mitten in einem Unwetter, dichter Nebel hüllt uns ein und die Umgebung hat ihre Konturen verloren. Bevor die Sicht völlig verschwindet, entdecken wir einen halbwegs trockenen Platz neben einem Bach und stellen unser Zelt auf. Es ist zweifellos ein kleines Refugium, das insbesondere bei schlechtem Wetter von unschätzbarem Wert ist. Wenn draußen die Elemente toben und die Bedingungen unwirtlich sind, wird es zu unserem Zufluchtsort. Es mag vielleicht nicht den Luxus eines gemütlichen Schlafzimmers bieten, aber es bewahrt uns davor, den Naturgewalten schutzlos ausgeliefert zu sein. Es erweist sich als schützende Barriere vor den Elementen, sei es dem heulenden Wind, dem strömenden Regen oder der beißenden Kälte. Obwohl unsere durchlöcherte Luftmatratze nicht mehr ihren vollen Komfort bietet und ungestörter Schlaf ein unerfüllbarer Wunsch bleibt, ermöglicht es uns dennoch, diese Nacht geschützt, trocken und in einer gewissen Wärme zu verbringen.

Vor Sonnenaufgang weckt uns ein Trommeln auf dem Zeltdach. Es regnet. Immerhin hat sich der Nebel etwas gelichtet. Was nun? Sollen wir auf dieser unwirtlichen Hochebene auf besseres Wetter warten?

"Gehen wir doch weiter", regt Klaus an. In wenigen Stunden sind wir auf dem Zeltplatz."

Der Vorschlag war gut. Je weiter wir absteigen, desto mehr lockert der Nebel auf und lässt der Regen nach. Aus dem Nebel lösen sich unvermittelt Schatten. Es sind Touristen hoch zu Ross. In den Gesichtern lesen wir ihre Gedanken: "Wohl den falschen Termin gewählt." Ihr Führer reitet vorneweg und schaut stoisch ins Weite. Die Pferde scheint das Wetter nicht zu stören. Gemächlich trotten sie mit ihrer Last den Pfad entlang. Wir winken der Gruppe zu, aber niemand hat eine Hand frei zum Zurückwinken. Jeder braucht seine ganze Kraft und Konzentration, um sich festzuhalten. Sie sitzen offenbar zum ersten Mal auf einem Pferd. Zeltausrüstung und Küchenutensilien zeigen, dass sie den Circuito mit Pferd machen. Eine bequeme Möglichkeit. Aber bei diesem Wetter? Langsam verschluckt sie der Nebel. Sie reiten in eine Landschaft hinein, die sich ihren Blicken entzieht. Diese unerwartete Wetteränderung wird zweifellos nicht zur Aufhellung ihrer Stimmung beitragen, ganz ähnlich wie bei uns gestern, als der Wetterwechsel abrupt einsetzte.

An "unserem" Zeltplatz, von dem aus wir unsere Rundtour gestartet hatten, sind wir wieder die einzigen Gäste. Der Gumpen wirkt kalt und dunkel und lädt heute nicht zum Baden ein. Ein Vogel mit gelb-blauem Gefieder in Spatzengröße gesellt sich zu uns, pickt die Brösel unseres Abendessens auf. Ein Fuchs schleicht neugierig um unseren Tisch, sucht ebenfalls nach Leckerbissen. Ein Hase lässt sich von uns nicht stören. Er hat seine Lieblingsspeise, eine kohlähnliche Pflanze entdeckt, den Fuchs nun auch. Erschrocken springt er hoch, schlägt zwei Haken und ist auch schon im dichten Gebüsch verschwunden.

Noch eine letzte Nacht auf hartem Boden. Regentropfen prasseln unaufhörlich auf das Zeltdach. Der Tag beginnt erneut grau und nass. Wir säubern unsere Ausrüstung vom groben Schmutz und packen unsere Rucksäcke. All das dauert länger als erwartet. Nun müssen wir uns beeilen, schnell nach Vilches absteigen, denn der Bus nach Talca fährt nur zweimal am Tag. Den letzten Bus dürfen wir auf keinen Fall verpassen! Der Himmel wird mit jeder Minute dunkler und der Weg zieht sich endlos. Hinter jeder Kurve erwartet uns eine weitere. Ein Wettlauf gegen die Zeit beginnt. Völlig außer Atem erreichen wir den Parkausgang und werfen den Zettel in den Kasten. Kaum sind wir bei Haltestelle angelangt, fängt es zu tröpfeln an. Auf der anderen Straßenseite winkt uns ein Mann zu sich herüber. Er zeigt zum Himmel: "Rápido, rápido, está a punto de llover fuerte!" Schnell, schnell, es wird gleich stark regnen! Er betreibt mit seiner Frau ein kleines Hostal und kennt das Wetter hier bestens. In der Gaststube knistert Feuer in einem Kanonenofen. Einen wärmenden Kaffee gibt es auch. Im nächsten Moment öffnet der Himmel alle Schleusen, ein wahrer Wolkenbruch stürzt herunter.

Carmen begrüßt uns mit einer Mischung aus Überraschung und Erleichterung.

"Wie seid ihr nur mit euerem schweren Gepäck zurechtgekommen?", fragt sie neugierig. "Ihr habt das wohl gut gemeistert und ich hatte schon befürchtet, dass ihr unter der Last eurer Rucksäcke zusammenbrecht. Und dann dieses unberechenbare Wetter in den Bergen! Nebel, Regen, Schnee und Graupel. Wie leicht kann man sich da verirren. Aber jetzt seid ihr zum Glück wieder da." Sie umarmt uns überschwänglich.

Der Abend verläuft in ausgelassener Stimmung. Wir sitzen auf der Terrasse unseres Gästehauses und können das besondere Ambiente in Gesellschaft wieder voll genießen. Diese Momente schätzen wir genauso wie die Zeit der Einsamkeit in der Natur.

"Otra cerveza?", ruft Carmen. Sie fragt, ob wir auch noch ein Bier möchten. Wir lassen uns gerne erneut bedienen, lehnen uns entspannt in den bequemen Stühlen zurück, genießen den Kontrast zu unseren Tagen mit Rucksack und Zelt. Das ist es, was unser Leben gerade leicht macht. Es gibt nichts und niemanden, der un-

Ein Fuchs schleicht auf der Suche nach verlockenden Leckerbissen um unseren Tisch.

seren Tagesrhythmus vorgibt. Wir können uns in die Bequemlichkeit zurückziehen, in Ruhe und Stille gleichermaßen erstarren. Wir haben nun die Freiheit zu entscheiden, was wir mit unserer Zeit anfangen wollen. Passiv bleiben? Gewiss nicht! Denn diese Art der Bequemlichkeit führt schnell zu Unzufriedenheit und der Gewissheit, dass sich das Leben gerade mit einem monotonen Tagesablauf in die falsche Richtung entwickelt: Aufstehen, Essen, Schlafengehen. Vielleicht auch noch Zeit für ein Kreuzworträtsel oder ein Sudoku. Es ist wie bei einem Strandurlaub. Die ersten Tage am Meer sind herrlich: in der Sonne liegen, baden, ohne klares Ziel wie auf einer endlosen Wasseroberfläche treiben. Genau das ist das Schöne an dieser neuen Freiheit, die Möglichkeit des Nichtstuns. Aber Freiheit ohne Aktivität führt bald zu Unzufriedenheit. Selbst im vermeintlichen Paradies kann Langeweile aufkommen. Wer möchte schon den ganzen Tag Harfe zupfen und Halleluja singen? Gleichförmigkeit stellt sich immer dann ein, wenn wir passiv bleiben, geschehen lassen, nur konsumieren. Heute genießen wir unser Bier in vollen Zügen, freuen uns auf den bevorstehenden Ruhetag und sind uns bereits bewusst, dass neue Herausforderungen auf uns warten. Gerade dieser Kontrast ist es, der das Leben so spannend und abwechslungsreich gestaltet.

Currus sexualis

Während wir beim Frühstück noch überlegen, wie wir den Tag gestalten, hat Carmen schon einen Plan für uns:

“Fahrt mit dem Bus nach Constitución und kommt mit dem Buscarril zurück, das wird euch bestimmt gefallen”, schlägt sie uns vor, zeigt uns die Strecke auf der Landkarte, die an der Wand im Esszimmer aufgemalt ist und fährt sie mit dem Finger bis zur nahen Pazifikküste ab. Der Buscarril, ein alter Schienenbus, weckt Erinnerungen an eine Episode aus meiner Gymnasialzeit.

In der Untersekunda waren wir noch eine reine Jungenklasse, die Mädchen wurden zu unserem Leidwesen in einem Schulgebäude auf der gegenüberliegenden Straßenseite unterrichtet. In den letzten Wochen hatte sich das Gerücht verbreitet, dass sich diese Situation bald ändern könnte, denn mit dem Ende der Mittelstufe verließen die meisten Mädchen die Schule. Die übrigen würden zu uns kommen. Das waren gute Nachrichten. Wir versuchten uns schon einmal auf einen gemeinsamen Unterricht einzustellen, aber ehrlich gesagt, wir hatten keinen Plan, wie das in der Realität funktionieren sollte. Dennoch waren wir neugierig und aufgeregt, auch wenn wir

Der Buscarril, ein Schienenbus, verkehrt auf schmaler Spurweite zwischen Talca und Constitución an der Pazifikküste.

das nach außen nicht zeigten. Wir befanden uns mitten in der Pubertät, aber schon auf dem Weg, richtige Männer zu werden. Die helle Kinderstimme hatten wir bereits abgelegt, und jeden Morgen schauten wir in den Spiegel, um zu prüfen, ob wir uns schon rasieren sollten. Das andere Geschlecht übte eine ausgesprochene Faszination auf uns aus, aber es war immer noch ein weitgehend unerforschtes und kompliziertes Terrain. Tagtäglich begaben wir uns auf spannende Expeditionen: In den Pausen warfen wir geheime schriftliche Nachrichten über den Zaun und versuchten abzuschätzen, ob unsere Blicke und Botschaften erwidert wurden. Unsere Unsicherheiten kaschierten wir mit großspurigen Sprüchen und präsentierten uns mit aufgeblasener Männlichkeit.

Unser Lateinlehrer stellte eine Herausforderung der anderen Art dar: humorlos, verbittert, sein Unterricht eine endlose, monotone Tortur. Ganz anders hingegen unser Mathelehrer, der war stets gut gelaunt und zu jedem Scherz bereit. Wenn er spürte, dass unsere Aufmerksamkeit im Unterricht nachließ, hatte er eine besondere Methode, unsere volle Konzentration wieder herzustellen. Er brachte uns sein ganz spezielles Latein bei. Seine Übersetzungen hätte wohl niemand im alten Rom verstanden, aber sie passten per-

Arbeitsgeräte und Einkäufe finden ihren Platz überall.

fekt zu unserem jugendlichen Angeber-Wortschatz. So übersetzte er den Satz: Er fiel von der Treppe und sagte “Ei verflucht” mit “multum scalae dixit studium fuga”, (wörtlich: Viel von der Treppe und sagte Eifer Flucht) und der “Triebwagen” wurde zum “Currus sexualis”. Unser “Currus sexualis”, mit dem wir in den Siebzigerjahren zum Gymnasium fuhren, sah aus wie ein Straßenbus, der auf Eisenbahnschienen fuhr, wie der Buscarril.

Constitución liegt an der Mündung des Rio Maule in den Pazifik. Die Landschaft wirkt wie eine Beleidigung für das Auge: karge Waldflächen, abgeholzte Bäume, aufgestapelte Hölzer und alle paar Meter ein Sägewerk. Trostlos! Entlang der Straße erstrecken sich forstwirtschaftliche Betriebe, die den Naturwald roden und Eukalyptus- und Pappelplantagen pflanzen. Diese Baumsorten sind zwar nicht heimisch, aber wegen ihres schnellen Wachstums äußerst lukrativ für die Holz- und Zellulose-Industrie. Ein Mitreisender mit indigenen Gesichtszügen bemerkt unseren missbilligenden Gesichtsausdruck. Verständnisvoll nickt er uns zu und lässt seinem Ärger freien Lauf:

“Wir können dies leider nicht verhindern! Wir haben in diesem Land keine Stimme mehr! Nun haben wir auch nicht mehr genug Wasser zum Trinken und für die Landwirtschaft! Die Bäume der Forstindustrie verbrauchen zu viel, der Grundwasserspiegel sinkt von Jahr zu Jahr!” In seinem Blick liegen Traurigkeit und Resignation. Ein Mapuche, der isoliert in seinem angestammten Land lebt, muss ohnmächtig zusehen, wie die Nachkommen europäischer Einwanderer, Großgrundbesitzer und Holzkonzerne sein Land ausbeuten und die Araukarien, ihre heiligen Bäume, massenhaft zu Zellulose verarbeiten. Ein Teil des Holzes dient als Baumaterial, ein weiterer wird zur Zelluloseproduktion nach Constitución transportiert. Verheerende Erdbeben und Tsunamis zerstörten die Stadt 1960 und 2010 nahezu vollständig. Es bot sich die Gelegenheit, alles unter ökologischen Gesichtspunkten von Grund auf neu zu gestalten. Dennoch wurde die Fabrik erneut an ihrem ursprünglichen Standort am Strand wiederaufgebaut. Wir fragen uns, wie in aller Welt kommt man bloß auf die Idee, eine solche umweltschädliche Anlage direkt am Wasser zu bauen. Dazu muss man wissen, dass Constitución als landschaftliches Juwel der Region gilt und ursprünglich als Erholungsort für die Einwohner von Talca konzipiert wurde.

Die Herstellung der Zellulose erfordert den Einsatz vieler Chemikalien. Wohin mit den Rückständen? Die übel riechenden Stickstoff- und Schwefel-Abgase in die Luft blasen und die verunreinigten Abwasser ins Meer leiten! Die Zellulose-Produzenten versichern zwar ständig: "Wir benutzen starke Filter." Aber die Anwohner haben ihre Zweifel. Niemand weiß, ob die Behörden es überprüfen. Es gibt noch etliche solcher Anlagen, stets in der Nähe der Pazifikküste. Ein Fischer, den wir nach dem Weg fragen, bringt seinen Unmut offen zum Ausdruck: "Das Wasser ist verschmutzt, es gibt kaum noch Fische! Und bald haben wir die gleichen Probleme wie in Valdivia!" Dort verendeten vor Jahren Tausende von Schwänen in der Nähe einer solchen Fabrik.

Der Weg zum Strand führt an der riesigen Anlage vorbei. Auch heute riechen ihre Abgase nach faulen Eiern und verpesten die frische Meeresluft, ziehen an manchen Tagen auch zu dem kilometerlangen Sandstrand, den kleinen Badebuchten und den hohen Felsformationen, die weit ins Meer hinausragen. Ihre Konturen haben die Fantasie der Namensgeber angeregt. Einen Fels, dessen Umrisse an eine Kirche erinnert, benannten sie "Piedra de la Iglesia", einen anderen mit einem langen rüsselförmigen Ausläufer ins Wasser, ähnlich einem Elefanten "Piedra Elefante" und die "Piedra de los Enamorados", zwei steinerne Türme, die sich mit ihren kopfförmigen Gipfeln einander zuneigen, erinnern an ein verliebtes Paar. Im Moment ist das Baden wegen heftiger Windböen und starkem Wellengang gefährlich. Wir müssen uns kräftig gegen den Sturm stemmen, um nicht von ihm fortgerissen zu werden. Währenddessen drehen Pelikane unbeirrt im Wind ihre Kreise, lassen sich treiben und schießen mit beeindruckender Geschwindigkeit durch die Luft. Es scheint, als würden sie regelrecht Freude daran finden. Auf den vorgelagerten Felsen rekeln sich Seelöwen faul in der Sonne und völlig ungestört von den heftigen Bewegungen des Meeres.

Wir haben uns zu lange in unseren Betrachtungen verloren, nun ist uns die Zeit davongelaufen und wir müssen uns beeilen. Der Buscarril, der chilenische "Currus sexualis", mit dem wir nach Talca zurückkehren, fährt bald ab. Seit fast einem Jahrhundert verbindet der Schienenbus die abgelegenen Dörfer entlang der 88 Kilometer langen Strecke. Um die Herausforderungen in dem schwierigen Gelände am Nordufer des Río Maule zu meistern, entschied man sich für eine verminderte Spurweite von 1.000 Millimetern, eine Reduktion um 30 Prozent. Bis heute bleibt die Schmalspur die einzige Bahnverbindung zwischen Talca und Constitución. Wir erreichen den Bahnhof erst kurz vor der Abfahrt des Schienenbusses. Im Wagen herrscht bereits dichtes Gedränge. Arbeitsgeräte und Einkäufe werden verstaut: Rechen, Spaten und Sensen, wo immer noch Platz ist. Bäuerinnen stapeln am Ende des Markttages ihre leeren Kisten aufeinander. Erdbeeren, Tomaten, Gurken und Eier haben sie verkauft und im Gegenzug Säcke mit Reis erworben. Männer transportieren Ersatzteile für Maschinen und Kanister mit Dieseltreibstoff. Schnell sind nicht nur alle Sitze belegt, auch im Gang dazwischen und vor den Türen ist alles vollgestellt. Aber niemand scheint sich daran zu stören. Und der Schaffner steigt mit beeindruckender Geschicklichkeit über alle Hindernisse.

Der Zug setzt sich in Bewegung, stöhnt, ächzt und rumpelt mit maximal 80 Stundenkilometern lautstark durch dichten Dschungel, unwegsam wie eine grüne Hölle. Welch ein Unterschied zur Hinfahrt! Dort wuchsen auch Laub- und Nadelbäume und sorgten für Grüntöne in der Landschaft, aber es waren keine lebendigen Wälder, nur eintönige Forstplantagen. In einer Kurve fallen Säcke von den Sitzen. Fahrgäste auf Stehplätzen geraten aus dem Gleichgewicht und klammern sich am Nachbarn fest. Der Zug rüttelt uns gehörig durch. Die Unterhaltung führen alle zwangsläufig in vollster Lautstärke. Anders ist die Verständigung bei dem Quietschen und Rattern des Gefährts nicht möglich. Auf der "Puente Banco Arena", einer alten Brücke, holpern wir über den breiten Rio Maule zum Nordufer. Ihre eiserne Fachwerkkonstruktion, entworfen von Gustave Eiffel, erinnert an den Eiffelturm in Paris.

Vorne im Bus sitzt der Fahrer hinter einem antiquierten Armaturenbrett, das wohl sonst nur noch in einem Museum zu finden ist, und behält die Strecke mit wachsamen Augen im Blick. “Am wichtigsten ist die Notbremse”, erklärt er. “Die muss ich ziehen, wenn Pferde, Kühe oder Hunde auf den Schienen stehen und trotz Signalton den Weg nicht freigeben. Die Räder quietschen dann laut, aber der Zug hält schnell.” Seine Ankunft an den Haltestellen kündigt er mit einem lang gezogenen Ton an, der eher an ein Schiffshorn erinnert. Dieses Signal ist zugleich die ultimative Aufforderung vom Gleis zurückzutreten. Angehörige warten bereits mit Karren, um ihre Familienmitglieder und deren Einkäufe in Empfang zu nehmen.

Die Fahrt in diesem nostalgischen Gefährt ist ein wahres Abenteuer, ebenso wie die einzigartige Landschaft. Bewaldete Hügel, so dicht bewachsen, dass man zu Fuß nicht hindurch kommt: Bäume, Büsche, Schlinggewächse, alles über-, neben- und untereinander. Und entlang des Gleises fließt der Rio Maule, breit und träge durch diese lebendige Wildnis.

Alles ist möglich

Als wir erstmals die Gelegenheit zu ausgedehnten Reisen hatten, faszinierten uns asiatische Länder. Nicht nur, weil sie damals als Trendziel galten, sondern auch wegen ihrer Exotik und Mystik. Die südamerikanischen Länder erschienen uns wegen ihrer Nähe zu unserer eigenen Kultur weniger spannend. Das Erbe der Entdeckerzeit verschmolz dort mit einheimischen Traditionen. Spanisch und Portugiesisch wurden zu Amtssprachen erhoben und mit der Kolonialisierung kam das Christentum, insbesondere der Katholizismus. Dieser Glaube beeinflusste die einheimischen Bräuche, wodurch eine Assimilation der Kulturen entstand. Im Gegensatz dazu war der europäische Einfluss in Asien weniger ausgeprägt. Die einheimischen Sprachen blieben weitgehend erhalten, ebenso die ursprünglichen Religionen wie Hinduismus, Buddhismus und Islam.

So kam es, dass wir eines Tages beschlossen: Unser nächstes Ziel ist Nepal. Die Gelegenheit für eine derart lange Reise war vor dem Beginn unseres Berufslebens gerade günstig und würde so schnell nicht wiederkehren. Wir waren mitten in der beruflichen Vorbereitungsphase: Katrin als Referendarin im Schuldienst und ich als Medizinalassistent. Und schon bald begann die Suche nach einem gebrauchten Bulli. Wir fanden ein ausgemustertes Kundendienstfahrzeug von Linde, einen T2 im klassischen VW-Blau. Die Abtrennung zwischen Fahrerkabine und Laderaum ließen wir herausschneiden, und statt der Beifahrerbank montierten wir einen bequemen Bussessel mit langer Rückenlehne. Über ein Jahrzehnt hinweg erwies er sich als zuverlässiges Gefährt, das uns nach Asien und Nordafrika führte. Zugegeben, er war kein hochgerüstetes Expeditionsfahrzeug. Mit seinen bescheidenen 47 PS und ohne Allradantrieb galt er eher als untermotorisiert. Doch er bewies immer wieder seine Stärke, sei es im tiefsten Wüstensand oder in den Fluten des Südostmonsuns. Stieß er doch einmal an seine Grenzen, zogen ihn Paschtunen in Afghanistan mit einem langen Strick eine steile Uferböschung hinauf oder Sattelzugmaschinen nahmen ihn in klirrender anatolischer Kälte an die Leine und brachten ihn wieder zum Laufen. Unser Bulli brachte uns stets wohlbehalten nach Hause, egal wie abenteuerlich die Reise war.

Inzwischen haben wir Südamerika mit seinen warmherzigen und gastfreundlichen Menschen lieben gelernt. Auch die Verständigung fällt uns hier leichter, ohne die Sprachbarrieren, die wir in Asien erlebt haben. Wenn ein Inder versucht, sich in Englisch auszudrücken, müssen wir nicht nur die Sprache, sondern auch seine spezielle Ausdrucksweise und Intonation verstehen. Feinheiten und Nuancen gehen oft verloren, was zuweilen zu Missverständnissen führt. Das Spanisch der Südamerikaner verstehen wir gut, wenn es nicht gerade ein Dialekt ist oder uns wie eine Schnellfeuer-Salve entgegen prasselt. Auch hat die Vermischung von indigener und europäischer Kultur ihren eigenen Reiz.

Wer in das argentinische Patagonien oder Feuerland reist, beginnt seine Reise in Buenos Aires und bewegt sich von dort weiter in den Süden des Kontinents vor, nach Bariloche im Seengebiet der "Argentinischen Schweiz", nach El Chaltén zu den imposanten Granittürmen von Fitz Roy und Cerro Torre und noch weiter südlich, bis er schließlich Ushuaia auf Feuerland erreicht, die Stadt am Ende der Welt. Die landschaftliche Schönheit und Vielfalt dieser Regionen haben uns zu zukünftigen Abenteuern inspiriert. Nicht immer werden wir mit Rucksack und Zelt unterwegs sein. Denn Patagonien hat neben unberührter Natur noch viel mehr zu bieten. Ein Reiseziel hatten wir bislang noch nicht auf unserer Agenda, aber nach unserem heutigen Restaurantbesuch werden wir es auf unsere "To-do"-Liste setzen.

Erst nach 21 Uhr belebt sich das Restaurant Gijon an der Straßenkreuzung Av. San José – Av. Chile in Buenos Aires. Hugo mit seinem weißen Hemd, der schwarzen Fliege und dem Mittelscheitel im schwarzen Haar erinnert uns an einen Tangotänzer. Er ist aber ein Kellner der alten Schule und zu dieser Zeit stark beschäftigt. Er wischt die Tische ab, die gerade frei werden, deckt sie neu ein, nimmt Bestellungen auf und kassiert. Kaum sind wir eingetreten, hat er uns bereits erkannt. Wir sind mittlerweile Stammgäste geworden. Hugo kommt aus Salta und sein Name verrät seine Herkunft: Er ist der Sohn deutscher Einwanderer. Er begrüßt uns herzlich und führt uns zu einem kleinen Tisch.

“Wie gestern?”, fragt er. Wir nicken. Er bringt uns zwei große Flaschen Quilmes-Bier und wenig später ein “Bife con fritas”, ein

Zwei Magellan-Pinguine können sich offenbar nicht entscheiden: Zurück in die Nisthöhle oder Abstieg zum Wasser, um nach Fischen zu tauchen?

Vorsicht! Guanakos können unerwartet über die Straße springen.

drei Zentimeter dickes Steak mit Pommes frites. Jedes Mal wenn er uns das Essen bringt, will er wissen, wie uns Argentinien gefällt. Die Frage scheint ihm wichtig zu sein. Er sorgt sich um das internationale Ansehen seines Landes: die vielen Krisen, die hohe Staatsverschuldung, die rasante Inflation ... Wir können ihn offensichtlich beruhigen: “Es gibt Schlimmeres!” Im Gegenzug gibt er uns einen Reisetipp, schlägt uns einen Ausflug zur Halbinsel Valdés vor. Er erzählt von seinem Besuch im vergangenen Jahr. “Dort könnt ihr Pinguine, Seelöwen und Wale in ihrer natürlichen Umgebung erleben.” Besonders die Wale haben es ihm angetan. “Bis zu 50 Tonnen können sie wiegen!” Dann neigt er sich zu Klaus und flüstert: “Und, ihre Hoden sind wirklich schwer, jeder ganze 500 Kilogramm!” Offensichtlich hatte diese letzte Tatsache einen tiefen Eindruck auf Hugo hinterlassen.

Entschlossen, Hugos Empfehlung zu folgen, lassen wir uns auf ein neues Abenteuer an der argentinischen Atlantikküste ein. Dort erwartet uns eine faszinierende Vielfalt an Tierleben: An den Küsten der Halbinsel können wir verspielten Magellan-Pinguinen, Seelöwen und imposanten See-Elefanten bei ihrem Treiben zuschauen. Im Herzen der Insel mahnen unkonventionelle Verkehrszeichen mit aufgemalten Guanakos Autofahrer zu besonderer Vorsicht. Auch Nandus überqueren oft unerwartet die Straße. Doch die eigentliche Hauptattraktion sind die Südkaper-Wale. Mit weit geöffnetem Maul gleiten diese tonnenschweren Giganten durch den Golfo Nuevo, eine ausgedehnte Bucht zwischen der Halbinsel und dem Festland. Dort filtern sie Krill und andere Mikroorganismen mit ihren Barten aus dem Wasser. Zwischen Juni und November bringen sie hier ihren Nachwuchs zur Welt, der bei der Geburt bereits mehr als fünf Meter lang ist. Unzählige dieser Giganten haben sich hier versammelt und manchmal scheint es, als ob das Wasser kocht, so viele Fontänen schießen beim Ausatmen der Wale in die Höhe. Dieses Schauspiel wollen wir aus der Nähe erleben und buchen eine Whale-Watching-Tour bei Bottazzi. Sein größtes Boot, das bis zu 70 Passagiere fasst, wird nun in der Hochsaison eingesetzt.

In der Mythologie der indigenen Aonikenk, die im Osten Patagoniens siedelten, lebte der Wal ursprünglich auf dem Land. Ihren Kindern erzählten sie, wie er ins Wasser kam. Die Geschichte gibt es in verschiedenen Varianten. Eine davon geht so: Der Riese Nósthex bewohnte einst mit Tiermenschen eine kleine Insel im Atlantik vor der Küste Patagoniens. Dort verführte er eine Mäusefrau und als er ihre Schwangerschaft entdeckte, tötete er sie, riss seinen Konkurrenten, den heranwachsenden Elal, aus ihrem Leib und wollte ihn verschlingen. Da bebte die Erde mit lautem Getöse und ließ Nósthex innehalten. Diesen Moment nutze die Großmutter, eine Feldmaus. Sie versteckte das Kind in einer Höhle und bewahrte es auf diese Weise vor dem Tod. Ein Schwan brachte es auf das Festland, setzte es an einem sicheren Ort auf dem fernen Gipfel des Chaltén, dem Fitz Roy ab und fütterte es, bis es kräftig genug war, um aus eigener Kraft abzusteigen. Nósthex, sein Vater, schlüpfte indes in die Gestalt eines Land-Wals und durchstreifte auf seinen vier Beinen Patagonien. Er war auf der Suche nach seinem Sohn Elal, dessen Geburt er nicht verhindern konnte. Ständig sann er auf Rache und verschlang alles, was ihm in den Weg kam: Menschen, Tiere und Pflanzen. Die Aonikenk fürchteten sich sehr vor ihm und baten Elal, der inzwischen zu einem starken Krieger herangewachsen war, um Hilfe. Der überlistete seinen Walvater mit einem Trick: Als Fliege flog er in dessen Maul, als er gähnte. Im Inneren des Untiers nahm er wieder seine Menschengestalt an und stach ihm mit einem Messer so oft in die Kehle, bis dieser sich räusperte und ihn und alle Überlebenden aushustete. Elal verwandelte die Beine des Untiers in Flossen und verbannte den Wal in das Meer. Er sollte kein weiteres Unheil mehr in Patagonien anrichten, keine Tiere, Menschen und Pflanzen mehr verschlingen. Im Wasser fühlt er sich seither wohl und sicher, muss auch keine Angst mehr haben, dass ihm beim Öffnen des Mauls ein Peiniger in den Rachen gerät. Unbesorgt und über viele Stunden am Tag gleitet er fortan mit offenem Maul durch das Wasser.

Was die Aonikenk in ihren Legenden überlieferten, entsprach das der Realität? Gab es den "Land-Wal" tatsächlich? Und wenn ja, wie kam er ins Wasser? Diese Fragen beschäftigten bereits zahlreiche Wissenschaftler. Die gängige Theorie besagt, dass der Ur-

Pedro hat an uns "Whale-Watchers" eine eindringliche Bitte: "Bleiben Sie an Ihrem Platz!"

zeit-Wal tatsächlich ein Landtier war, das sich vor vielen Millionen Jahren auf Hufen fortbewegte. Im Laufe der Zeit zog es ihn auf der Suche nach neuen Nahrungsquellen immer häufiger ins Wasser. Dies hatte tiefgreifende Auswirkungen auf seine Gestalt: Seine Hinterbeine bildeten sich zurück, die Vorderbeine und der Schwanz entwickelten sich zu Flossen. Schließlich fand er sich im Wasser besser zurecht als an Land und blieb in seinem neuen Lebensraum, muss jedoch regelmäßig zum Luftholen an die Wasseroberfläche kommen.

Wir ziehen uns eine Rettungsweste und einen wasserdichten Spritzschutz über und lassen uns zum Boot führen, das auf einem fahrbaren Untersatz am Strand liegt, denn das Ufer ist zu flach zum Anlegen. Ein Traktor schiebt den rollenden Bootswagen mit dem Boot über eine lange Deichsel hinaus ins tiefere Wasser und sobald es schwimmt, löst Pedro die Verbindung zum Aufleger. Vor der Abfahrt richtet er noch eine dringende Bitte an uns: "Bleibt dort stehen, wo ihr jetzt seid! Wechselt nie die Seiten, sonst kann es passieren, dass wir kentern. Es gibt auf beiden Seiten genug zu sehen!"

Plötzlich schießt ein schwarzes Ungeheuer aus dem Wasser empor: Ein ausgewachsener Glattwal steht scheinbar senkrecht auf der Wasseroberfläche, beäugt uns neugierig ... [1]

... und zeigt uns, bevor er wieder abtaucht für einen kurzen Augenblick seine markante Fluke. [1]

Wir sind schon eine Weile unterwegs, aber bisher hat sich noch kein Wal gezeigt. Wo sind sie denn? Haben wir die falsche Tageszeit gewählt? Jetzt nähert sich bereits die Mittagszeit. Die Wale haben vermutlich am frühen Morgen ihren Nachwuchs gesäugt, nun ruhen sie sich wahrscheinlich aus. Alle an Bord starren gespannt auf die Wasseroberfläche, in der Hoffnung, endlich einen dieser beeindruckenden Giganten zu erblicken. Plötzlich schießt eine Fontäne aus dem Wasser empor und unvermittelt taucht neben dem Boot etwas Großes und Dunkles auf. Ein Wal erhebt sich kurz aus den Fluten. Ein Aufschrei des Erstaunens geht durch die Menge. Was für ein Kopf! Auch wir sind überrascht und erstaunt zugleich. Wir haben bislang noch keinen Wal in freier Natur gesehen. In unserer Vorstellung ähnelt ein Wal Moby Dick, wie in dem Roman des US-Autors Herman Melville beschrieben: riesiger, nahezu rechteckiger Kopf und kleiner Unterkiefer. Aber dieser Kopf, den wir gerade flüchtig zu Gesicht bekamen, sah ganz anders aus. Moby Dick war ein Pottwal, aber der Südkaper ist ein Glattwal. Sein Kopf ist nicht rechteckig, sondern abgerundet und der große schaufelförmige Unterkiefer verdeckt den Oberkiefer fast vollständig. Sehr gewöhnungsbedürftig ist auch der Anblick dicker Krusten auf der Haut. Pedro klärt uns auf: "Läuse bilden diese hellen, hornartigen, wie Krusten aussehenden Verdickungen. Diese Parasiten leben von Algen, die an der Walhaut haften, auch von kleinen Hautpartikeln und verursachen derartige Wucherungen." Bevor er wieder abtaucht, zeigt er uns seine markante Fluke.

Am breiten Strand der Punta Delgada im Südosten der Halbinsel möchten wir Seelöwen und See-Elefanten beobachten. Als wir zur Mittagszeit ankommen, ist der Parkplatz neben dem Leuchtturm bereits mit Bussen vollgestellt. Diese bringen Tagestouristen aus Puerto Madryn hierher, zuerst zum Mittagessen in das Hotel-Restaurant und anschließend zu den Robben. Wir suchen zwischen Kakteen, Strelitzien und Bougainvillea einen Zugang zum Strand, stoßen aber ständig auf verschlossene Türen und Gatter. "Die öffnen wir erst, wenn die Touristen mit dem Essen fertig sind und den Rundgang beginnen", erklärt uns ein Wärter. "Die Besichtigung darf nur mit einem Führer unternommen werden." So will man vermeiden, dass die Besucher Robben stören, sich ihnen zu sehr nähern, sie füttern oder gar versuchen, sie zu streicheln. Wir wollen nicht so lange warten. Uns reicht der Ausblick von oben. Wie übergroße, platt gedrückte Seegurken liegen sie am Strand. Grau, faul, dazwischen dunkler und kleiner der Nachwuchs. Am größten sind die See-Elefanten bis zu sechs Meter lang. Ausgewachsen bringen sie über drei Tonnen an Körpergewicht auf die Waage. Ihr Erkennungsmerkmal ist die rüsselförmig verlängerte Nase. Aber auch an der Art der Vorwärtsbewegung wird der Unterschied zu Seelöwen deutlich. Sie "robben" durch den Sand. Das sieht recht unbeholfen aus, wenn sie sich mit den Vorderflossen vorwärtsziehen. Flinker sind die Seelöwen unterwegs, die können ihre Hinterflossen abwinkeln. Sie drehen sie nach vorne und bewegen sich "auf allen vieren" sprungartig vorwärts.

Ständig haben die männlichen See-Elefanten ihren Harem mit bis zu 20 Kühen im Blick, sehr zum Nachsehen der jüngeren Bullen. Denen verbleiben nur zwei Möglichkeiten zur Kontaktaufnahme: Entweder sie kämpfen mit dem dominanten Macho um die Weibchen oder sie warten, bis der Oberbulle sich im Wasser ab-

Seelöwen und Seeelefanten sonnen sich mit ihrem Nachwuchs am Strand de

Einzigartige Fangtechnik der Orcas an der Nordküste der Halbinsel Valdés: Mit beeindruckender Urgewalt schießen diese tonnenschweren Kolosse durch die flachen Ufergewässer bis an den Strand, um Robben zu überraschen, die sich dort scheinbar sicher wiegen. [2]

Punta Delgada.

kühlt. Sofort stürzen sie sich dann auf die Kühe, bleiben aber wachsam, denn bei seiner Rückkehr müssen sie so schnell wie möglich flüchten.
An der Punta Norte, wo das Land am weitesten in den Atlantik ragt, herrscht immer im März ein starker Andrang. Fotografen bringen Kameras mit großen Brennweiten auf Stativen in Position. Sie warten auf Orcas, die regelmäßig zu dieser Jahreszeit eintreffen und Robben jagen. An dieser Küste tun sie es auf höchst bemerkenswerte Weise. Sie verfolgen ihre Beute bis in die flachen Ufergewässer, gelegentlich auch noch bis auf den Strand. Mit Urgewalt werfen sich diese tonnenschweren Kolosse an Land, überraschen Robben, die sich am Ufer in Sicherheit wiegen, packen zu und verschwinden mit ihrer Beute im aufgewühlten Wasser. Es sieht ausgesprochen spektakulär aus, wenn so ein Ungetüm von Schwertwal unerwartet in voller Größe auftaucht. Aber das Anlanden ist nicht ungefährlich. Zu weit darf sich der Orca nicht auf den Strand wagen, denn dann kommt er nicht mehr ins Wasser zurück. Deshalb wird diese Fangtechnik auch geübt. Ältere Schwertwale zeigen dem Nachwuchs, wie das geht. Es dauert Jahre, bis die Jungen diese Methode beherrschen.

Der Tag endet mit einem scheinbar unlösbaren Problem. Wir möchten mit Karte zahlen, aber das Lesegerät in unserem Hotel akzeptiert sie nicht. “Das Internet funktioniert manchmal nicht. Morgen wird es klappen”, entschuldigt sich eine Servicekraft. Am darauffolgenden Morgen, dem Tag unserer Abreise, stehen wir früher auf, denn wir erwarten erneute Schwierigkeiten mit der Kartenzahlung. Wiederholt zieht der Angestellte unsere Kreditkarte durch das Lesegerät, wir geben immer wieder unsere PIN ein, doch ständig erscheint eine Fehlermeldung. Das Internet funktioniert zwar heute, doch das Problem bleibt.

“Die PIN-Nummer ist falsch!” Warum sollte sie das sein? Wir nutzen diese PIN schon seit Jahren. Sicherheitshalber rufen wir bei Visa Deutschland an, wo uns bestätigt wird: “Die Nummer ist korrekt.”

“Visa Argentina akzeptiert Ihre Karte nicht!” Der Angestellte schüttelt bedauernd den Kopf. Wir protestieren: “Wir zahlen schon seit Tagen mit dieser Karte!" Nun weiß er nicht mehr weiter und ruft den Manager.

"Heben Sie doch Bargeld an einem Geldautomaten ab!", schlägt dieser vor. Da wären wir lange beschäftigt. Und wer weiß, ob die Automaten in der Nähe noch gefüllt sind. Bei unserer Ankunft in Buenos Aires waren viele leer. Selbst wenn sie noch genügend Bargeld enthalten, könnten wir doch nur immer kleine Beträge abheben und jedes Mal würden hohe Gebühren anfallen. Unsere Geduld ist am Ende. Unsere Bankdaten haben wir bei der Buchung ohnehin schon angegeben. Die Zeit drängt. Wir müssen los! Das Gerät funktioniert auch Stunden später nicht und unser Flugzeug wartet nicht auf uns! Blitzschnell treffen wir eine Entscheidung. Klaus nimmt unbemerkt unsere Pässe aus einer Schublade an der Rezeption. Ein Glück, dass ich mir gemerkt habe, wo der Angestellte sie hingelegt hat. Adios! Und weg sind wir. Bereits viel zu spät dran. Mit Tempo brettern wir zum Flughafen nach Trelew. Einige Stunden später dann die Nachricht, dass der Betrag der Hotelrechnung abgebucht wurde.

Mit dem Schiff durch die Anden

Es gibt viele Möglichkeiten, die Welt zu bereisen, doch wer käme auf die Idee, die Anden mit dem Schiff zu überqueren? Auf dem Landweg ist das gut vorstellbar, aber mit dem Schiff? Das übersteigt unsere Vorstellungskraft. Doch so utopisch es auch klingt, ganz unmöglich ist es nicht. Denken wir nur an den Abenteurer und Opernliebhaber Brian Sweeney Fitzgerald, genannt Fitzcarraldo in dem Film von Werner Herzog. Besessen von der Idee, im peruanischen Dschungel ein Opernhaus zu errichten, ließ er sein Transportschiff über einen bewaldeten Bergrücken ziehen, um es auf einem anderen Fluss weiter zu benutzen. Es gibt auch Geschichten von frühen Entdeckern und Abenteurern, die Schiffe in Teile zerlegt und sie nach dem Transport zu höher gelegenen Gewässern wieder zusammengesetzt haben, um die Reise fortzusetzen. Bereits die Inkas haben diese erstaunliche Technik genutzt. In Peru, in der Nähe von Cusco, der Hauptstadt ihres Reichs, gibt es archäologische Funde, die darauf hinweisen, dass sie Boote in Teilen über die Berge getragen haben, um den Titicaca-See zu erreichen.

Unsere zukünftige Reise erfordert jedoch keine derart aufwendige Logistik, nur ein abgestimmtes Timing, sie ist eine Mischung aus Boots- und Busfahrt und kurzen Passagen zu Fuß. Möglich macht das die unterschiedliche Beschaffenheit der Anden. Im Norden bilden die hohen Gipfel eine natürliche Grenze. Aber ab dem 40. Breitengrad südwärts werden die Berge niedriger, und dazwischen gibt es Lücken, Täler und schiffbare Gewässer. In Bariloche auf der Ostseite der Anden werden wir an Bord eines Schiffes gehen und am Ende des Tages auf ihrer Westseite ein Schiff verlassen. Klingt wirklich verlockend!

Wir sind gerade auf dem Weg nach San Carlos de Bariloche. Unser Taxifahrer sucht sich im morgendlichen Verkehr von Buenos Aires einen Schleichweg zum Jorge-Newbery-Stadtflughafen am Ufer des breiten Rio de la Plata. Nicht nur der Verkehr nervt ihn, auch die gegenwärtige Regierung. Er lässt seinem Ärger freien Lauf,

Andentraverse mit Schiff, Bus und kurzen Fußpassagen. Eine abenteuerliche Reise von Bariloche in Argentinien nach Puerto Varas in Chile. [3]

schimpft über die miserable Wirtschaftssituation im Land und vor allem über die Politiker: "Son todos ladrones!" Sie sind alle Diebe! Mit Verachtung zeigt er auf die Gebäude der Oberschicht, auf prachtvolle Villen und mehrgeschossige Residenzen im französischen Beaux-Arts-Stil, die in ihrer aristokratischen Pracht die Avenida del Libertador säumen.

"Meine Frau ist Zahnärztin, aber mit unserem gemeinsamen Verdienst können wir in dieser Stadt kaum überleben! Wasser und Strom sowie die Mietkosten sind drastisch gestiegen!", klagt er. Sein Gesichtsausdruck wirkt verbittert. Es ist nicht das erste Mal, dass wir von einem Taxifahrer hören, wie schwierig das Leben in dieser Stadt sein kann.

Bei der Gepäckkontrolle im Flughafen muss ich mein Handgepäck, einen kleinen Rucksack öffnen. Auf dem Bildschirm des Scanners hatte die Mitarbeiterin etwas Verdächtiges entdeckt. Sie nimmt meine Teleskop-Wanderstöcke heraus, scheint besorgt zu sein, dass ich sie im Flugzeug als Stichwaffe verwende. Dann fällt mir ein, dass sich auch die Steigeisen für eine Gletscherbegehung in der Tasche befinden. Ohne viel Nachdenken hatte ich sie einfach hineingelegt. Unbemerkt reiche ich die Plastiktasche mit den Steigeisen zu Klaus, der neben mir steht. Er lässt sie unauffällig fallen und stellt seinen Rucksack darauf. Zuvor war auf dem Kontrollmonitor ein gezackter Gegenstand sichtbar. Jeder Plastikbeutel wird erneut durch den Scanner geschickt, doch es wird nichts gefunden. Die Mitarbeiterin am Scanner zuckt nur mit den Schultern: "Wer weiß, was das war. Möglicherweise waren es nur die Spitzen der Wanderstöcke."

"Diese sind im Handgepäck verboten!", gibt mir ein höherer Dienstgrad mit strengem Tonfall zu verstehen.

"Gehen Sie zurück zum Check-in! Geben sie sie dort auf!" Dazu reicht die Zeit aber nicht mehr. Das Sicherheitspersonal wendet sich ab, dreht uns den Rücken zu und unterhält sich angeregt weiter. Ich packe meine Stöcke ein und gehe langsam Richtung Gate,

Tiefblaue Seen, dichte Wälder und vergletscherte Andengipfel erinnern an

Klaus folgt mir mit den Steigeisen. Unbehelligt. Ich werde mit den Stöcken und den Steigeisen die Crew auch nicht bedrohen, Ehrenwort!

Bariloche liegt malerisch am Südufer des großen Nahuel Huapi Sees. Das idyllische Land rund um diesen Gletschersee zog nach Gründung des argentinischen Nationalstaats viele Siedler an. Deren Niederlassung war erwünscht und wurde von der jungen Regierung aktiv unterstützt. Die Revolution von 1848 im Deutschen Bund löste eine erste Welle deutscher Einwanderer aus, gefolgt von Österreichern und Schweizern. Als Handwerker und Viehzüchter begannen sie ein neues Leben an den Ufern des Nahuel Huapi Sees und am benachbarten chilenischen Llanquihue-See nahe Puerto Montt. In den Siedlungen entwickelte sich eine Sprache, die eine Mischung aus Deutsch und Spanisch war, bekannt als Alemañol. Diese Sprache ermöglichte es den Einwanderern, mit den indigenen Mapuche zu kommunizieren. Viele der Steinhäuser in der Region wurden im alpinen Baustil Österreichs und der Schweiz

eine Schweizer Bergidylle.

errichtet, mit charakteristischen Holzfensterläden und Balkonen. Die malerische Seenlandschaft, die alpenländische Architektur und die vergletscherten Andengipfel verliehen der Region um Bariloche das Flair einer Schweizer Bergidylle. Findige Geschäftsleute erkannten schnell das touristische Potenzial dieser Landschaft und tauften sie kurzerhand "Argentinische Schweiz", um noch mehr Touristen anzulocken.

Unsere Hotelbesitzerin mit österreichischen Wurzeln beklagt sich: "Meine Eltern wanderten zu Kriegszeiten aus und haben das Hotel in den 1940er-Jahren mühsam aufgebaut." Sie schaut verbittert.

"Und wissen Sie, was unsere Kinder machen? Sie studieren in Innsbruck und Wien und möchten auch dort bleiben! Keines von ihnen will das Hotel übernehmen, obwohl das Geschäft floriert! Wofür arbeiten wir noch?" Enttäuschung zeichnet sich auf ihrem Gesicht ab. Aber so sind eben Kinder. Sie suchen ihre eigenen Wege.

Vom nahen Cerro Campanario, bietet sich ein wunderbarer Ausblick auf das weitläufige Seengebiet im Norden. Es ist eine Landschaft wie aus einem Bilderbuch! Unmittelbar zu unseren Füßen erstrecken sich die kleine Lagune El Trebol und der gleichfalls kleine Lago Morenito, in der Nachbarschaft der Lago Perito Moreno. Dahinter verzweigt sich der tiefblaue Nahuel Huapi-See mit seinen lang gestreckten Wasserarmen wie ein großes Labyrinth. Vor dem weit nach Norden reichenden Seearm "Ultima Esperanza" ruhen die große Viktoria-Insel und die Halbinsel Arrayanes wie braune Flecken in ihrem Blau. Wasser und Land scheinen hier zu verschmelzen. Wo hört der Nahuel Huapi auf und wo beginnen die Seen in der Nachbarschaft? Wir können es nicht erkennen.

Viele mythische Kreaturen lebten in der Vorstellung der Aonikenk in den tiefen Gewässern der Seen. Sie fürchteten sich besonders vor dem Nguru-Vilu, einer Wasserschlange mit Fuchsgesicht. Ihr langer Schwanz endete in einem mächtigen Haken. Den schlang sie um Kanus und zog diese mit den Insassen in die Tiefe, um sie zu verschlingen. Auch dem Nahuelito zollten sie großen Respekt.

Dieses schlangenköpfige Reptil bewohnt ausschließlich den Nahuel Huapi See. Nur in der Dämmerung taucht es auf und streckt seinen langen Hals über das Wasser, ähnlich dem Monster vom schottischen Loch Ness. Sobald es dunkel ist, verlässt es den See und sucht sich seine Beute in Ufernähe: Tiere und Menschen, denen es habhaft werden kann. Die Präsenz des Tronadors, des Donner-Bergs stellt diese mythischen Kreaturen jedoch in den Schatten. Von seinen eis- und schneeüberzogenen Hängen stürzen tonnenschwere Eisbrocken herab und es würde niemanden überraschen, wenn dieser Gigant auch noch feurige Lava aus seinem Krater speien würde.

Früh am Morgen beginnt unsere Andentraverse vom argentinischen Bariloche zum chilenischen Puerto Varas. Gegen acht Uhr bringt uns ein Bus zum Nahuel Huapi See. Am Puerto Pañuelo wartet bereits der Katamaran "El Condor". Sanft gleitet er auf einem Seearm nach Westen. Im frühen Sonnenlicht schimmert das Wasser in sanften aquamarinblauen Schattierungen. Die Vorberge der Anden, dunkelgrün von Buchen durchzogen, spiegeln sich mit steilen felsigen Flanken in dem Gletschersee. Mitten auf dem See schaltet der Kapitän den Motor ab. Plötzlich breitet sich Stille aus, und eine ehrfürchtige Ruhe legt sich über alle an Bord. Meditative Stille umhüllt uns, und für einen flüchtigen Moment scheint die Zeit innezuhalten. In diesem Augenblick spürt jeder von uns eine Verbindung zur Schönheit der Natur und beginnt, über das Geheimnis ihrer Existenz nachzudenken. Bilder aus der Vergangenheit erwachen: Mapuche, die Ureinwohner der Region, paddeln in ihren traditionellen Kanus wachsam über den See. Jeden Kontakt mit dem legendären Nguru-Vilu, dem furchterregenden Wasserwesen, möchten sie unbedingt vermeiden. Wir hingegen müssen uns keine Sorgen machen, verschlingen kann er uns nicht, dazu ist unser Boot zu groß. Wir suchen ihn auch nicht mit unseren Augen, eher schon den Chompallhue, einen Wassergeist. Mal zeigt er sich als ein braunes Männchen, mal als eine schöne Blondine. Nach ihrem Auftauchen kämmt sie sich wie die Loreley das goldene Haar. Das Männchen will niemand sehen, die Blondine schon. Aber Vorsicht! Wer ihre aufreizende weibliche und strahlende Gestalt zu lange beobachtet, der riskiert sein Augenlicht. Leider zeigt sie sich nicht. Kaum haben wir uns mit der neuen Umgebung vertraut gemacht, ist die Fahrt auch schon wieder zu Ende. Wie im Flug ist die Stunde vergangen, und schon legen wir in Puerto Blest an. Ein Bus bringt uns in nur wenigen Minuten nach Puerto Alegre zur nächsten Schiffspassage über den Frias See. Wir dringen tiefer in die Bergwelt der Anden ein. Die Gipfel ragen immer höher in den Himmel, und dann befinden wir uns inmitten einer atemberaubenden Gebirgskulisse mit schroffen Gipfeln und vergletscherten Vulkankegeln. Kühler Wind kommt auf. Der Kapitän steuert das kleine Schiff nach Süden auf den Tronador zu. Mit seinen eisbedeckten Flanken überragt er alle benachbarten Andengipfel in der näheren Umgebung.

Am Südufer des Sees, in Puerto Frias wartet bereits die argentinische Zollkontrolle. Danach geht es mit dem Bus hinauf auf den Grenzpass nach Chile. Auf der anderen Seite schlängelt sich die Straße in engen Kurven durch dichten Regenwald hinunter. Zwei Stunden später erwarten uns in Peulla am Lago Todos los Santos, dem Allerheiligen-See, die chilenischen Zöllner. Sie kontrollieren

In nur 10 Minuten wird uns der Bus von Puerto Blest nach Puerto Alegre am Nordufer des Lago Frias bringen.

sehr genau. Alle Taschen müssen geöffnet werden, der Inhalt wird bis in das kleinste Detail inspiziert. Übertriebene Gewissenhaftigkeit, Neugierde oder Mittel gegen die Langeweile des Tages?

Ein Fußweg führt von der Anlegestelle zu dem kleinen Dorf, das nur etwa 100 Einwohner beherbergt. Es ist kurz nach 14 Uhr. Zeit für eine Mittagspause und eine Stärkung im historischen Hotel "Peulla", einer charmanten hölzernen Konstruktion aus den 1930er-Jahren. "Hier wohnt noch der patagonische Pioniergeist", versichert uns ein Kellner. Das gilt wohl ausschließlich für das Gebäude, im Gastraum ist wenig davon zu spüren. Das Personal ist unfreundlich und das Essen überteuert. Dennoch ist Peulla ein idyllischer Ort für alle, die ein paar Tage in Ruhe und Abgeschiedenheit verbringen möchten. Umgeben von üppiger Vegetation bietet er eine willkommene Abwechslung vom hektischen Stadtleben. Mitten im Nationalpark gelegen, kann man ihn nur über den Wasserweg des Allerheiligen-Sees von Chile aus oder über die Passage erreichen, die wir über Argentinien genommen haben.

Nach der Mittagspause bringt uns ein Katamaran über den großen Allerheiligen-See. Am Horizont majestätische Vulkane: im

In Peulla, am Allerheiligensee erwartet uns der Katamaran für die Überfahrt nach Petrohué am Fuße des schneebedeckten Vulkans Osorno.

Norden der spitze Puntiagudo, im Westen der Osorno, der chilenische Fudschijama, ein erloschener Vulkan mit perfekter Pyramide. Seine Schneehaube reicht weit nach unten. Er ähnelt dem japanischen Vorbild, kann aber in der Höhe nicht mithalten, da ihm mehr als tausend Meter fehlen. Die Dämmerung breitet sich behutsam wie ein dunkler Schleier über die Landschaft aus. Die Sichtbarkeit nimmt ab und die Umrisse der Welt um uns herum verschwimmen allmählich in den Schatten der Nacht. Wir haben unsere Umgebung ohnehin schon ausgiebig kennengelernt: türkisfarbenes Wasser der Seen, mit Kiefern und Südbuchen bewaldete Berghänge am Ufer, schneebedeckte Vulkane. Sie hat durch die ständigen Wiederholungen etwas von ihrem Zauber verloren. Im sanften Schaukeln des Bootes sind einige Passagiere bereits eingeschlafen. In Petrohué, am Westufer des Sees nehmen wir unser Gepäck in Empfang und steigen in den Bus, der uns auf der letzten Etappe am großen Llanquihue-See entlang nach Puerto Varas bringt. Dort lässt uns der Chauffeur in Zentrumsnähe aussteigen. Der Taxifahrer, den wir kurz darauf anhalten, kennt die Adresse unserer Unterkunft nicht. Er lässt sich an einer Tankstelle den Weg beschreiben und fährt uns dann in ein ausgesprochen unwirtliches Viertel ganz in der Nähe voller Müllwagen und Abfallcontainern.

"Landen wir jetzt auf einer Müllkippe?" Klaus schaut besorgt. Der Taxifahrer stoppt vor einem unscheinbaren Häuschen. Die Familie hat uns schon erwartet, denn sogleich kommt uns ein Junge entgegen und nimmt unsere Packsäcke in Empfang. Wir sind nach einem langen Tag hungrig und durstig angekommen.

"Wo ist das nächste Restaurant?", möchten wir gleich wissen.

"Café Haussmann, gleich in der Nähe", empfiehlt der Patron. Wir müssen erstaunt geschaut haben, denn Maria, seine Frau, beseitigt unsere Zweifel sofort: "Da gibt es nicht nur Kuchen!"

Die Spezialitäten der Küche werden mit drei Wörtern und in großer Schrift über dem Eingang des Cafés offeriert: "Crudos - Schop - Kuchen." Darunter: "Los mejores crudos del sur de Chile." Die besten Crudos im Süden Chiles. Das Schop, ein frisch gezapftes Bier, kennen wir bereits. Das Lokal ist brechend voll. Ein Zweiertisch wird soeben freigemacht.

"Was sind Crudos?"

“Rindertatar mit Weißbrot!” Trifft nun ebenfalls unseren Geschmack. Serviert wird das fein gehackte Rindfleisch mit klein geschnittenen Zwiebeln, einer Soße aus Mayonnaise, Joghurt und Petersilie und einer Scheibe Toastbrot. Dazu passt ein Schop Kunstmann-Bier perfekt. Einwanderer aus Deutschland brachten dieses Rezept mit. Es erfreut sich allgemeiner Beliebtheit. Für den großen Hunger ist es allerdings nicht gedacht. Für den bestellt man besser Tártaro. Die Bedienung bringt dann 300 Gramm Fleisch. Das wird auf die beigelegten sechs Scheiben Toastbrot verteilt. Danach dürfte auch ein chilenischer Magen Ruhe geben.

Bei Hexen und Geistern

Die Kultur der Chiloten ist reich an Mythen und Legenden. Viele ihrer Erzählungen weben Geschichten um übernatürliche Wesen und Geister, die menschliche Eigenschaften annehmen und dabei sowohl verführerische als auch furchterregende Facetten zeigen. Es sind Erzählungen von betörenden Sirenen, die Männer mit ihrer überirdischen Schönheit in den Bann ziehen, sie im Rausch ihrer Verzauberung zurücklassen oder ihnen gar das Leben nehmen. Gleichzeitig gibt es Legenden von männlichen Geistern, die Frauen verführen und sie schwängern. Wir werden uns jedenfalls vorsehen!

Im Fährhafen von Pargua, eine einstündige Busfahrt von Puerto Montt entfernt, endet chilenisches Festland. Der Canal de Chacao, eine breite Wasserstraße, trennt die Landmasse von Chiloé. Die Überfahrt mit der Fähre dauert 30 Minuten. In Chacao rollt unser Bus vom Schiff auf die Straße. Wir sitzen vorne neben dem Fahrer. Durch die Panoramascheibe bietet sich uns ein weiter Blick auf die Landschaft. Entlang der Straße kleine, schnell errichtete Holzhäuser und winzige Hütten, Wälder mit Laub- und Nadelbäumen, viele Araukarien, heilige Bäume der Mapuche. Ihre Zweige wachsen in waagrechter Ausrichtung und verleihen den Nadelbäumen ein urzeitliches Aussehen. Die Samen ihrer Zapfen waren für die Mapuche eine wichtige Nahrungsquelle und wurden von vielen auch als Aphrodisiakum betrachtet. Aus dem Harz der Bäume stellten sie Pillen her, die sie zur Behandlung von Blasenschwäche verwendeten, und mit harzgetränkten Umschlägen behandelten sie Geschwüre. Diese imposanten Nadelbäume dienten auch als Treffpunkt für heilige Riten. Die Machi, die spirituellen Anführer der Mapuche, kommunizierten unter ihnen mit den Göttern.

“Der Pflanzenreichtum der Insel ist unendlich”, schrieb der 25-jährige Charles Darwin fasziniert in sein Tagebuch, als er Chiloé von August bis September 1834 besuchte. Während Fitz Roy, sein Kapitän mit dem Forschungsschiff HMS Beagle Küstenlinien und Gewässer im Chonos-Archipel vor der patagonischen Pazifikküste vermaß, machte der Naturwissenschaftler sich Notizen von der Insel.

“Ein einziger großer Wald ist das. Aber mit einer fürs Auge angenehmen Variation von Grüntönen. Nur das Klima ist im Winter entsetzlich und im Sommer nur unwesentlich besser.”

Zu den Einwohnern stellte er fest: “Sie haben zu drei Viertel indianisches Blut … obwohl es genug zu essen gibt, sind die Leute bettelarm, denn Arbeit zum Geldverdienen gibt es in Wirklichkeit keine.” Da hat sich nicht allzu viel geändert. Chiloé gilt noch immer als das Armenhaus Chiles. Die Zahl der Arbeitslosen ist hoch. An den Fjorden und Buchten fanden sie in den geschützten Wassern des Pazifiks aber stets genug Fische und Muscheln und der Fang reichte für ein bescheidenes Leben. Mit Beginn der kommerziellen Lachszucht ging der Fischbestand im Meer zurück. Der Fischfang rentiert sich nicht mehr. Nun verdienen die Männer ihr Geld als Saisonarbeiter oder in den Lachsfarmen. Dort kontrollieren sie Lachskäfige, die in den Fjorden schwimmen und am Meeresboden verankert sind. Verschließen Löcher in den Netzen und verhindern, dass die Zuchtfische in den Pazifik entkommen. Die Frauen arbeiten in 12-Stunden-Schichten in den gekühlten Hallen der Lachsfabriken. Sobald die Lachse ihr Schlachtgewicht von fünf Kilo erreicht haben, werden sie betäubt, getötet, ausgenommen und gewaschen, auf Eis gelegt und verpackt. Die Arbeitsbedingungen sind schlecht. In den stark gekühlten Hallen werden die Arbeiterinnen anfällig für Krankheiten und können ihren Beruf nur für einige Jahre ausüben. Trotz des Wachstums und der Profitabilität der Branche haben die Lachsproduzenten den Ruf, rücksichtslos und schlechte Arbeitgeber zu sein. Gustavo Cortés, ein Vertreter der Gewerkschaft der Lachs-Arbeiter, beschreibt die Situation in den Zuchtfarmen: “Da herrscht ein Klima der Angst. Wir arbeiten dort unter der ständigen Bedrohung, dass man rausfliegt, wenn man nicht die Norm erfüllt oder nicht freiwillig Überstunden macht.”

Die Chilenen bezeichnen die Chiloten generell als rückständig, eine Tradition, die bis heute anhält. Die Inselbewohner sahen sich lange Zeit nicht als Teil von Chile und unterstützten im Unabhängigkeitskrieg die spanische Kolonialmacht. Dies war für die Freiheitskämpfer nur schwer nachvollziehbar. Der gesamte südamerikanische Kontinent kämpfte zu Beginn des 19. Jahrhunderts für seine Unabhängigkeit, nur die Chiloten wollten eine spanische Kolonie bleiben. Das hatte Konsequenzen. Der junge Staat bestrafte Chiloé mit Isolation. Noch zu Zeiten der Pinochet-Diktatur bis 1990 wurden Regimegegner auf die Insel verbannt. Das änderte sich jedoch mit einem Entwicklungsprogramm der Regierung. In Ancud, an der Nordküste, wurde ein Flughafen errichtet, und es gab Pläne für den Bau einer Brücke über den Kanal von Chacao. Obwohl das Projekt offiziell wegen zu hoher Kosten gestoppt wurde, stieß es auch bei vielen Chiloten auf Ablehnung. Zivilisationsmüde Aussteiger aus Santiago, die diese Insel als Rückzugsort entdeckt hatten und ihren ursprünglichen Charakter schätzten, widersetzten sich vehement der Brückenidee. Sie wollten, dass die Insel von übermäßiger Entwicklung verschont bleibt. Trotz ihrer Bemühungen konnte das Projekt jedoch nicht verhindert werden. Eine der ersten Amtshandlungen des neuen Präsidenten Sebastián Piñera im Jahr 2018 war die Reaktivierung der alten Baupläne, und bis 2025 soll die Brücke fertiggestellt sein.

Der Chacao-Kanal trennt Chiloé vom chilenischen Festland. Derzeit kann man ihn nur per Fähre in 30 Minuten überqueren, doch ab 2025 wird auch eine neu errichtete Brücke als Alternative zur Verfügung stehen.

Der patagonische Sommer zeigt sich von seiner besten Seite, und selbst bei Einbruch der Dunkelheit ist es noch mit über 20 Grad Celsius angenehm warm. Direkt vor unserem Hostal in Ancud stehen Fitnessgeräte zur öffentlichen Nutzung bereit. Südamerikaner haben eine Vorliebe für gutes Essen und großzügige Portionen, und in Chile sind schätzungsweise 60 Prozent der Bevölkerung übergewichtig. Angesichts dieser Situation hat die chilenische Regierung reagiert und im ganzen Land Fitnessgeräte aufgestellt, insbesondere in der Nähe von Kinderspielplätzen. Diese Maßnahme soll Müttern ermöglichen, sich körperlich zu betätigen und gleichzeitig ihre Kinder im Auge zu behalten. Trotz dieser Bemühungen scheint kaum jemand diese Geräte zu benutzen.

Auf der zentralen Plaza wird die Mythologie Chiloés lebendig. Dort sitzt La Viuda, eine dämonische Witwe, gehüllt in einen langen schwarzen Umhang auf einer Brüstung und starrt mit leerem Blick vor sich hin. Sie verkörpert die leidende Seele einer Frau, die nach dem Verlust ihrer großen Liebe in Kummer und Schmerz zu dem Entschluss kam, alle Männer zu vernichten. Als alte Frau, zahnlos und abstoßend, geht sie nachts auf die Suche nach jungen Männern. Wenn sie einen erwischt, vergewaltigt sie ihn und lässt ihn, wenn er Glück hat, nur benommen zurück. La Pincoya, die Meerjungfrau mit menschlichen Beinen, sitzt auf einem Steinquader, stützt sich mit der rechten Hand auf einer Lehne in Form eines Fisches ab und schaut in die Ferne. Alle Fischer kennen diese außergewöhnlich schöne Frauengestalt mit langen blonden Haaren. Viele träumen von ihr, ihrem Reiz und ihren weiblichen Kurven. Sie trägt ein Kleid aus Algenblättern und ist mit Muscheln geschmückt. In Vollmondnächten zeigt sie sich den Fischern und führt ihre Tänze am Strand auf. Wenn sie auf die Fischer zu tanzt, bedeutet dies einen guten Fang. Wendet sie ihnen jedoch den Rücken zu, werden sie weder Fische noch Muscheln in ihren Netzen finden. Nebenan sitzt Invunche, eine entstellte Kreatur in Menschengestalt. Alles an ihm ist deformiert, ein Bein ist verdreht und hinter dem Nacken festgewachsen, der Rücken dicht behaart, die Zunge gespalten wie bei einer Schlange. Er kann nicht sprechen, macht sich nur mit Grunzlauten verständlich und bewachte als

Hausmeister die Höhlen von Hexen. Trentren- und Caicai-Vilu winden sich wie Schlangen durch die Erde. Ursprünglich waren sie Söhne des Antu, des mächtigsten Sonnengeistes im Universum der Mapuche. Als sie ihm seine Macht nehmen wollten, verwandelte er sie in Schlangen: Trentren-Vilu wurde der Schlangengeist der Erde und Caicai-Vilu der Schlangengeist des Meeres. Letzterer war verärgert, dass sich die Menschen nicht bei ihm für die Fische und Muscheln bedankten, die er ihnen reichlich schenkte. Aus Enttäuschung ließ er das Wasser steigen und versuchte, die Bewohner der Erde zu ertränken. In ihrer Not wandten sich die Menschen an Trentren-Vilu, den Erdgeist. Er erlaubte ihnen, auf seinen Rücken zu klettern und brachte sie zu sicheren Bergen, die er aus dem Wasser emporsteigen ließ und bewahrte sie so vor dem Ertrinken. Eine Legende, die häufig benutzt wird, um Kindern auf einfache Weise die Folgen der häufigen Erdbeben und Tsunamis im Land zu erklären.

Am Morgen weist uns der Hausherr auf eine Fiesta Costumbrista im Gemeindepark Bellavista hin, auf einer Anhöhe in der Nähe.

“Ihr solltet dort unbedingt das Spezialgericht von Chiloé, den Curanto probieren: Muscheln und Fleisch in der Erde gegart!”

Im Januar und Februar, während des südlichen Sommers, finden auf Chiloé viele dieser traditionellen Feste statt. Jung und Alt versammeln sich, um ihre unterschiedlichen Fähigkeiten in Kochen, Handwerken, Singen und Tanzen zu zeigen. Besucher können dabei das traditionelle Gericht Curanto sowie die chilenischen Brote Milcao und Chochoca probieren. Diese werden aus einem Teig hergestellt, der zu gleichen Teilen rohgeriebene und gekochte Kartoffeln enthält. Wenn der Teig wie kleine Fladen im Ofen gebacken wird, nennt sich das Brot Milcao. Wird er dünn ausgerollt und an einem Spieß über der Glut geröstet, spricht man von Chochoca.

Auf einer Bühne wird die Cueca, der chilenische Nationaltanz, dargeboten. Schon in der Schule lernen Kinder diesen traditionellen Tanz. Junge Tänzerinnen in weißen Kleidern und Petticoats stehen bereit für ihren Auftritt. Dieser spezielle Rock, der in den späten

50er-Jahren bei uns modern war, verlieh uns Mädchen damals ebenfalls die Eleganz einer Primaballerina. Der Tanzlehrer tanzt abwechselnd mit den jungen Tänzerinnen zur Gitarrenmusik, die aus Lautsprechern ertönt. Die Zuschauer klatschen im Rhythmus zur Musik und den Schritten der Tänzer. Die Cueca ist ein Paartanz, jedoch ohne körperlichen Kontakt. Zunächst umkreisen Mann und Frau einander, dann folgt der "Coqueto", eine kokette Schrittfolge, die einem Halbmond ähnelt. Die Tänzer stampfen energisch mit den Füßen und bewegen sich spiralförmig aufeinander zu und schwingen dabei ein weißes Taschentuch in ihrer rechten Hand. Je nach Stimmung schwenken sie es mal sanft oder mal kräftig. Die Cueca kann, wie jeder Tanz emotionslos mit automatisierten Schrittfolgen getanzt werden. Bei jungen Paaren hingegen wird sie mit viel Temperament und Leidenschaft erfüllt. Wenn die Taschentücher energisch geschwenkt und feurige Blicke ausgetauscht werden, gerät die Cueca zu einem getanzten Flirt.

Die Tanzaufführung ruft Erinnerungen an meine eigenen Tanzstunden wach, ebenso an meine andauernden Bemühungen, meine begrenzten Fähigkeiten in dieser Kunst zu erweitern, sowie an die Anstrengungen, Gespräche mit meinen Tanzpartnerinnen möglichst interessant zu gestalten. Ein Jahr vor dem Abitur wurden wir in den klassischen Gesellschaftstänzen wie Walzer, Foxtrott und Quickstepp unterrichtet. Etwas steif und verspannt standen wir unseren Tanzpartnerinnen gegenüber, hatten immer eine bevorzugte Partnerin ins Auge gefasst, aber gerieten meistens an eine andere. In den Tanzkursen war alles streng reglementiert und viel zu steif. Im Gegensatz dazu war die Atmosphäre in den Discos viel entspannter. Außerdem war es dort laut, eine Unterhaltung war nicht nötig. Unsere damalige Kommunikation war ohnehin dürftig und bestand oft nur aus abgedroschenen, trivialen Fragen und Antworten ... Doch wir waren Anfänger und übten uns noch im Gespräch mit dem anderen Geschlecht.

Auch bei den Tanzveranstaltungen während meiner Dienstzeit bei der Bundeswehr ging es sehr entspannt zu. Zu den Bällen wurden junge Damen eingeladen, was stets eine sehr willkommene Abwechslung zum alltäglichen militärischen Drill war. Ein Ballabend zur Faschingszeit ist mir noch in lebhafter Erinnerung. Dort tanzte ich mit Roswitha, einer jungen kostümierten Fischfrau im glitzernden Paillettenkleid. An meine eigene Verkleidung kann ich mich nicht mehr genau erinnern. Es ist durchaus möglich, dass ich als Soldat ging, da ich einfach das nutzte, was sich damals in meinem Spind befand. Sie war Arzthelferin und stellte meine Vorstellungen von Moral gehörig auf den Kopf. Sie wohnte in der Praxis und oft klopfte ihr Chef abends an ihre Tür und begehrte Einlass, was meine gewohnte Weltordnung ordentlich ins Wanken brachte.

Auch Katrin hat nachhaltige Erinnerungen an solche Tanzveranstaltungen: “Einmal waren meine Freundin Simone, einige interessierte Mitschülerinnen und ich zu einem Abschlussfest von Offiziersanwärtern eingeladen. In unseren besten Kleidern und aufgeregt vor dem Unbekannten trafen wir uns im Schulhof, wo uns ein olivgrüner Bus abholte und zur Kaserne brachte. Vier Personen konnten an jedem Tisch Platz nehmen, und es dauerte nicht lange, bis wir Gesellschaft bekamen. Zwei junge Offiziersanwärter gesellten sich zu uns. Ich war nicht sonderlich an dem Gespräch mit meinem Tischherren interessiert und konzentrierte mich eher auf das Gespräch meiner Freundin mit ihrem Tischnachbar. Mein Gott, wie langweilig! War das ein Verhör: Name, Klassenstufe, Lieblingsfächer, zukünftige Studienpläne, Geschwister? Es war fast wie eine Szene aus einem Loriot-Sketch.” Meine Freundin hatte den Abend gleichfalls nicht in guter Erinnerung behalten, denn am nächsten Morgen meinte sie zu einer Freundin: “Gestern auf dem Bundeswehrball habe ich Ralf kennengelernt. Der hatte Ansichten wie Fred Feuerstein. Er ist der Meinung, dass Frauen ausschließlich hinter den Herd gehören und sich um die Kindererziehung kümmern sollen.” Zu meiner größten Überraschung ist sie jedoch immer noch mit ihm verheiratet.

Ein dichter, beißender Rauch von verbranntem Fett wabert über das Gelände, hüllt die Umgebung in neblige Wolken und holt uns in die Realität zurück. Männer grillen über Metalltrögen mit glühender Kohle Schweinehälften und kneten große Mengen von Teig aus Kartoffeln und Mehl, wälzen ihn aus, wickeln ihn um einen langen Holzstab und drehen diesen gleichfalls über der Glut, bis

Costumbrista in Castro, ein Fest für den Gaumen, bei dem jeder satt wird.

Der Teig für das Kartoffelbrot wird dünn ausgerollt und um den Palo chochoquero, einen zylindrischen Holzstab, ähnlich einem großen Nudelholz, gewickelt. Unter ständigem Drehen wird der Teig über glühenden Kohlen geröstet. Sobald die Chochoca gar ist, wird sie portioniert mit Schweineschwarten belegt und zum Essen wie ein Sandwich gefaltet.

Auch gegrilltes Lammfleisch erfreut sich großer Beliebtheit.

Die chilotische Küche lockt nicht nur mit Empanadas, Eintopf und Curanto, sondern auch mit gewöhnungsbedürftigen Getränken wie der Michelada, einem eisgekühlten Bier mit Chili und dem Terremoto, einer Mischung aus Wein und Kräuterlikör.

er goldbraun gebacken ist. Chochoca nennt sich diese Spezialität. Neben einer Holzbude hängen Schweinehälften. Erst auf den zweiten Blick erkennen wir, dass es Schweinefleisch ist, denn sie bestehen größtenteils aus weißem Fett. Männer zerteilen die gefrorenen Hälften mit einer Säge und bereiten sie für das Grillen vor. Frauen kneten derweil auf langen Tischen Teig für Empanadas, gefüllte Teigtaschen oder bieten Austern und Miesmuscheln mit würzigen Knoblauch- und Chili-Saucen an. Großfamilien bestellen Empanadas nicht einzeln, sondern gleich im Dutzend. Dazu trinken sie Michelada, eisgekühltes Bier mit Chilisauce und Limettensaft, ein beliebter Durstlöscher an warmen Tagen. Oder sie gönnen sich einen Terremoto, zu Deutsch Erdbeben, einen Cocktail aus süßem Weißwein und Ananas-Sorbet. Dieser Drink ist nicht nur süß und erfrischend, sondern hat auch eine gewisse Wirkung. Nach ausgiebigem Genuss könnte so mancher wohl das Gefühl haben, von einem Erdbeben durchgeschüttelt zu werden.

Bei unserer Suche nach Curanto stoßen wir auf einen Stand, der ihn "a la olla", also im Topf zubereitet, anbietet. "Al hoyo aún no está listo", Curanto, traditionell in einem Erdofen und auf heißen Steinen zubereitet, ist noch nicht gar. Schade, den hätten wir gerne probiert. Wir bestellen nur eine Portion, denn wir wissen aus Erfahrung, dass die chilenischen Portionen üppig ausfallen. Eine beachtliche Menge an Miesmuscheln, Kartoffeln und Fleisch wird vor uns auf den Tisch gestellt. Unser Hunger ist zwar beträchtlich, aber wir schaffen es beim besten Willen nicht zu zweit die ganze Portion zu bewältigen.

Die Stimmung in der Nähe eines Pavillons ist ausgelassen. Festbesucher drängen sich hinter einer Absperrung und warten geduldig auf den "Curanto al hoyo". Schon vor Stunden haben die Köche ein großes Erdloch ausgehoben, darin ein Holzfeuer entzündet und Steine erhitzt. Dann Körbe voller Miesmuscheln, Venusmuscheln und Picoroccos, kleine Krebse darüber gekippt. Darauf Kartoffeln, Hühner-, Schweinefleisch, Würste und Bohnenschoten gelegt und mit einer Schicht Nalca-Blättern bedeckt. Auf den Blättern des Riesen-Rhabarbers dann kleine Milcao-Fladen aus roh geriebenen und gekochten Kartoffeln sowie einer Fül-

Schwierige Entscheidung: Miesmuscheln in Knoblauch- oder Austern in Chili-Sauce?

Wir haben "Curanto a la olla" für eine Person bestellt, und nun steht ein Berg aus Kartoffeln, Miesmuscheln, Schweine- und Hühnerfleisch vor uns.

lung aus gebratenen Schweineschwarten ausgebreitet. Auch diese werden mit einer weiteren Schicht Blättern bedeckt. Zum Schluss haben sie den Curanto-Berg mit Plastikfolie und Erde abgedeckt, um Wärme und Feuchtigkeit zu halten. Eine schonende Zubereitung wie in einem Dampfgarer, auch aromatischer als "a la olla" im kochenden Wasser. Zwei Stunden sind inzwischen vergangen und nun beseitigen die Köche vorsichtig die Erdschicht. Weißer Wasserdampf entweicht in großen Wolken. Schicht für Schicht legen sie mit einer Schaufel das Essen vorsichtig frei, füllen Teller mit den Zutaten und bringen sie zu den wartenden Gästen. Denen steht die Vorfreude auf den Leckerbissen bereits ins Gesicht geschrieben. Weit strecken sie den Bedienungen ihre Quittungen entgegen. Jeder möchte der Nächste sein.

Chiloé ist nicht nur tief in Traditionen verwurzelt, sondern auch eine Insel, reich an Erzählungen und Mythen, die von Generation zu Generation mündlich weitergegeben werden. Das Museo Chilote, ein Gebäude, das mit seinen zwei Türmen wie die "Ducken-

"Curanto al hoyo" wird in einem Erdofen zubereitet.

Der Curanto ist fertig gegart, wird nun ausgegraben und auf Teller portioniert.

burgh", die Stammburg der Duck-Familie ausschaut, zeigt unzählige Darstellungen der vielen mythologischen Gestalten. Brujos, Hexenmeister waren lange Zeit die Herrscher der Insel. Sie konnten alles mit Zauber belegen. Dieser Aberglaube war derart verwurzelt, dass sich die Staatsgewalt genötigt sah, gegen die neuzeitlichen Brujos und deren Verschwörungen einzuschreiten. Nicht wenige Chiloten glauben aber auch heute noch, dass manche Orte, vor allem Höhlen, verhext sind und nicht betreten werden dürfen.

Die mythologischen Gestalten bilden ein eigenes Universum, bevölkert von eigenartigen Wesen: Kühe mit Fischschwänzen, Einhörner, böse Hexen, die Mensch und Tier verzaubern können, darunter "La Fiura", eine alte bösartige Frau von extrem kleinem Wuchs, ein Ausbund an Hässlichkeit mit riesigen Händen und Füßen und einem nie versiegenden sexuellen Appetit. Mit ihrem magischen Blick verführt sie Männer, vergnügt sich mit ihnen und stürzt ihre Liebhaber anschließend in den Wahnsinn.

Der zwergenhafte Kobold "El Trauco" lauert im Wald auf Frauen, verführt sie gleichfalls mit seinen Blicken und schwängert

Viele warten bereits hungrig hinter einer Absperrung auf ihren Teller und strecken den Bedienungen ihre Quittungen entgegen.

sie. Kein Unglück, eher ein Glück, dass es ihn gibt. Bekommt eine Frau ein uneheliches Kind, trifft sie natürlich keine Schuld. Immer war Trauco der Vater! Das abgeschiedene Chiloé bringt unendlich viele Geschichten hervor, die sich die Chiloten vermutlich weiterhin in langen Nächten erzählen, wenn der Sturm um die Holzhütte jagt und sie froh sind, jetzt nicht im dunklen Wald unterwegs sein zu müssen.

In der Mitte der Insel liegt Castro, berühmt für seine charakteristischen Stelzenhäuser. Fischer, die auf dem Festland keinen geeigneten Bauplatz fanden, errichteten entlang der Küste Pfahlbauten auf dicken Stelzen aus Lumaholz, heute eine beliebte touristische Attraktion. Eine Seite ist zur Straße hin ausgerichtet, die andere öffnet sich zum Wasser. So wohnten die Fischer nah bei ihrem Revier und hatten außerdem einen Ankerplatz unter dem Haus für das Boot. Über Brücken gelangt man vom Ufer in die Häuser. Die Fassaden sind in lebhaften Farben gestrichen, die Dächer mit Lärchenschindeln oder oft schon mit Wellblech bedeckt. Für eine Nacht möchten wir das besondere Ambiente eines Palafitos erleben.

Bei unserer Ankunft in Castro wimmelt es nur so von Backpackern. Die Sammeltaxis halten nicht. Unsere riesigen Packtaschen halten sie wohl davon ab. Schließlich bleibt ein Taxi vor uns stehen. Der Taxifahrer quetscht eine Packtasche in den Kofferraum und die andere wuchtet er auf den Beifahrersitz. Die Adresse unserer Unterkunft kennt er nicht.

Pfahlbauten in Ancud: Eine Seite ist zur Straße am Ufer ausgerichtet, die andere zum Meer.

Die bunt bemalten Pfahlbauten aus Holz sind mittlerweile begehrte Tou-

"Keine Ahnung, wo das Hostal Palafito Sur ist!

Er schaut uns an, zuckt ratlos mit den Schultern, aber dann hat er eine Idee. Er fährt zum Rio Gamboa, zu den Pfahlbauten auf der Ostseite der Bucht, kurbelt das Fenster herunter und fragt Passanten. Niemand kennt die Adresse. Nun fällt ihm ein, dass an der Mündung des Rio la Chacra ebenfalls Palafitos stehen. Dort fragt

Es ist kaum vorstellbar, dass diese Pfahlbauten ebenso wie alle anderen Holzgebäude auf der Insel ohne Nägel und Schrauben errichtet wurden.

ristenunterkünfte.

er sich weiter durch. Mit der Anrede gibt er sich keine große Mühe:
"Mujer, abuelo, tio, hombre conoces …?"
Aber offensichtlich ist es hier üblich, die Leute nach Geschlecht und Alter anzusprechen: mit "Opa, Oma, Frau, Mann oder Onkel." Schließlich findet er die richtige Unterkunft, ein modernisiertes zweistöckiges Palafito. Über eine schmale Treppe ohne Geländer gelangen wir von dem Eingangsbereich in unser Zimmer, einen kleinen Raum mit Stockbett. Jenseits des Ganges führt eine Treppe hinunter in den lichtdurchfluteten Gemeinschaftsraum. Vor einer Fensterfront, die die ganze Raumhöhe einnimmt, schwebt ein Holzbalkon scheinbar schwerelos über dem Wasser. Ein idyllischer Platz mit freier Aussicht auf die malerische Meeresbucht. Fischerboote schaukeln sanft auf den Wellen. Ein Ort zum Entspannen und Träumen.

Im Busbahnhof von Castro herrscht reges Gedränge. An den kleinen Kartenschaltern bilden sich lange Schlangen. Wir haben unsere Tickets für die Fahrt nach Cucao an der Pazifikküste gekauft und beobachten das geschäftige Treiben auf den Bahnsteigen, während wir auf unsere Abfahrt warten. Um uns herum pulsiert ein Mikrokosmos: Menschen unterschiedlicher Herkunft, Hautfarbe, alt und jung, eilen hektisch umher, schleppen schwere Gepäckstücke, Busse fahren ein und aus. Eine nie versiegende Geräuschkulisse. Unser Bus trifft ein. Keine zehn Minuten später sind sämtliche Plätze besetzt, der Gepäckraum wird verschlossen und die Fahrt beginnt. Wir folgen lange dem Ufer des Lago Huillinco und nähern uns der Westküste der Insel, die dem offenen Pazifik zugewandt ist. Abgesehen von Cucao, einer kleinen Ortschaft, ist die Küstenregion unbewohnt und wird als Nationalpark geschützt. Nach knapp einer Stunde erreichen wir den Ort, halten ab sofort Ausschau nach unserer Unterkunft und entdecken sie auch schon bald, den "Parador Darwin", eine kleine Herberge. Das auffällige Holzschild mit dem aufgemalten Namen war kaum zu übersehen.

"Pare!" Stopp!, rufen wir dem Busfahrer zu, steigen aus und finden uns sogleich zwischen baumhohem Riesenrhabarber wieder. Seine ausladenden Blätter verdecken die bunten Holzhäuser entlang der Straße. Den Riesenrhabarber erwähnte bereits Darwin in seinen Schriften: “Die Einwohner essen die Stängel, welche säuerlich sind, gerben mit den Wurzeln Leder und bereiten daraus eine schwarze Farbe.” Aus einem kleinen Haus am hinteren Ende eines Gartens kommt uns Marcello entgegen. Ein blonder, blauäugiger Chilene.

“Herzlich willkommen!”, begrüßt er uns auf Deutsch und erklärt sogleich: “Meine Großmutter wohnte in Stuttgart.” Als wir die Unterhaltung auf Deutsch weiterführen wollen, winkt er ab. “Die Oma hat mir nur ein paar Worte in Deutsch beigebracht”, dann wechselt er wieder ins Spanische. Die Sommer verbringt er auf der Insel, vermietet Zimmer an Touristen, im Winter zieht er sich in das wärmere Santiago zurück.

“Frühstück?”, fragt er und schaut uns erwartungsvoll an, als ob er unsere Gedanken lesen könnte. Seine Frau kommt uns schon mit einer Kanne frischen Kaffees und einem Teller mit Kuchen entgegen.

“Selbst gebacken!”, versichert sie uns stolz. Dann geht sie zurück zum gusseisernen Küchenherd und röstet auf der heißen Platte Brot.

“Wollt ihr auch welches?”

“Con gusto!” Gerne!

Diese Art des Röstens weckt Erinnerungen an unsere Kindheit, als in der Küche zu Hause auch ein solcher Ofen stand und wir Brotscheiben auf die heiße Platte legen durften. Die Butter schmolz sofort auf dem gerösteten Brot. Ein besonderer Leckerbissen, von dem wir nie genug bekommen konnten.

Marcello gibt uns noch einige Tipps zum Essen: “Es gibt hier drei Restaurants! Ich empfehle euch das von Rosella, sie kocht gut und ist bekannt für ihre Kuchen. Sie ist ganz in der Nähe. Ihr braucht nur über die Brücke zu gehen.”

Aber als Erstes wollen wir die “Muelle de las Almas” besichtigen, eine Rampe aus Holz hoch oben über der Pazifikküste. Sie soll nach dem Glauben der Huilliches, einem Stamm der indigenen Mapuche, den Seelen helfen, besser in das Jenseits zu kommen, wenn der Fährmann sie ruft. Marcelo Orellana Rivera, ein chilenischer Bildhauer, hat diesen Übergang vom Diesseits in die Totenwelt bildlich mit der “Seelenbrücke” dargestellt.

“Ihr braucht ungefähr sieben Stunden hin und zurück!”

“Wenn ihr schnell seid!”, fügt er noch hinzu. Wir suchen den Weg, der zum Strand führt. Die Richtung stimmt, aber wir kommen nicht an die Küste, weil der breite Abfluss des Huillinco-Sees den Zugang versperrt. Wir haben ihn auf der Brücke bereits überquert. Aber er verläuft nicht geradlinig zum Meer, sondern fließt in einem weiten Bogen nach Süden und versperrt uns nun den Weg. Ob wir in der anderen Richtung besser zur Küste kommen? Erneut zurück und über die Brücke. Dort packt ein Mann gerade seine Angel aus:

“Se puede coger peces aqui?” Klaus übt sich in Spanisch, möchte wissen, ob es hier Fische gibt. Der Mann schaut ihn verstört an, sagt nichts.

“Die Leute sind hier in der Provinz ziemlich verschlossen”, vermutet Klaus. “Vielleicht hat er mein Spanisch auch nicht verstanden!”

Wir gehen und gehen, aber finden auch auf dieser Seite keinen Zugang, denn nun versperrt der Rio Cipresal, der Abfluss der Laguna Huelde uns den Weg. Wie kommen wir nur zum Strand? Wir fühlen uns wie in einer Endlosschleife, laufen hin und her, kommen aber nicht ans Meer. Ewig grüßt das Murmeltier! Marcello klärt uns auf: “Ihr könnt nach jeder Seite gehen, um an den Strand zu kommen, aber es sind in beiden Richtungen jeweils ungefähr sieben Kilometer.” Da sind wir immer zu früh umgekehrt. Also gehen wir abermals los. Die Asphaltstraße endet, der Weg wird sandig. Schon hören wir das Rauschen des Wassers und spüren frische Meeresluft. Noch über einen letzten Hügel und dann liegt endlich der Strand vor uns, kilometerlang, bedeckt mit glatt geschliffenen faustgroßen Kieseln und Muschelschalen. An manchen Abschnitten ist er von braunem Seetang übersät. Starker Seegang hat ihn an vorgelagerten Felsen abgerissen und an Land gespült. Sammler sind unterwegs und stopfen den Cochayuyo, so nennen sie ihn, in große gelbe Säcke. Was sie wohl damit machen? Einer klärt uns auf: “Hacemos una buena cazuela con el.”

Wir machen damit eine dicke Gemüsesuppe. Er wird über Nacht eingeweicht, klein geschnitten und mit Zwiebeln, Tomaten, Sellerie und Kartoffeln oder Reis zu einem Eintopf gegart. Voller Vorfreude leckt er sich die Lippen.

“Und wie schmeckt er?”

“Salzig und nach Meer!” Er lacht, wirft sich den vollen Sack auf den Rücken und macht sich auf den Weg nach Hause. Der Seetang ist eine essbare Alge, reich an Eiweiß und Mineralien und war schon bei den Huilliche eine begehrte Speise. Auch heute noch ernten ihre Nachfahren sie an vorgelagerten Felsen und der Steilküste, trocknen sie und bieten sie in geschnürten kleinen Bündeln zum Kauf an. Sie ist nicht nur Nahrungsmittel, sondern auch Medizin. Hilfreich bei Magen-Darm-Beschwerden und soll vor allem auch zum Abnehmen geeignet sein. Ob Chilenen das Naturprodukt auch deshalb so sehr schätzen?

Bald wird uns klar: Zu der Muelle schaffen wir es nicht mehr, auch nicht bis bis zur Punta Pirulil, einem Fels am Fuß der Muelle, der sich im Dunst schemenhaft abzeichnet. Es ist zu weit und außerdem schon zu spät! Wir kehren um, gehen zurück und vorbei an einem Mini-Mercado mit dem sinnigen Namen “Tante Emma”, bis wir bei Señora Rosella und ihrem windumtosten Restaurant “Brisas del Pacifico” ankommen. Das Stück Käsekuchen, das sie uns bringt, ist groß wie der Teller und sein Geschmack ist eine Offenbarung.

Ein Mini-Mercado in Cucao mit dem nostalgischen Namen “Tante Emma”.

Am Abend erzählt Klaus von der Begegnung mit dem Fischer. Marcello schüttelt sich vor Lachen und kriegt sich nicht mehr ein.

“Weißt du, was du ihn gefragt hast?” Marcello kichert laut und amüsiert und kann sich nicht mehr zurückhalten.

“Ja, ob man hier Fische fangen kann!” Irritiert schaut Klaus Marcello an und versteht die Frage nicht. Der erklärt ihm nun laut prustend: “Nein, du hast ihn gefragt, ob man Fische vögeln kann! Benutze in Chile und in ganz Südamerika nie das Wort coger!” Das Missverständnis ist ausgeräumt, Klaus hat begriffen und lacht nun gleichfalls lauthals.

“Hat die Zeit noch gereicht bis zur Muelle de las Almas?”, will Marcello wissen. Wir bedauern zutiefst: “Leider nicht.”

“Gibt es keine andere Möglichkeit, als zu Fuß dort hin zukommen?” Marcello bespricht sich mit seinem Nachbarn vom “Camping La Abuela” und kommt mit einer guten Nachricht zurück:

“Ricardo bringt euch morgen früh mit seinem Auto hin! Um sieben Uhr. Ihr werdet zu dieser Stunde allein dort zu sein! Keine Leute, keine lauten Kinder, und ihr müsst auch nicht Schlange stehen, um die Muelle fotografieren zu können!”

In der Morgendämmerung holt uns Ricardo mit seinem Auto ab. Nach wenigen Kilometern stoppt er den Wagen.

“Bin gleich wieder da!”, sagt er und geht zum Büro der Muelle des Almes, einem abseits gelegenen Haus. Minuten später kehrt er mit einem Schlüssel zurück: “Den brauche ich, um das Tor zu dem Privatgrundstück mit der Muelle aufzusperren!”

Zehn Minuten später parkt er das Auto und wir setzen unseren Weg zu Fuß fort. Feiner Nebel hängt zwischen flechtenbehangenen Lorbeerbäumen, Tamarisken und Südbuchen und hüllt uns wie in einem undurchdringlichen Urwald ein. Meine Sinne erwachen, ich rieche den erdigen Duft des Waldes, feuchter Tau berührt mein Gesicht und eine tiefe Stille umgibt uns. Die Bäume, manche bereits Hunderte Jahre alt, wirken wie lebendige Wesen. Schweigend gehen wir nebeneinander her und spüren eine spirituelle Verbindung zur Natur. Es ist, als hätte ein Schamane die Führung über meine Gedanken übernommen und würde mich nun zu einem Ort führen, der für die Huilliche, die einst hier lebten, als heilig galt.

Ricardo reißt mich aus meinen Gedanken und deutet nach vorne auf einen grasbewachsenen Hang, der scheinbar nahtlos in den Horizont übergeht.

“Wir sind gleich da!” Durch Heidekraut stapfen wir hinauf, bis es nicht mehr weiter nach oben geht. Die felsige Küste bricht steil vor uns ins Meer ab. Mit einem Nicken weist uns Ricardo auf einen Gegenstand in der Ferne hin, den wir erst jetzt bemerken. Es ist die Rampe der “Seelenbrücke”, die ein Stück weiter unten liegt. Von hier oben sieht sie klein und unscheinbar aus, wie eine unvollendete Holzbrücke, die weit Richtung Meer hinausführt. Je näher wir ihr kommen, desto intensiver spüren wir ihre Aura und bilden uns ein das Flüstern von Geistern zu vernehmen. Ich wage den ersten Schritt auf die Brücke, setze langsam einen Fuß vor den anderen und kehre in der Mitte um, möchte mich noch nicht in der unbekannten Welt des Jenseits wiederfinden. Die Huilliche glaubten, dass der Tempilcahue, der Fährmann hier bei der Punto Pirulil, an den Klippen der Küste erschien, wo die Seelen der Verstorbenen nach ihm riefen. Er brachte sie über das Wasser nach Mocho, einer kleinen Insel vor der Pazifikküste. Dort verwandelten sie sich in Geister und reisten in die Welt der untergehenden Sonne, dem Ort ihrer letzten Ruhe. “Wehe dem, der den Fährmann zum Scherz ruft. Der Unglückliche stirbt binnen eines Jahres.” Das glauben heutzutage noch viele Chiloten. Der Tempilcahue nimmt aber nicht alle Seelen mit. Wer den Preis für die Überfahrt nicht zahlen kann, muss zeitlebens ruhelos in den Klippen umherirren. Wenn man ihre Stimmen hört, darf man nicht mit ihnen sprechen. Sonst muss man auch als verlorene Seele bei ihnen bleiben. Da geht es auf der “Caleuche”, dem Schiff mit den Geistern der Schiffbrüchigen, weit ausgelassener zu. Jene, die auf hoher See den Tod finden, werden von Pincoya und ihren Brüdern zu dem mystischen Schiff gebracht. Dort wird ständig in Übermaß getrunken. Die Besatzung grölt obszöne Lieder und tauscht bis in alle Ewigkeit derbe Zoten aus.

Vor der Küste erheben sich felsige Inseln. “Eine Folge der Erdbeben. Diese haben die Küstenkordillere in unzählige kleine Inseln zersplittert”, erklärt Ricardo. Möwen ziehen ihre Kreisen um die Felsen. Gigantische Wellen klatschen gegen den Stein und hinterlassen einen feinen Nebel aus Spritzwasser. Seelöwen lassen sich

Die "Muelle de las Almas" hoch über der Atlantikküste, der Weg ins Jenseits.

davon nicht beeindrucken. Regungslos verharren sie inmitten ihres Harems.

Wir fahren zurück in unsere üppig überwucherte Idylle. "Die Stunde des Huflattichs", ein Hörspiel von Günter Eich fällt mir spontan ein, als ich an den bis zu zwei Meter hohen Nalca-Stauden mit riesengroßen Blättern, dem chilenischen Riesenrhabarber, vorbeigehe. Dessen Zeit ist hier bereits angebrochen. In zehn Jahren wird er den Parador vollständig überwuchert haben, wenn Marcello ihn nicht stutzt.

Im Regionalmuseum "Museo de las Tradiciones Chonchinas", im benachbarten Chonchi begeben wir uns auf eine Zeitreise in die späten Jahre des 19. Jahrhunderts. Wir stehen in dem Wohnzimmer einer gut situierten Familie. Das Porträt an der Wand zeigt den Familienvater mit unternehmerischem festen Blick. Vermutlich verdankt er seinen Wohlstand dem Handel mit Holz. Vor allem mit dem Export von Zypressenholz ließ sich damals recht gut verdienen. An seiner Seite seine Gemahlin mit gescheiteltem, straff gekämmten Haar und strengem Gesichtsausdruck. Neben dem Fenster steht ein Phonola, Klavier und mechanischer Musikautomat zugleich. In einer Vitrine daneben gelochte Papierrollen mit

Katrin geht nicht bis zum Ende der Seelenbrücke. Sie ist noch nicht bereit, vom Tempilcahue abgeholt zu werden.

eingestanzten Musikstücken. Das Gerät hat auch eine Tastatur, aber die sieht im Gegensatz zu den abgewetzten Fußpedalen noch unbenutzt aus. Dieses Klavier wurde nicht nur mit den Händen gespielt, sondern auch mit den Füßen. Über die beiden Tretbälge wurde die Mechanik in Gang gesetzt. Die Papierrolle übernahm die Funktion der Hände und ohne dass man einen Finger rührte, erklangen Melodien. Stücke von namhaften Komponisten wie Strawinsky, Casella und Hindemith standen auf solchen Papierrollen zur Verfügung. Im Salon ebenfalls importierte europäische

Wohnkultur: in der Mitte ein runder Tisch, darauf eine gehäkelte weiße Tischdecke. An den Seiten ein Plüschsofa, Sessel und Stühle aus Mahagoni mit gedrechselten Füßen und Armlehnen. Im Esszimmer daneben ein mit feinstem Porzellan für sechs Personen gedeckter Tisch. Hinter den Glasscheiben zweier Eckvitrinen sehen wir fein geschliffene Kristallgläser. In der gut ausgestatteten Küche ein gusseiserner Herd mit Topfringen, einem Warmwassertank und Backofen. Im Obergeschoss die deutlich bescheidenere Unterkunft des indigenen Dienstpersonals. Ein kleiner Raum: Küche, Wohnzimmer und Schlafzimmer in einem. Wände aus rohem Holz mit Haken für Kleider und landwirtschaftliche Geräte. In der Mitte eine Aussparung im Fußboden für eine offene Feuerstelle. Darüber eine Aufhängevorrichtung für Töpfe und Kessel. An der Wand ein schmaler grober Holztisch mit zwei niedrigen Holzhockern.

Wie haben die Bewohner dieses Anwesens damals vor über 200 Jahren ihre Tage und Abende wohl gestaltet? Der Herr dieses Hauses ging tagsüber seinen Holzgeschäften nach. Währenddessen kümmerte sich seine Frau um den Haushalt, gab dem Dienstpersonal Anweisungen zum Kochen und Reinigen und zur Betreuung der Kinder. Danach beschäftigte sie sich mit Sticken oder Stricken. Abends versammelte sich die Familie am Tisch im Salon und ließ sich Curanto, Fisch, Miesmuscheln und Kartoffeln am liebsten im Erdofen gegart auftragen. Dazu reichte das Personal hausgemachtes Kartoffelbrot in Form von Chapaleles oder Milcao, das wie Curanto auf heißen Steinen gebacken wurde. Als Getränk gab es Mate. Manchmal gönnten sie sich auch ein Glas Chicha, Wein aus heimischen Äpfeln. Nach dem Essen zogen sie sich in das Wohnzimmer zurück und ließen den Abend zur Musik ihres Phonolas ausklingen.

Vor unserer Abreise hat Marcello noch einen Tipp für uns: “Besichtigt den kleinen Friedhof von Cucao”, schlägt er vor und zeigt hinter das Restaurant von Rosella. Anstelle von Grabsteinen stehen kleine Holzhäuschen mit Schindeln verkleidet, rot und blau angemalt über den Gräbern. Im Inneren Holzkreuze mit Namen der Verstorbenen und verblichenen Blumen aus Plastik, Hortensien, Chrysanthemen oder Nelken. Hinter einer abgeschlossenen Glastüre entdecken wir einen Handbesen, einen Stapel Putzlappen und Teller. Requisiten hausfraulicher Tätigkeiten im Diesseits. Wer soll sie jetzt noch brauchen? Oder waren sie als Grabbeigabe für das Jenseits gedacht?

Etwa eine halbe Autostunde in Richtung Norden liegt das beschauliche Städtchen Dalcahue gegenüber einem Archipel winziger Inseln, bevölkert einst von Huilliche-Seenomaden. Vor ungefähr 200 Jahren erwarteten die Anhänger der spanischen Krone und die mit ihnen verbündeten Huilliches hier die feindlichen Streitkräfte Chiles. Sie hatten sich gut verschanzt, was ihnen aber nichts nützte. Ihre Garnison wurde eingenommen. Aber erst ein Jahr später, nach erbitterten Kämpfen auf der dicht bewaldeten Insel, konnte Chiloé in das Staatsgebiet der Republik Chile eingliedert werden.

Die Cocineria an der Küstenstraße, eine Ansammlung von Garküchen, ist gut besucht. Sie steht wie ein Boot mit Bullaugen auf Pfählen, der Bug weist zum Wasser, als ob es jeden Augenblick ablegen wollte. In den kleinen Küchen arbeiten Köche auf engstem Raum. Ein Mann sitzt an der Rührmaschine, die Teig für Empanadas knetet. Eine Frau bringt in einem Bottich Fleischmasse für die Füllung. Eine andere schält Kartoffeln. Hochkonzentriert verrichten sie ihre Tätigkeiten und ertragen die beengten Verhältnisse mit stoischer Geduld. Zur Mittagszeit sind alle 250 Plätze besetzt. Unmengen von Curanto, Merluza und Salmón, Lachs sowie Cazuelas, Eintöpfe mit Gemüse, Nudeln, Kartoffeln und Lamm- oder Rindfleisch holen sich Gäste persönlich in den Küchen ab. Für den kleinen Appetit gibt es Empanadas de Manzana, chilenischen Apfelkuchen: Apfelstückchen mit Butter und braunem Zucker im Teigmantel gebacken. Frauen haben gerade ihre Einkäufe erledigt und machen sich auf den Rückweg in ihre Dörfer. Den meisten sieht man ihre indigene Abstammung an: dunkle Haut, schwarzes Haar und mandelförmige Augen. Sie sind von einer lebhaften Kinderschar umgeben, manche tragen das jüngste Kind in einem Tuch auf dem Rücken. Es ist beeindruckend zu sehen, wie sie sich gegenseitig beim Tragen der schweren Taschen helfen und auf die Kinder aufpassen, als wären sie alle Teil einer großen Familie. Ein

Die Austern aus den Gewässern Chiloés sind zwar klein, aber von exquisitem Geschmack.

Alle Plätze in Camilas Cocinera am Strand von Dalcahue sind besetzt.

Bauer führt stolz einen imposanten Stier vorbei. Ein dreijähriger Junge betrachtet ihn lange und ruft erstaunt: “Vaca hombre!”, Kuhmann!

Die Frauen schütteln sich vor Lachen und klären den Knirps auf: “No, es un toro, un macho!” Nein, es ist ein Stier!

Gier und Begierde

Seit der Antike suchen Menschen nach Substanzen und Mitteln, die das Liebesleben anregen und die sinnliche Energie steigern können. Dieses Streben nach Aphrodisiaka hat sich durch die Jahrhunderte hindurch fortgesetzt und ist bis heute lebendig. Bald werden wir eine neue, möglicherweise revolutionäre Quelle für gesteigerte Vitalität und Manneskraft entdecken.

Während wir darüber nachdenken, ob wir noch eine weitere Apfel-Empanada essen möchten, kommt ein Chilene auf uns zu und stellt sich vor: "Soy Jorge" Er setzt sich neben uns, schaut uns an und fragt neugierig, woher wir kommen.

"Ich war auch schon in Deutschland!", verrät er. "Ich habe eine Zeit lang bei Siemens in Erlangen gearbeitet."

Dann beginnt er uns von der Umgebung und den Sehenswürdigkeiten zu erzählen. Er empfiehlt uns die Fahrt mit der Jacaf, einer Fähre, die in der Region verkehrt und uns zu malerischen Orten in der Umgebung bringen kann. Seine Schilderungen klingen wie Berichte aus einer fernen Welt und wecken unsere Neugierde. Wir buchen umgehend die Schiffspassage, und schon in zwei Tagen wird uns diese Fähre von Quellón, der kleinen Hafenstadt im Südosten der Insel nach Chacabuco auf dem chilenischen Festland bringen. Für ganze 35 Stunden werden wir entlang der patagonischen Pazifikküste inmitten von Fjorden unterwegs sein, an menschenleeren Inseln, schneebedeckten Vulkanen und abgeschiedenen Siedlungen vorbeiziehen, Seelöwen und Delfine sowie Pelikane und Albatrosse beobachten.

Unser Hotel, das "Chico Leo" in Quellón, nicht weit von der Anlegestelle der Fähre entfernt, ist bereits in die Jahre gekommen. Das Mobiliar zeigt deutliche Abnutzungserscheinungen und wir fragen uns, wie viele Generationen von Seeleuten hier schon abgestiegen sind und welche Geschichten diese Wände wohl erzählen könnten. Vermutlich träumten alle von einem besseren Leben, hofften auf Arbeit, suchten Wohlstand und Glück.

Die Fähre Jacaf kommt mit Verspätung und entlässt über den weitgeöffneten Bug Fahrzeuge und Passagiere.

Am nahen "Hito Cero", dem "Kilometerstein Null", endet die Carretera Panamericana, 22.000 Kilometer nach ihrem Beginn in Anchorage in Alaska. Wer weiter in den Süden will, muss auf die Carretera Austral auf dem gegenüberliegenden Festland ausweichen.

1905, als Quellón noch ein kleiner Fischerort und nur per Schiff erreichbar war, wurde hier eine bahnbrechende Idee verwirklicht: Ein Unternehmer gründete die "Destilatoria Quellón" und verarbeitete das reichlich vorhandene Holz zu Schnaps. Er stellte Holzfäller und Arbeiter ein, die Holz mit verdünnter Schwefelsäure kochten und die entstandene zuckerhaltige Flüssigkeit nach Neutralisation der Säure zu Ethanol, Trinkalkohol vergoren. In einem weiteren Schritt wurde dieser auf Trinkstärke verdünnt. Kneipen und Bars schossen wie Pilze aus dem Boden, in denen die Arbeiter allabendlich seinen Geschmack überprüften. Holzschnaps wurde zum begehrten Getränk. Das wirtschaftliche Wachstum der Region sprach sich schnell herum und lockte Menschen an, die nach Arbeit und schnellem Geld suchten. Auch Prostituierte fanden hier bei den "einsamen" Männern schnell ihr Auskommen. Holzschnaps

Mit der "Jacaf" auf der "Ruta Cordillera" in 35 Stunden von Quellón (Chiloé) nach Puerto Chacabuco.

wird heute auf der Insel nicht mehr produziert, er wurde von Pisco, einem hochprozentigen Weinbrand abgelöst.

Das Mobiltelefon summt. Eine Nachricht informiert uns, dass die Fähre Jacaf, die uns nach Chacabuco bringen soll, aufgrund von zu starkem Seegang erst mit einigen Stunden Verspätung aus Puerto Montt ankommen wird. Wir werden noch ausreichend Zeit haben, einige Besorgungen für die Fahrt zu erledigen. Vor Orangen mache ich nur kurz halt. Noch mehr Obst als Proviant mitnehmen? Ich wüsste nicht, wo ich sie neben den Äpfeln in meinem kleinen Rucksack noch unterbringen könnte. Außerdem gibt es bestimmt auf der Fähre etwas zu essen!

Das Beladen braucht seine Zeit, aber dann geht es hinaus in den Corcovado Golf. Erste Anlaufstelle ist Melinka auf der Insel Ascención. Die Bedingungen sind optimal: Sonnenschein, gute Sicht

Die Jacaf nähert sich Melinka auf der Insel Ascención im Chonos Archipel. Ihren Namen verdankt die Stadt einem russischen Geschäftsmann, der sie zu Ehren seiner jungen Schwester so nannte.

und ruhiges Wasser. Schnell sind alle Plätze auf dem Sonnendeck belegt. An der Reling halten viele Ausschau nach Blauwalen, Buckelwalen und Delfinen. Aber die Beschaulichkeit währt nicht lang. Sobald wir die Südspitze Chiloés hinter uns lassen, räumen viele freiwillig ihren begehrten Platz in der Sonne, denn nun schickt uns der Pazifik Wellen. Plötzlich befindet sich das Schiff in stürmischer See, wird kräftig hin und her geschaukelt. Gischt schwappt schäumend über die Reling und sorgt für unfreiwillige Duschen. Die Passagiere versuchen verzweifelt, ihr Gleichgewicht zu bewahren, klammern sich an alles, was ihnen Halt bietet. Bei einigen tritt starker Brechreiz auf. Mit krampfhaft verschlossenem Mund eilen sie zur nächsten Toilette, doch alle sind auf einmal besetzt, was die Situation noch unerträglicher macht. Vom Festland grüßt der schneebedeckte Vulkan Corcovado. Bewegt der sich nicht auch? Er ist offensichtlich auch seekrank!

Nach vier Stunden auf See erreicht die Fähre den Moraleda-Kanal, der sich entlang der patagonischen Pazifikküste durch einen Archipel von Inseln und Inselchen bis zur Taitao-Halbinsel im

Süden erstreckt. Die See hat sich beruhigt, die vorgelagerten Inseln halten die stürmischen Wellen des Pazifiks nun auf Abstand. Kurze Zeit später legen wir im geschützten Hafen von Melinka an. Die ebenerdigen Häuschen liegen verstreut zwischen dem Ufer und einem Bergrücken, ihre bunt bemalten Wellblechdächer leuchten in den Farben Rot, Grün und Blau. Zwei breite Straßen führen den Hang hinauf, dazwischen Verbindungsstraßen wie mit dem Lineal gezogen.

Die Bewohner der Insel verdienen ihren Lebensunterhalt hauptsächlich durch den Verkauf von Königskrabben, Wolfsbarsch und vor allem Lachs. Chile ist mittlerweile der zweitgrößte Produzent von Zuchtlachs weltweit, gleich nach Norwegen. Obwohl Lachs eigentlich ein typischer Fisch des Nordens ist und unter natürlichen Bedingungen nicht südlich des Äquators vorkommt, scheint es dem Fisch gleichgültig zu sein, ob er in nördlichen oder südlichen Gewässern gehalten wird. Dies denken sich die Betreiber der Fischfarmen. Sie haben sich von dem erfolgreichen norwegischen Modell inspirieren lassen. Von Chiloé bis hinunter nach Feuerland werden nun Lachsfarmen betrieben, um die steigende globale Nachfrage zu befriedigen. Allerdings hat diese intensive Fischzucht Auswirkungen auf die Umwelt und betrifft auch die einheimischen Fischer. Viele von ihnen sind nun arbeitslos und können schon lange nicht mehr vom Fischfang leben. Ihre Boote verrotten am Ufer im Trockenen. Ein trauriger Anblick! Die Lachsindustrie hat ihnen ihre Existenzgrundlage genommen. Ein Fischer lässt seinem Ärger freien Lauf: “Nicht verzehrtes Fischmehl, Fäkalien und Antibiotika verunreinigen die Gewässer und begünstigen im Sommer das verstärkte Wachstum von Algen.” Sein Nachbar ergänzt: “Dann nimmt die Sauerstoffkonzentration im Wasser regelmäßig ab, und die Algenpest verwandelt es in eine stinkende Brühe. Giftstoffe werden freigesetzt und reichern sich in Muscheln und Krebsen an. Bei geringem Verzehr verursacht es ein Kribbeln oder gar eine Taubheit im Mund, das nach mehreren Stunden nachlässt. Bei Robben, Walen und Vögeln, die diese Meeresfrüchte fressen, führt dies jedoch zu massenhaftem Sterben. Die Strände sind dann regelmäßig mit verendeten Tieren bedeckt.”

In den Lachsfarmen sterben zahlreiche Fische aufgrund von Parasitenbefall oder Infektionen. Um dies zu verhindern, fügen die Betreiber den Aquakulturen Chemikalien und Antibiotika hinzu. Es gibt aber noch ein weiteres Problem. Jährlich entkommen weltweit schätzungsweise eine Million Zuchtlachse. Diese Fische sind im Pazifik nicht heimisch, sie wissen nicht, wohin sie wandern oder wo sie laichen sollen. “Diese Raubfische reduzieren den lokalen Fischbestand und jetzt finden auch die Betreiber der Fischfarmen nicht genug Fische, um Fischmehl zur Aufzucht ihrer Lachse herzustellen”, beklagt sich ein ansässiger Fischer. Einige Produzenten haben daher begonnen, den Raubfisch in einen Vegetarier zu verwandeln. Sie mischen pflanzliche Zusätze wie Sojamehl in das Fischmehl. Und um sicherzustellen, dass die Lachse eine ansprechende rote Färbung aufweisen, wird dem Futter oft auch noch Farbstoff zugefügt.

Richtig warm wird es auf der kleinen Insel nie. Im Sommer steigen die Temperaturen selten über 20 Grad. Vollständig mit Solarenergie lässt sich der Strombedarf nicht decken. Dazu reicht die jährliche Sonnenscheindauer nicht aus. Deshalb laufen Dieselgeneratoren rund um die Uhr.

Ascención ist die nördlichste Insel im Chonos Archipel, einer Wasserwelt mit mehr als tausend Inseln. Aber von der Taitao-Halbinsel bis hinunter zum Kap Hoorn wartet nochmals eine aufgesplitterte Seenlandschaft mit verzweigten Wasserstraßen und Tausenden von Inseln. Die Navigation in den Fjorden und Kanälen erfordert viel Erfahrung und Geschicklichkeit. Es gilt, exakt nach Seekarte zu fahren und bei jedem Wetter sowie in starken Strömungen den Kurs zu halten. Zudem müssen die Kapitäne auf Untiefen, Wracks und unterirdische Felsenriffe achten und diesen ausweichen, um Schiff und Passagiere sicher zum Ziel zu bringen. Dank moderner Navigationstechniken sind Fahrten heutzutage selbst bei Dunkelheit kein Problem mehr.

Die Ladeluke am Bug wird geschlossen und die Fähre nimmt Kurs auf Villa Melimoyu in einer geschützten Bucht an der gegenüberliegenden Festlandküste. Aus dichtem Dschungel erhebt sich der gleichnamige Vulkan. Obwohl nur 1.660 Meter hoch, ist sein schneebedeckter Kegel schon von Weitem sichtbar. Die Mapuche nannten ihn "Berg mit vier Brüsten", doch aus unserer Perspektive können wir nur zwei auf dem Kraterrand erkennen. Sie ragen schmal empor und erscheinen uns eher wie Teufelshörner. In einer sandigen Bucht an einem breiten Steg legt die Fähre an. Nur etwa 20 Familien wohnen in den kleinen umstehenden Hütten. Dieser abgelegene Ort ist ausschließlich auf dem Seeweg erreichbar. Es gibt keine Straßen, keine Autos und keinen Motorenlärm, außer dem der kleinen Fischerboote. Auf uns wirkt er wie eine Idylle, ein landschaftliches Juwel. Doch für die Bewohner stellt er alles andere als ein Paradies dar, sondern bedeutet ein hartes und entbehrungsreiches Leben.

Langsam hüllt Nebel die Umgebung ein und es beginnt zu regnen. Fröstelnd ziehen wir uns in den Passagierraum unter Deck zurück, machen es uns auf den Pullmannsitzen bequem. Schon bald meldet sich unser Hunger. Im kleinen Kiosk der Fähre stehen wir jedoch fassungslos vor leeren Regalen, und das, obwohl wir gerade erst acht Stunden unterwegs sind. Noch 27 lange Stunden liegen vor uns. Es scheint, als hätten viele der 250 Passagiere mit unbändigem Appetit bereits alles verzehrt oder sich in weiser Voraussicht mit Proviant eingedeckt. Nicht das kleinste Gebäckstück ist mehr vorhanden.

Wir folgen dem Moraleda-Kanal weiter südwärts und nähern uns Puerto Gala auf der kleinen Insel Toto an der Mündung des Jacaf-Kanals. In dieser Region regnet es fast täglich. Die Landschaft ist grün und dicht bewaldet mit hohen Südbuchen, Maniokbüschen, Zypressen und Canelos, heiligen Laubbäumen der indigenen Mapuche. Seine Zweige wachsen in Form eines Kreuzes aus seinem Stamm und versinnbildlichten für sie ein Symbol des Friedens. Aus seinem Holz fertigten sie die Trommel, die ihre Schamanen für Zeremonien und Rituale nutzten. Auch zum Bau ihrer Rucas, ihrer traditionellen Rundhütten, verwendeten sie sein Holz. Medizinmänner erkannten die heilenden Eigenschaften seiner Blätter und der Rinde, die reich an Vitamin C und antibakteriellen Substanzen ist. Sie reinigten Wunden damit und verabreichten sie als Tee gegen Skorbut. Der scheinbar undurchdringliche Dschungel wirkt wie verwunschen, als ob noch Geister in den Wäldern Regie führten oder Seeräuber hier ihre Verstecke hätten. Diese Abgeschiedenheit zog früher Menschen an, die sich vor Verfolgung durch die Pinochet-Diktatur in Sicherheit brachten. Aber auch Straftäter, die sich der Justiz durch Flucht entzogen. Früher lebten die Menschen hier ausschließlich vom Fischfang und dem Anbau von Gemüse und Früchten. Doch nun bringt die regelmäßig verkehrende Fähre alles Nötige für den täglichen Bedarf. Viele Passagiere drängeln sich an der Reling und möchten einen Blick auf das Dorf erhaschen, das so einsam und abgelegen in einer versteckten Bucht liegt. Im warmen Sonnenlicht zieht die felsige Steilküste an uns vorbei, dicht bewachsen mit Wald, der bis zum Wasser reicht, gelegentlich unterbrochen von kleinen Buchten und Stränden, bedeckt mit schwarzen Miesmuscheln. Und dann tauchen die ersten kleinen bunten Holzhäuser von Puerto Gala auf. Sie stehen auf Pfählen, zum Teil im Wasser. Es gibt keine Straßen, nur Stege und hölzerne Brücken, die diese Hütten an diesem schmalen Uferstreifen miteinander verbinden. Hinter den Häusern ragt die Küste steil auf, bedeckt von

Wir erreichen Puerto Gaviota, ein kleines abgeschieden gelegenes Fischerdorf an der ruhigen Südküste der Magdalena-Insel.

dichtem, urwüchsigem Wald. Die einzigen motorbetriebenen Fahrzeuge sind die Fischerboote. Das alltägliche Leben spielt sich ausschließlich auf diesem begrenzten Küstenstreifen und auf dem Wasser ab. Es ist hart und abgeschieden von der Welt. Ohne Möglichkeiten zum Zeitvertreib. Nur durch Radio und Fernseher erfahren die Bewohner, was in der Welt passiert. Inzwischen gibt es eine Schule, in der zwei Lehrer Schüler bis zur achten Klasse unterrichten.

Der Ort war im Jahr 2001 Kulisse für die Komödie "La fiebre del loco", zu deutsch "Wahnsinnsfieber" mit Szenen voller dramatischer Leidenschaft und einer Geschichte mit wahrem Hintergrund: In dem kleinen Fischerdorf sind alle versessen auf Seeohren, eine große Meeresschnecke, die wegen ihrer angeblich aphrodisierenden Eigenschaften sehr begehrt ist. Die Jagd auf diese Schnecken war jedoch so intensiv, dass sie vom Aussterben bedroht sind und nur noch zu bestimmten Zeiten gefangen werden dürfen. An diesen Tagen sind alle besessen davon, so viele Seeohren wie möglich zu fangen, um reich zu werden und auch um ihre Manneskraft zu stärken. Jung und Alt holen in Windeseile ihre Taucherausrüstungen

Unmittelbar hinter dem schmalen Küstenstreifen erhebt sich eine Berglandschaft, dicht bewaldet und scheinbar unzugänglich.

hervor, stürzen sich ins Wasser und suchen den Meeresboden nach dieser kostbaren Delikatesse ab. Alle sind in einem hochfiebrigen Zustand. Die Aussicht auf schnellen Reichtum lockt auch Prostituierte auf die Insel, denn aus den armen Fischern werden über Nacht reiche und großzügige Freier. Das führt zu Konflikten. Zur Gier kommt nun auch die Begierde und verursacht Ärger, vor allem mit den Fischerfrauen …

Die Fähre legt ab, dringt tiefer in den Jacaf-Kanal vor. Es dämmert, das letzte Tageslicht wandert langsam die Berge hinauf und lässt sie bald zu dunklen Schatten werden. Kalter Wind kommt auf, wir suchen Schutz im Passagierraum, bereiten uns auf unseren Sitzen für die Nacht vor, suchen eine bequeme Einschlafposition. Das Deck ist abgedunkelt, allmählich kehrt Ruhe ein. Das rhythmische Brummen der Schiffsmotoren wirkt einschläfernd. Hin und wieder schlurft ein Passagier vorbei, klingelt ein Handy oder wimmert ein Kleinkind. Mitten in der Nacht wird es laut. Ein Gewirr von Stimmen erfüllt die Luft. Die Schiffsmotoren brummen mit wechselnder Lautstärke und lassen das Schiff vibrieren. Die Fähre legt in

Puerto Aguirre, eine Kleinstadt auf der Isla Las Huichas, ist ein Zentrum

Puerto Cisnes an. Lastwagen rollen aus dem Parkdeck an Land und danach auf das Schiff. Bald geht die Ladeklappe hoch und Ruhe kehrt wieder ein. Als der Morgen dämmert, verlassen wir bereits den schmalen Puyuhuapi-Kanal und steuern Puerto Gaviota, eine Fischerbucht an der Südspitze der Magdalena-Insel an. Unbewohnt ist die Insel seit einigen Jahrzehnten nicht mehr. Eine kleine Fischergemeinde hat sich an einem Küstenabschnitt im Westen niedergelassen, inmitten üppiger Natur, vor einer bergigen Kulisse mit tiefgrünen Wäldern. Auf dem schmalen Uferstreifen steht ein Häuschen neben dem anderen. Wenn es das Gelände zulässt, auch in Reihen hintereinander. Ein Fischer zeigt uns seinen Fang, Seehechte liegen in seinem Boot. Das größte Exemplar hält er stolz hoch. Knapp einen Meter lang. Der südliche Seehecht ist bei Chilenen ein heiß begehrter Speisefisch. Sie lieben sein festes und mageres Fleisch, für sie ist er der König der Fische schlechthin.

Wir navigieren im Moraleda-Kanal weiter südwärts zwischen unbewohnten Inseln hindurch nach Puerto Aguirre an der Südküste der größten Insel im Archipel Las Huichas. Auf den Fernsehbild-

der Lachszucht.

schirmen verfolgen wir eine Übertragung des Musikfestivals in Viña del Mar. Für Luis Fonsi, einen puerto-ricanischen Sänger, hat im Passagierraum offensichtlich niemand ein Ohr. “Somos Uno”, “Wir sind eins”, singt er soeben und bringt seine Zuhörer vor Ort in ekstatische Verzückung. Von der Begeisterung seines Publikums kommt allerdings nichts rüber. Müde hängt jeder nach schlafloser Nacht in seinem Sessel. Im weit entfernten Viña del Mar scheint die Sonne. Das kann man sich kaum vorstellen, denn hier, 2.000 Kilometer tiefer im Süden, ist es grau, stürmisch und kalt, richtig ungemütlich.

“Ven aqui! Komm her! Wo sind denn die Kinder jetzt schon wieder?” Besorgte Eltern machen sich auf die Suche. Ihre Sprösslinge rennen schreiend, juchzend und laut in den Gängen zwischen den Sitzen herum. Stolpern über Beine. Versetzen nichts ahnenden Passagieren versehentlich einen Stoß mit Ellbogen oder Füßen. Fallen hin, weinen, rutschen auf dem Hinterteil oder den Knien über den Boden oder spielen ein chilenisches Fangspiel: “Corre, corre, la Guaraca”. Lauf, lauf, Guaraca (verknotetes Taschentuch). Sie sitzen im Kreis. Ein Kind geht außen herum und lässt unbemerkt ein Taschentuch hinter dem Rücken eines Mitspielers fallen. Der will es zurückgeben, aber sein Gegenspieler läuft davon und setzt sich schnell auf seinen Platz, der jetzt frei geworden ist. Pech gehabt! Jetzt beginnt das Spiel von Neuem. Was sollen die Kinder auch anderes machen? Sie brauchen Bewegung.

Der Nachmittag ist bereits weit fortgeschritten. Noch immer wird das Schiff beladen. Wir werden ungeduldig. Wann fahren wir weiter? Wir warten schon gefühlte Ewigkeiten. Endlich wird die Ladeluke hochgezogen. Das Schiff legt ab und nimmt Kurs Richtung Festland nach Puerto Chacabuco. Hoffentlich wartet der Bus, der uns nach Coyhaique bringt! Dort haben wir bereits eine Unterkunft reserviert.

Wir holen die Verspätung nicht auf! Als wir an Land gehen, ist es bereits stockdunkel. Alle anderen Passagiere werden von ihren Angehörigen mit dem Auto abgeholt. Auf uns wartet niemand. Ein Auto nach dem anderen fährt davon, bis wir schließlich alleine mit unseren Packtaschen im Dunkeln zurückbleiben. Es gibt nichts

Einsameres als ein menschenleerer Hafen zur Nachtzeit. Was nun? Entweder finden wir noch ein Taxi oder wir suchen uns eine Unterkunft. Wir bleiben optimistisch, schließlich hat Puerto Chacabuco über 1.000 Einwohner, da wird sich auch zu später Stunde noch eine Lösung finden lassen. Also schultern wir unser Gepäck und verlassen den Hafen. Schon seit zehn Minuten sind wir auf einer spärlich beleuchteten Straße unterwegs und haben noch keine einzige Person getroffen. Der ganze Ort wirkt ausgestorben. Wir geben jedoch nicht auf und halten weiter Ausschau. Ist das eine Fata Morgana? Nein! Tatsächlich steht an der Plaza ein Taxi am Straßenrand, als hätte es auf uns gewartet. Wir beschleunigen unseren Schritt, um sicherzugehen, dass es nicht im nächsten Moment wegfährt. Tomás, der Taxifahrer hat uns schon kommen sehen. Mit unseren schweren Packtaschen sind wir auch nicht zu übersehen. Wir steigen ein und kurz darauf rauschen wir durch die pechschwarze Nacht.

Von dem eindrucksvollen Wasserfall Salto de la Virgen in dem Naturpark Rio Simpson, sehen wir in der Finsternis leider nichts mehr. Schwarz und konturlos ragen Lenga-Bäume und Zypressen am Wegrand in die Höhe. Felswände rücken an den Straßenrand heran, bilden enge Schluchten. Zufällig erkenne ich im Scheinwerferlicht einen Wegweiser zur "Cascada La Virgen". Tomás fährt auf den Parkplatz und leuchtet mit den Scheinwerfern nach vorne zu einer kleinen Grotte mit der betenden Jungfrau Maria im himmelblauen Gewand. Tagsüber kommen Gläubige hierher, zünden Kerzen an als Dank für ihre Hilfe. Die Pilger sind schon lange zu Hause, aber sie haben einen üppigen Blumenschmuck zurückgelassen. Wir hören nur das Rauschen des Wasserfalls in der Nähe.

Tomás fährt nicht ständig Taxi. "Ab April arbeite ich als Lkw-Fahrer und bringe "Contenedores de explosivos" nach Calama im Norden zu den Kupferminen." Sein chilenisches Spanisch ist nur schwer zu verstehen. Wie aus einem Schnellfeuergewehr prasselt es auf uns ein. "Con tenedores explosivos", "mit explosiven Gabeln" verstehen wir. Was soll das sein? Aber das Missverständnis ist schnell aufgeklärt. "Contenedores", Container mit Dynamit transportiert er. "Der Job ist gefährlich, aber Angst habe ich keine. Er wird gut bezahlt und eine Gefahrenzulage gibt es auch." Nach einer Weile lenkt er das Gespräch auf die Nachbarn im Osten, die Argentinier. Auf die ist er, wie viele Chilenen nicht gut zu sprechen. "Coche grande, cabeza pequeña", großes Auto, kleiner Kopf, fällt ihm dazu nur ein, was wir reichlich boshaft finden. Aber die Argentinier sind in Chile nicht gerade beliebt. Gleichzeitig erfahren die Chilenen bei ihren Nachbarn eine ähnliche mangelnde Wertschätzung aufgrund ihrer Pedanterie und scheinbar fehlenden Lebensfreude.

Die Beziehung zwischen beiden Ländern ist durchaus komplex und ambivalent, eine Art Hassliebe. Sie hat sich insbesondere während der territorialen Aufteilung Patagoniens und Feuerlands entwickelt, als die Gebiete im Süden des Kontinents für die unabhängig gewordenen Nationalstaaten noch ohne klar definierte Nationalgrenzen waren. Beide Länder waren damals bestrebt, ihre Einflusssphären auszudehnen und strategisch wichtige Gebiete zu kontrollieren. Diese Ambitionen führten zu Konflikten und rivalisierenden Ansprüchen. Einvernehmen bestand nur dahingehend, dass die Atlantikküste zu Argentinien und die Pazifikküste zu Chile gehören sollte. Allerdings entbrannten heftige Streitigkeiten um den genauen Grenzverlauf entlang der Magellanstraße und am Beagle-Kanal.

Im 25. Jahr der Unabhängigkeit von der spanischen Krone ergriff Chile im fernen Süden die Initiative und entsandte ein Schiff mit Soldaten zur Magellanstraße, um seine Gebietsansprüche dort zu untermauern. Es errichtete die Befestigungsanlage Fort Bulnes, und nur fünf Jahre später in der Nähe Punta Arenas. Chile annektierte den westlichen Teil Patagoniens und förderte die Besiedlung durch europäische Einwanderer, hauptsächlich aus Deutschland, Österreich und der Schweiz. Argentinien verleibte sich den östlichen Teil Patagoniens ein und begünstigte die Einwanderung vor allem von Italienern und Spaniern. Nicht einigen können sich beide Länder über die Grenzziehung im Süden Feuerlands. Sie bitten 1971 den Internationalen Gerichtshof in Den Haag um eine Lösung des Konflikts. Die Richter legen eine Grenzlinie im Beagle-Kanal und in der Inselwelt am östlichen Kanalausgang fest. Sie sprechen die Inseln Picton, Nueva und Lennox sowie weitere kleinere Inseln Chile zu. Argentinien akzeptiert den Spruch nicht und fordert eine Grenzziehung höher im Norden zwischen Navarino und Picton. Die Richter weisen jedoch die Einwände zurück. Argentinien ist erbost und plant daraufhin, seine territorialen Ansprüche auf Feuerland militärisch durchzusetzen.

Bereits ein Jahr später startet das argentinische Militär die Operation Soberania, die darauf abzielt, die Inseln Picton, Nueva und Lennox einzunehmen. Zeitgleich sollten Heerestruppen über die Anden nach Chile vorrücken und dort Puerto Natales und Punta Arenas, die zwei größten Städte im chilenischen Patagonien, besetzen. Die chilenische Marine ist informiert und hat sich bereits in den Fjorden um Kap Hoorn positioniert. Aber es kommt nicht zum Kampf. In sprichwörtlich letzter Minute kann Papst Johannes Paul II erfolgreich vermitteln und einen bewaffneten Konflikt verhindern. Sechs Jahre danach schließen beide Länder einen Freundschafts- und Friedensvertrag. Argentinien erkennt den Schiedsspruch des Internationalen Gerichtshofs in Den Haag an. Allerdings ist die Grenzziehung in einigen anderen Gebieten noch nicht vollständig abgeschlossen. Besonders in den Anden, vor allem im südlichen patagonischen Eisfeld nahe El Chaltén gibt es noch Unstimmigkeiten und keine endgültige Einigung. Die territorialen Ansprüche in dieser abgelegenen und schwer zugänglichen Region bleiben nach wie vor ein Thema der bilateralen Beziehungen zwischen den beiden Ländern. Die Suche nach einer Lösung dauert an, und beide Seiten bemühen sich weiterhin um eine endgültige Klärung des Grenzverlaufs. Diese Spannungen wirken sich auch auf die Zivilbevölkerung beider Länder aus, die sich in ihren Lebensweisen deutlich unterscheiden. Den Chilenen wird nachgesagt, dass sie Ruhe und Ordnung über alles schätzen. Mit klaren Regeln und zielgerichtetem Handeln haben sie einen gewissen Wohlstand erreicht. Argentinier hingegen lieben die individuelle Freiheit und das Leben an sich, ohne sich allzu viele Gedanken über die Zukunft zu machen. Insgeheim hegen sie jedoch eine gewisse Bewunderung für den wirtschaftlichen Aufschwung Chiles. Auf der anderen Seite schätzen und bewundern die Chilenen die Lebensfreude der Argentinier, ihre reiche kulturelle Geschichte, ihre Leidenschaft für Tango, Fußball und ihre Fähigkeit, die Herausforderungen des Alltags mit einer gewissen Leichtigkeit zu meistern.

Eine Stunde vor Mitternacht halten wir vor unserem Hostal in Coyhaique. Das ganze Haus ist dunkel. Wir klopfen an die Tür. Das Licht geht an. Ein junges Pärchen tritt heraus und begrüßt uns sichtlich überrascht: "Wir hatten nicht mehr mit euch gerechnet, haben aber euer Zimmer freigehalten. Ja, das kommt häufig vor, dass sich die Fähre verspätet. Ehrlich gesagt, sie ist selten pünktlich."

Unsere Mägen knurren. Wir haben lange nichts mehr gegessen.

"Sorry, wir können euch leider nichts anbieten, aber nicht weit von hier gibt es ein Restaurant. Das hat noch offen. Geht die "Lautaro" immer geradeaus Richtung Fluss, sechs Blocks von hier", ihr Tipp. Bald hören wir das Rauschen des Rio Simpson und dann strahlt uns auch schon eine beleuchtete Tafel mit der Aufschrift des Restaurants "DaGus" an.

"Punta de ganso a lo pobre hätten wir noch!" Die Bedienung schaut uns fragend an. Wir sind die letzten Gäste. Sie möchte noch rasch unsere Bestellung aufnehmen, bevor die Küche endgültig schließt. "A lo pobre" bedeutet in Chile so viel wie "für den kleinen Geldbeutel und den großen Hunger." Es ist eine traditionelle Zubereitungsart, die viele Beilagen umfasst, darunter Pommes frites, Spiegelei und gebratene Zwiebeln. Wir hatten uns schon auf das Gericht mit der gebratenen Gans gefreut, aber was uns die Bedienung serviert, sieht nicht nach Geflügel aus. Es ähnelt eher einem flachen Steak. Das Fleisch ist dünn geschnitten und ein wenig zäh, aber nach 24 Stunden ohne Essen kommt es uns vor wie ein wahrer Leckerbissen.

Unsere Gastgeber, ein junges Paar aus Berlin, hatten sich vor fünf Jahren hier niedergelassen. Sandra erzählt uns ihre Geschichte: "Mein Job als Krankenschwester in der Charité wurde immer anstrengender. Wegen des Personalmangels und der Schichtarbeit hatte ich kaum noch Zeit für unseren kleinen Sohn. Also entschied ich mich, meine Stelle zu kündigen. Dann verlor mein Mann seinen Job als Schreiner. Wir standen vor einer unsicheren Zukunft und überlegten, welche Optionen es für uns gab, außer Hartz IV. Ein Freund erzählte uns von Chile. Warum nicht auswandern? Es gab nichts, das uns hier noch hielt. Aber wie könnten wir in Chile Geld verdienen? Seine Antwort: im Tourismus, der hier immer weiter zunimmt. Ja, das schien eine Möglichkeit zu sein. Also verkauften wir unsere Habseligkeiten und wagten den großen Schritt hierher."

Sandra macht eine Pause, wirkt nachdenklich und blickt zu ihrem Mann, der neben ihr steht. Er erinnert sich noch lebhaft an die anfänglichen Schwierigkeiten. "Im Vergleich zu anderen Ländern erschien uns Chiles Einwanderungspolitik attraktiv. Es wurden weder Kenntnisse der spanischen Sprache noch Gesundheitsnachweise verlangt. Doch je genauer wir uns damit beschäftigten, desto komplexer wurde es. Spätestens bei der Beantragung des Visums und der Einreichung der erforderlichen Dokumente wurde uns klar, dass die chilenische Bürokratie nicht einfacher war als die deutsche, nur anders. Dennoch haben wir diese Hürden gemeistert. Die einzige wirklich große Herausforderung war die Sprache, aber auch die beherrschen wir inzwischen recht gut."

Es ist wirklich beeindruckend, wie diese modernen Pioniere es geschafft haben, sich in einem fremden Land eine neue Existenz aufzubauen. Sie haben ihre Heimat, die ihnen Sicherheit und ein Gefühl der Zugehörigkeit bot, verlassen und waren bereit, ihren eigenen Weg zu gehen und Neues zu entdecken. Ihre kleine Pension haben sie liebevoll und originell eingerichtet. Wir sitzen auf weichen Kissen in einer halben Badewanne, die zum Sofa umfunktioniert wurde.

"Inzwischen haben wir hier ein neues Leben aufgebaut. Unser Sohn wächst hier auf und fühlt sich wohl bei seinen chilenischen Freunden. Wir haben nie bereut, diesen Schritt gewagt zu haben. Chile hat uns eine zweite Chance gegeben und gezeigt, dass es immer Möglichkeiten für einen Neuanfang gibt, wenn man bereit ist, sie zu ergreifen."

Zu Gast bei Graf Dracula

Graf Dracula, der oft als der Urvater aller Vampire angesehen wird, hatte einst sein Unheil von seinem Schloss Bran in Transsylvanien verbreitet. Jeder, der von ihm oder seinen blutdurstigen Dienern gebissen wurde, verwandelte sich in einen Vampir und trug so zur Verbreitung des Vampirismus bei. In dem kleinen Ort Villa Cerro Castillo, unserem nächsten Ziel, scheinen vielleicht auch die Diener des Grafen schon Einzug gehalten zu haben. Dieser Verdacht drängt sich uns auf, wenn wir das imposante Massiv des Cerro Castillo sehen, das wie ein riesiges und geheimnisvolles Schloss von Dracula über dem Ort aufragt. Wir werden bald aufbrechen, um herauszufinden, ob dieser Verdacht berechtigt ist.

Unsere Reise in Richtung Süden wird mit jedem Kilometer herausfordernder. In den dünn besiedelten Gegenden ist der öffentliche Verkehr weniger zuverlässig. Busse und Sammeltaxis verkehren manchmal nur an wenigen Tagen. Das Reisen in diesen entlegenen Gebieten ist nicht nur eine Frage der Entfernung, sondern auch eine Herausforderung an persönliche Geduld und Anpassungsfähigkeit.

Wir wollen nach Villa Cerro Castillo fahren. Ein Minibus verkehrt auf der Strecke nur zweimal wöchentlich. Heute nicht. Ein Passant, den wir in Coyhaique nach weiteren Transportmöglichkeiten fragen, schickt uns zur Plaza, ein anderer dort zu einem Minivan, der am Straßenrand geparkt ist und aussieht wie ein Privatfahrzeug. Der Fahrer verkauft bereits Fahrkarten. Bis zur Abfahrt ist noch ein wenig Zeit. Er bittet uns eindringlich: "Seid spätestens in einer Stunde wieder da. Ich fahre pünktlich um 13 Uhr ab!"

Vorsichtshalber kommen wir früher. Viele Plätze im Auto sind noch frei. Wir kurven zunächst durch Außenbezirke. Dort warten weitere Passagiere am Straßenrand, andere holt unser Chauffeur persönlich in ihren Häusern ab. Bald sind alle elf Plätze besetzt und es geht ohne Halt direkt nach Villa Cerro Castillo. Die Carretera Austral windet sich in Flusstälern eines Gebirgszugs der Anden bergauf, eng und beiderseits dicht bewaldet. Auf der anderen Seite führt sie bergab, bis sie Villa Cerro Castillo inmitten des Flusstals des Rio Ibáñez erreicht. Ein kleines Dorf, vor etwa 50 Jahren gegründet, beherbergt einige Hundert Einwohner. Mit dem Bau der Schnellstraße wurde das fruchtbare Tal für Viehzüchter zugänglicher. Umgeben von hohen Andenbergen und dem Lago Gral. Carrera Buenos Aires, groß wie ein Meer, war es zuvor nur schwer erreichbar. Ach ja, die Namengebung gemeinsamer Geländeformen wie Berge, Seen und Flüsse in Patagonien! Sie ist oft unterschiedlich. In Chile heißt der See Lago General Carrera und in Argentinien Lago Buenos Aires, denn General Carrera war ein Chilene. Für Kartografen kein unlösbares Problem: Sie kombinierten beide Namen zu Lago Gral. Carrera Buenos Aires. Während früher die Viehzucht den Lebensunterhalt der Einwohner von Villa Cerro Castillo prägte, ist heute der Tourismus zur dominierenden Einkommensquelle geworden.

Der Taxifahrer hat alle anderen Passagiere bereits an ihren Zielorten abgesetzt. Nur wir bleiben übrig. Er dreht sich zu uns um: "Adónde vas?" Wo wollt ihr hin?

Wir nennen ihm unsere Adresse. Er wendet das Auto und fährt Richtung Coyhaique zurück, etwa zehn Minuten lang. Ist unsere

Im letzten Abendlicht leuchten die Gipfel des Cerro Castillo in einem warmen Orange.

Adresse falsch oder kennt er sich nicht aus? Dann verlässt er die Hauptstraße und biegt nach rechts ab, Richtung Puerto Ibañez am Lago General Carrera. Wo bringt er uns bloß hin. Wir wollten doch in Villa Cerro Castillo bleiben. Jetzt landen wir irgendwo in der Pampa und wissen nicht, wie wir morgen früh zum Startpunkt un-

Bereits früh am Morgen ist es ungewöhnlich warm, während wir auf den Minibus warten, der uns nach Villa Cerro Castillo bringen wird.

La Casona, unsere Unterkunft in Villa Cerro Castillo, strahlt uns in einem warmen Pink entgegen und entpuppt sich bald als eine entspannende Oase bei Mary.

serer Tour kommen sollen. Ich gebe dem Fahrer erneut die Adresse unsere Unterkunft. Der nickt nur und meint: “Tranquilo, ya casi llegamos”. Seid unbesorgt, wir sind gleich da! Nach weiteren fünf Minuten hält er vor einem auffälligen Holzhaus. Man kann es nicht übersehen, denn es leuchtet uns pinkfarben schon von Weitem entgegen. Rechts erstreckt sich Weideland, links dichter Wald. An der Straße eine Holztafel mit der Inschrift: “La Casona, Hospedaje-Restaurant”. Wir öffnen gerade das Tor im Holzzaun, als uns Mary auch schon entgegenkommt, etwa 60 Jahre alt, rundliche Figur. Sie strahlt eine ansteckende Lebenslust aus und ist uns auf Anhieb sympathisch. Ihre Schaf- und Guanakozucht hat sie schon lange aufgegeben, bietet nun Touristen Unterkunft und Verpflegung. Das Inventar ihres Hauses stammt aus vergangenen Zeiten: Toilettendeckel mit Spitzenbezügen und dekorativen Schleifchen, gehäkelte kleine Decken auf unseren Nachttischen und schwere Federbetten. Selbst ein Nachttopf unter dem Bett würde uns hier nicht überraschen. Im Wohnzimmer stehen schwere Sessel mit breiten Armauflagen, in die wir tief einsinken, und ein nostalgisches, großes Telefon, wie wir es noch aus früheren Zeiten kennen. Daneben ein dickes Telefonbuch. Das Zeitalter des Internets ist hier noch nicht angekommen. In der Küche ein mit Holz beheizter Herdofen, der frühmorgens und nach Einbruch der Dunkelheit wohltuende Wärme spendet.

Wir packen unsere Rucksäcke für die morgige Tour. Im Laufe der Jahre haben wir unsere Zeltausrüstung stetig verbessert und leichter gemacht.

Ich erinnere mich noch gut an unser erstes Zelt. Es war um ein Vielfaches schwerer, ein Sonderangebot bei Karstadt mit einem rot-weiß-grünen Streifenmuster und einem weißen Dach. Ausgesprochen schlicht. Die beiden Zeltstangen und die Querstange aus Metall waren sehr robust aber auch recht schwer. Aber wir wollten es auch nicht tragen, sondern mit unserem VW-Käfer transportieren. Es bot gerade genug Platz zum Schlafen. Zum Sitzen mussten wir uns nach vorne beugen. Dennoch genossen wir das Zelten. Wahrscheinlich konnten wir uns damals gar keine andere Art des Reisens vorstellen. Wir wollten nie lange an einem Ort bleiben, deshalb entschieden wir uns für ein kleines Zelt, das wir schnell auf- und abbauen konnten.

Schon am frühen Morgen ist es ungewöhnlich warm, die Sonne strahlt bereits kräftig von einem tiefblauen Himmel. Ein Minibus bringt uns zurück ins Zentrum von Villa Cerro Castillo. Am Ortseingang hält der Fahrer an und zeigt zu einer Brücke, die über einen kleinen Fluss führt: "Dort beginnt euere Route! Ihr müsst nur dem Weg folgen!"

Wir sind unterwegs zum Cerro Castillo, einem Bergmassiv aus schwarzem Granit und unzähligen Basalt-Türmchen, bizarren Formationen aus erkalteter Lava. In Marys Küche hing ein Foto von ihm, das den Berg im Winter zeigte. Schneebedeckt und geheimnisvoll sah er aus wie die Burg von Graf Dracula. Wir sind gespannt, wie er sich uns nun im Sommer präsentieren wird. Unsere Wanderung führt uns Richtung Westen. Was für ein Panorama! Schneebedeckte Gipfel der Andenberge bilden einen faszinierenden Kontrast zu üppig grünen Flussauen. Keine Menschenseele weit und breit, paradiesische Stille, nur unterbrochen vom sanften Plätschern des Wassers neben uns. Der Rio Ibañez, dem wir bereits eine Weile folgen, weitet sich zu einem kleinen See. Auf Sandinseln im Wasser und auf Wiesen am Ufer begrüßen uns Hunderte von Graukopfgänsen mit lautem Geschnatter. In der Flusslandschaft finden sie saftige Gräser und Kräuter. In wenigen Wochen, wenn der Südherbst sich mit fallenden Temperaturen ankündigt, werden sie in den wärmeren Norden aufbrechen.

Nach einer Stunde stoßen wir auf zwei Hinweistafeln. Auf der einen steht "Sendero de Chile" und eine Leiter daneben führt über einen Zaun und Weideland einen Hang hinauf. Gleich daneben auf der anderen Tafel "Propiedad Privada - No entrar", Privatbesitz - Eintritt verboten. Wir zögern kurz, versuchen den Widerspruch zu verstehen und entscheiden uns über den Zaun zu klettern. Schließlich muss die Leiter ja aus einem Grund dort angebracht worden sein.

Eine Trittspur führt uns in das Flusstal des Estero Parada. Schon bald umgibt uns dichter Wald. Das enge Tal hält die Sonnenstrahlen noch fern. In angenehm kühlem Schatten steigen wir auf. Am Horizont erstrahlt der Cerro Palo, ein kurzer breiter Felsstock, bereits im grellen Sonnenlicht. Nach drei Stunden Gehzeit gabelt sich der Weg. Nach links führt eine schmale Brücke aus Baumstämmen über den Fluss, nach rechts ein steiler Aufstieg zur Laguna Cerro Castillo. Den werden wir aber erst morgen in Angriff nehmen. Heute wechseln wir auf das andere Flussufer, machen noch einen kleinen Umweg zur malerischen Laguna Duff. Gleich hinter der Brücke empfängt uns das Campamento Porteadores unter großen schattenspendenden Bäumen. Die wenigen Stellplätze sind bereits alle belegt. Jemand singt und spielt auf der Gitarre, andere sitzen im Schatten, friedliches Lagerleben. Ein Ort zum Entspannen, aber der Platz ist klein und bereits überbelegt. Wir wollen uns nicht noch zwischen Fluss und andere Zelte quetschen. Also folgen wir dem Flusstal weiter aufwärts durch dichten Wald. Außer dem gelegentlichen Knacken von brüchigen Zweigen unter unseren Schuhen und dem Rauschen des Windes in den Wipfeln hoher Buchen dringt kein anderer Laut an unser Ohr. Hin und wieder hören wir einen Specht, der rhythmisch gegen einen Baumstamm klopft. Ob wir einem Huemul begegnen? Wir halten Augen und Ohren offen. Dieser Südandenhirsch ist vom Aussterben bedroht, aber hier im Nationalpark gibt es ihn noch. Leider zeigt er sich nicht. Zwei Stunden später treffen wir im Campamento Neozelandés ein. Der Platz liegt wunderschön in einer Lichtung. Heute ist er verwaist. Wir stellen unser Zelt auf und folgen der Parada weiter flussaufwärts. Schließlich klettern wir in ihrem weitverzweigten Quellgebiet baum- und weglos durch eine Moränenlandschaft und nähern uns dem Gletscherbecken und der Laguna Duff. Ihr Wasser ist kristallklar und tiefblau.

“Was hältst du von einem Bad?”, frage ich Katrin. Sie schüttelt entschieden den Kopf, denn ihr ist das Wasser einfach zu kalt. Trotzdem entscheide ich mich, es zu versuchen. Die Punta Duff, ein markanter Felsblock inmitten einer langen Bergkette, die das Tal der Parada umrahmt, spiegelt sich glänzend in der Sonne auf der Wasseroberfläche. Alles wirkt geradezu einladend für ein erfrischendes Bad. Ich tauche meinen Fuß kurz ins Wasser, ziehe ihn aber sofort wieder zurück. Es ist eiskalt wie die Nordwand des Cerro Castillo, die sich genauso abweisend und kalt im Südosten erhebt. Das Bad kann ich wohl vergessen.

Absolute Stille umgibt uns. Es ist spät am Nachmittag, die Sonne steht bereits tief, und die Schatten der Berge werden länger. Die letzten Sonnenstrahlen wandern zu den Gipfeln hinauf und verschwinden rasch dahinter. Die Wärme nehmen sie mit. Wir werfen noch einen letzten Blick auf das spektakuläre Panorama, bevor der Horizont im letzten Tageslicht verschwimmt, und machen uns auf den Rückweg.

Mit den ersten Sonnenstrahlen des Tages folgen wir dem Weg hinab zur Brücke und auf der gegenüberliegenden Talseite steil empor nach oben. Die letzten Bäume des bewaldeten Hanges liegen schon hinter uns. Weiter über Geröllhänge, oft ohne sichtbaren Weg. Wir orientieren uns an Eisenstangen, die den Weg zur Lagune markieren. Es ist heiß und der Aufstieg mit vollem Rucksack heute alles andere als angenehm. Ein Pärchen kommt uns entgegen.

"Wie weit noch?", fragen wir beide fast zeitgleich. Die Antwort finden wir überhaupt nicht lustig: "Bis zur Lagune sind es noch ungefähr zwei Stunden." Und wir dachten schon, wir hätten sie bald erreicht. In Gedanken versunken stapfen wir weiter aufwärts, heben nur gelegentlich den Kopf, um uns neu zu orientieren. Schweiß rinnt uns in die Augen. Die Wasserflaschen sind schon lange leer. Die Zunge klebt am Gaumen und noch immer ist die Lagune nicht in Sicht. Der graubraune Schotter hat sich mit Hitze aufgeladen, die jetzt wie in einem Backofen auf uns zurückstrahlt. Als ob wir über Warmhalteplatten gehen würden. An jeder Wegmarkierung keimt die Hoffnung auf, den höchsten Punkt erreicht zu haben. Doch nein, dahinter kommt ein weiterer Schuttberg und danach noch einer. Es ist zum Verzweifeln! Schließlich gelangen wir in eine Scharte am Paso Morro Negro und blicken auf die Lagune, die tief unten vor uns liegt. Inmitten einer Landschaft in verschiedensten Beige- und Brauntönen strahlt ihr türkisfarbenes Wasser zu uns herauf. Unmittelbar daneben erhebt sich der Cerro Castillo majestätisch mit seinen zahlreichen Türmchen und Hängegletschern. Die Szenerie gleicht einer unberührten Wildnis, die in ihren natürlichen Farben erstrahlt. Während wir den weit geschwungenen Pfad zur Lagune hinabsteigen, fühlen wir uns wie auf einer großen Bühne, auf der die Natur ihr atemberaubendes

Durch Schutt und Blockgestein kämpfen wir uns aufwärts zur Laguna Castillo.

Vom Paso Morro Negro erblicken wir die Laguna Castillo und dachten zuvor, wir wären dann auf gleicher Höhe. Ein Irrtum, nun müssen wir noch absteigen.

Schauspiel darbietet. Plötzlich bleibe ich stehen. Was für eine Überraschung: ein Büschel Edelweiß in diesem kargen Geröll. Es wirkt wie ein Gruß aus den heimischen Alpen.

Wir finden einen idyllischen Platz zum Zelten inmitten einer Kiefernlichtung. Die Nachmittagssonne taucht die Gipfel der Bäume in ein warmes goldenes Licht, Kiefernnadeln verströmen ihren harzigen Duft. Es ist, als ob wir nach dem Aufstieg durch die Hölle nun im Paradies angekommen sind. Im letzten Tageslicht erstrahlen die Gipfel des Cerro Castillo in einem leuchtenden Orange. Lange sehen wir zu, wie die Farben im Sonnenuntergang wechseln. Von Rot zu Gelb, das schließlich immer mehr verblasst, bis die letzten Sonnenstrahlen verlöschen. Nach Sonnenuntergang erscheint das massige Bergmassiv schlagartig dunkel und mysteriös. Am Nachthimmel funkeln bald Tausende Sterne wie winzige Lichtpunkte. In unserer Fantasie erwacht das Castillo zum Grusel-Schloss von Graf Dracula.

Der Tee ist gleich fertig.

Hinter dem Berg geht der Mond auf. Fledermäuse flattern aufgeregt um unsere Köpfe und blasse, blutleere Gestalten, Vampire, streifen durch den Wald. An Knoblauchgirlanden, um uns zu schützen, haben wir nicht gedacht, aber wir werden unser Zelt fest verschließen und unseren Hals in der Nacht gut bedecken.

Sonnenlicht wärmt unser Zelt. Als wir aufwachen, stellen wir fest, dass uns keine Vampire in der Nacht besucht haben. Der Himmel ist wieder blau und wolkenlos und verspricht einen weiteren heißen Tag. Wir machen uns auf den Rückweg zu Doña Mary, gehen aber nicht den steilen Pfad von gestern zurück. Heute wollen wir schnell und ohne Umwege hinunter nach Villa Cerro Castillo, das direkt im Süden liegt. Wir folgen dieser Richtung, klettern auf der Suche nach einem Abstieg einen Geröllhang gegenüber der Lagune hinauf zu einer verwitterten Holztafel. Ein Wegweiser? Leider nein! Stattdessen weist das Symbol eines Fotoapparates auf lohnens-

Bald verlöschen die letzten Sonnenstrahlen, und die Gipfel des Cerro Castillo werden von Dunkelheit umhüllt. Ob in unseren Träumen dann die Welt von Graf Dracula erwacht?

werte Fotomotive hin, zum ockerfarbenen Cerro Castillo mit seinen dunklen Zacken und vergletscherte Flanken über der hellblauen Lagune. Wir steigen weiter auf und erblicken am Ende des Hangs eine Stange, die sich schwarz gegen den Himmel abhebt. Wir stehen am Beginn eines schmalen Pfades, der sich in das weite Tal des Rio Ibáñez und nach Villa Cerro Castillo hinab schlängelt. Die Fernsicht reicht heute bis zum Lago General Carrera, weit über die Grenze nach Argentinien. Im Westen erblicken wir sogar den Monte San Valentin im nördlichen Inlandeisfeld. Wir machen uns an den Abstieg. Keine Kletterpartie mehr. Nur einem sandigen Pfad abwärts folgen, aber wiederum bei brütender Sonne. Nach vier Stunden haben wir den Ausgangspunkt unserer Tour erreicht und merken nun, dass wir viel zu früh zurück sind! Der Bus zu unserer Casona kommt erst am späten Nachmittag. So lange wollen wir nicht warten, wir versuchen es per Autostopp und haben Glück. Der erste Pick-up hält. Wir setzen uns mit dem Rücken zur Fahrerkabine hinten auf die Ladefläche, den Cerro Castillo im Blick. Nur langsam entfernt er sich, wird kleiner, bis er schließlich ganz verschwunden ist. Wir spüren die Sonne und den Fahrtwind, gleiten durch eine grandiose Landschaft und fühlen uns frei und unbeschwert. Dieses unendliche Freiheitsgefühl lässt Gedanken an meine erste große Reise aufkommen, die ich als 18-jähriger Teenager unternommen habe.

Im Sommer vor dem Abitur machte ich mich alleine auf den Weg nach Skandinavien. Unter uns Jugendlichen kursierten Gerüchte, dass schwedische Mädchen leicht zu erobern seien und zudem blond, eine sehr beliebte Haarfarbe. In unserer Fantasie erschienen sie wie himmlische Wesen. Doch diese Vorstellungen stimmten nicht. Schwedinnen waren zwar emanzipiert und offen, aber keineswegs leicht zu erobern. Und natürlich waren auch nicht alle blond.

Meine erste Auslandsreise stellte mich vor finanzielle Herausforderungen. Ich suchte nach Möglichkeiten, um das Geld für die große Reise aufzubringen, nahm verschiedene Ferienjobs an: half auf dem Bau, schob Schubkarren mit Kies und transportierte Zementsäcke. In einer Likörfabrik arbeitete ich am Fließband, wo

Frauen abgefüllte Flaschen in Kartons verpackten, die wir vom Band nehmen und für den Weitertransport stapeln mussten. Wenn ein Karton herunterfiel und eine Flasche zerbrach, durften wir uns gemäß einer ungeschriebenen Regel an den unversehrten Flaschen bedienen. In dieser Zeit kehrte ich immer beschwingt nach Hause zurück. Im Jahr 1965 führte das US-amerikanische Unternehmen Playtex, das Damenunterwäsche produzierte, einen BH ein, der einen erheblich verbesserten Tragekomfort bot und daher sehr gefragt war. Aufgrund des gestiegenen Bedarfs waren zusätzliche Arbeitskräfte erforderlich, um die Produktionsmengen zu steigern. In unmittelbarer Nähe zu meinem Gymnasium befand sich eine Produktionsstätte, und dort hatte ich die Aufgabe als Aushilfe Stoffballen, Verschlüsse und Bügel zu den Näherinnen zu bringen, um sie bei ihrer Arbeit zu unterstützen. Schließlich hatte ich genug Geld beisammen, nicht viel, aber ausreichend für Zugfahrten, Schiffspassagen, Übernachtungen in Jugendherbergen und Verpflegung und einer neuen Kamera, einer Agfa Click I, einer Rollfilmkamera im Format 6 x 6 Zentimeter. Mit dem Zug ging es über Hamburg nach Kopenhagen und dort zu der Skulptur der kleinen Meerjungfrau am Hafeneingang, von der ich unbedingt ein Foto machen wollte. In Christian Andersens Märchen erhebt sich diese Nixe alle Tage aus dem Wasser und wartet auf ihren schönen Prinzen.

Die Anpassung an mein neues Leben gestaltete sich äußerst herausfordernd. Schon Wochen zuvor hatte ich mir das Langenscheidt-Kurzlehrbuch "30 Stunden Schwedisch für Anfänger" besorgt, um die Grundlagen der Sprache zu erlernen. Doch die Zeit reichte kaum aus, um mich in die Grammatik zu vertiefen. Stattdessen konzentrierte ich mich auf die ersten beiden Lektionen, die sich mit den Themen "Aufstehen und Anziehen" sowie "Frühstück" befassten, und lernte diese auswendig. Zwar half mir das nicht besonders, aber gelegentlich konnte ich mit den auswendig gelernten Sätzen die Aufmerksamkeit auf mich ziehen.

Meine erste Reise in ein fremdes Land war geprägt von einer Vielzahl neuer Eindrücke und Erlebnisse. In Skandinavien sind Jugendherbergen eine beliebte Unterkunft für Menschen jeden Alters, von jungen Abenteurern bis hin zu älteren Wanderern. In den geräumigen Schlafsälen herrschte stets eine lebhafte Geräuschkulisse, die von einem symphonischen Wechselspiel aus rhythmischem, lauten Schnarchen und schmatzenden Geräuschen geprägt war. Ruhige Nächte waren eine Seltenheit. Die landestypische Küche war für mich finanziell herausfordernd, daher bestand meine tägliche Kost meist aus Pölser, den skandinavischen Hot Dogs. Mit dem Schiff ging es nach Malmö, zu schnell wurde das Geld knapp. Ich stand am Straßenrand, hielt selbstgemalte Schilder mit den Zielorten hoch und hoffte, dass jemand anhalten und mich mitnehmen würde. Auf dem ersten Schild stand Göteborg, auf dem nächsten Oslo. Die Leute, die ich dabei traf, waren sehr unterschiedlich. Einige suchten freundliche Kontakte oder sogar homoerotische Abenteuer, andere wollten nur plaudern oder hatten Mitleid mit dem jungen Mann am Straßenrand, der nur eine Tasche als Reisegepäck dabei hatte. Aber eine junge blonde Schwedin hielt nie an, und ich lernte auch keine kennen. Zum Ausgehen am Abend fehlten mir das Geld und die Zeit, da die Jugendherbergen bereits gegen 22 Uhr schlossen.

Mich beeindruckte das soziale und wirtschaftliche System in Schweden, das darauf abzielte, Chancengleichheit für alle zu gewährleisten. Etwas anderes, das ich von dieser Reise mitnahm, waren die Ressentiments, die mir in Norwegen entgegengebracht wurden, sobald ich mich als Deutscher zu erkennen gab. Gut 20 Jahre nach Kriegsende waren die Wunden, die die Wehrmacht hinterlassen hatte, noch lange nicht verheilt. Im Geschichtsunterricht hatte ich davon nichts erfahren und nun hörte ich zum ersten Mal, wie die norwegische Regierung und der König ins Exil gezwungen und die Ressourcen des Landes für die Kriegsführung ausgebeutet wurden. Beschämt saß ich schweigend auf dem Beifahrersitz.

“Ihr seid schon zurück?” Mary schaut überrascht. “Bestimmt seid ihr hungrig.”

“Pasta?”, fragt sie und macht sich ohne auf eine Antwort zu warten, in der Küche zu schaffen. Kurz darauf tischt sie uns Berge von Nudeln auf.

“Que aproveche!” Guten Appetit!

Sie setzt sich zu uns und möchte wissen, was wir erlebt haben. Es ist schon lange her, seit sie die Lagune besucht hat, da ihr das Gehen Schwierigkeiten bereitet. Wir zeigen ihr unsere Fotos vom Cerro Castillo. Sehr genau betrachtet sie ihn. So kannte sie ihn aus früheren Sommern.

“Aber im Winter sieht er mittlerweile ganz anders aus. Noch vor einigen Jahren war er regelmäßig von einer dicken Schneedecke bedeckt, doch heutzutage zeigt er während der kalten Jahreszeit immer häufiger kahlen Fels, und auch die Lagune friert lediglich für eine kurze Zeitspanne zu.” Sie zeigt auf das Bild in der Küche und macht eine kurze Pause, scheint über etwas nachzudenken.

“Das Klima hat sich geändert”, seufzt sie. “In den letzten vier Wochen hat es nicht einen einzigen Tropfen Regen gegeben. Die Wiesen sind braun und verdorrt.”

Wir setzen uns in den Garten und blicken auf eine weitläufige Weidelandschaft, wo bis vor Kurzem ihre Guanakos grasten. Eines Morgens entdeckte sie ein totes Guanakomännchen im Zaun. Ein Macho! Er wollte darüber zu einem Guanakoweibchen springen, blieb leider im Stacheldraht hängen und verendete.

“Murió!”, sie runzelt bedauernd die Stirn. Sie hat es zu spät bemerkt. Seitdem hat sie keine Guanakos mehr auf ihrer Weide.

“Morgen muss ich nach Coyhaique!”, erklärt Mary uns nach dem Frühstück.

“Einkaufen! Meine Lebensmittelvorräte gehen zur Neige und hier gibt es keinen Laden mehr!”

Auch wir müssen weiterziehen.

Cerro Mocho mit Ocho

Es ist wieder Zeit, aktiv zu werden, sich neuen Herausforderungen zu stellen. Ein Pick-up nähert sich und hält an. Ein junger sportlicher Mann steigt aus, begrüßt uns herzlich. "Soy Nataniel", stellt er sich vor. "Ich bringe euch zu eurer Lodge." Er wird uns auch auf unserer Tour zum Cerro Mocho begleiten, einem Berg am Rand des nördlichen patagonischen Eisfeldes, einer Hochebene bedeckt von gewaltigen Gletscherströmen, die in die Fjorde der zerklüfteten Pazifikküste und nach Osten in den großen Lago General Carrera fließen.

"Bei gutem Wetter habt ihr einen atemberaubenden Blick auf das weitläufige Gletscherbecken und in die faszinierende, gefrorene Welt des Eisfeldes", versichert uns Nataniel. Dann steuert er den Wagen auf die legendäre Carretera Austral.

Die großteils noch unbefestigte Fernstraße durchquert auf 1.247 Kilometern den Süden Chiles, von Puerto Montt bis Villa O'Higgins. Bis in die 1970er-Jahre war dieser Ort im entlegenen Süden ausschließlich auf dem Landweg und nur über Argentinien erreichbar. Es gab damals ständig kleinere Streitigkeiten wegen des Grenzverlaufs. "Wie können wir Grenzen verteidigen, zu denen wir keinen Zugang haben", hat sich Pinochet damals gedacht. Als Chef der Militärjunta lag ihm der Schutz der Landesgrenzen besonders am Herzen. Eine Straße musste gebaut werden! Und zwar schnell! Aber das war kein leichtes Unterfangen. Der Plan zur Erschließung des Südens mit einer Straße parallel der Grenze zu Argentinien war kühn und technisch äußerst schwierig, da das Gelände von Fjorden, Gletschern und Gebirgszügen tief durchschnitten wird. Die Carretera Austral wurde sprichwörtlich durch die Wildnis gefräst. Sie schlängelt sich an Fjorden und Seen entlang, begleitet den abenteuerlichen Verlauf von Flüssen, zieht sich über Berge, durch Weideland, Sumpfgebiete und Urwälder. Eine durchgehende Nord-Süd-Verbindung ließ sich aber nicht realisieren. Einige Meeresbuchten waren zu breit und konnten mit Brücken nicht überbaut werden. Mehr als 200 Kilometer der Strecke müssen deshalb per Fähre zurückgelegt werden. Tausende Soldaten

Matias, der Parkwächter, führt uns zu Felsen, auf denen Handabdrücke der indigenen Tehuelche zu sehen sind.

wurden für den Bau abgestellt, der noch nicht beendet ist. Hinter Villa Cerro Castillo endet vorerst der Asphaltbelag.

Nataniel zweigt zu einer archäologischen Stätte ab, der Paredón de las Manos, einer Felswand mit Handabdrücken indigener Aonikenk, über Tausende von Jahren alt. Der Mann am Kassenhäuschen begleitet uns und zeigt uns Abdrücke von Erwachsenen- und Kinderhänden in erdigen Ocker- und Rottönen. Auch in Negativformen und in jeder Größe über die Wand verteilt. Geschützt durch einen Überhang konnten sich die Farben gut halten. Wasser kam nie hierher, Tageslicht nur wenig. Was sollen diese Hände darstellen? Matias, der Parkwächter, weiß es auch nicht. Er teilt uns aber seine Theorie mit: "Vorfahren wollten ihren Nachkommen wohl damit zeigen, dass sie ständig bei ihnen sind und ihre schützende Hand über sie halten."

Auf der Weiterfahrt macht uns Nataniel spontan einen Vorschlag: "Wenn die Zeit reicht, können wir uns noch die Marmorhöhlen in

Terra Luna. Unser Baumhaus in einer knorrigen Buche ...

... ist komfortabel eingerichtet und bietet einen Panoramablick über den General Carrera See bis zum Cerro San Valentin, dem höchsten Berg im nördlichen patagonischen Eisfeld.

Puerto Río Tranquilo anschauen, die liegen auf unserem Weg.” Riesige Marmorblöcke wurden im Uferbereich des Lago General Carrera über Jahrtausende von Jahren von Wellen geschliffen und geformt. Es entstanden drei Höhlen. Zwei erinnerten die Namensgeber an Kirchen. Sie nannten die große Grotte “Kathedrale” und die kleinere “Kapelle”. Mit schmalen Booten kann man hineinfahren, durch Torbögen, an Nischen und Pfeilern vorbei und eintauchen in eine märchenhafte Welt. Reflexionen des Sonnenlichts im lichtblauen Wasser zaubern faszinierende Schattierungen an die Wände, großartige Lichtspiele. Sie verändern mit der Sonne ständig das Aussehen der Höhlen. Leider kommen wir zu spät, das Boot hat schon abgelegt und es fehlt uns die Zeit auf das nächste zu warten.

Wir umrunden das südliche Ende des Sees und erreichen die “Terra Luna”, ein parkgroßes Ferienresort in der Nähe von Puerto Gadal.

“Vor 30 Jahren, als ich aus Frankreich hier ankam, war hier nichts als wilde Natur, keine Häuser, keine Autos, keine Infrastruktur”, erzählt uns Pierre, der Besitzer. Als gelernter Schreiner hatte er die innovative Idee, in den alten, knorrigen Südbuchen Baumhäuser aus Holz zu errichten. Er bietet seinen Gästen eine originelle Unterkunft, die mit allen Annehmlichkeiten wie einem Schwedenofen, kleiner Küche, Bad und Schlafzimmer ausgestattet ist. Von einem vorgelagerten Balkon breitet sich ein atemberaubendes Panorama aus. Unser Blick geht weit über den See hinweg bis zum vergletscherten Monte San Valentin im nördlichen Eisfeld. Pierre bietet auch zahlreiche sportliche Aktivitäten wie Mountainbiken, Reiten, Gletscherbesteigung oder Rafting und Zodiakfahrten auf dem Rio Leones und dem Lago General Carrera in unberührter wilder Natur an.

Gestern bei unserer Ankunft strahlte die Sonne noch vom blauen Himmel, aber über Nacht gab es einen Wetterumschwung. Nun ist es grau, windig und regnerisch. Die mehrwöchige Schönwetterperiode ist zu Ende. Wir verschieben unsere Unternehmung und hoffen, dass das Wetter besser wird! Die Wetterprognosen sind widersprüchlich, auf sie kann sich sowieso keiner in Patagonien verlassen. Mehrheitlich verheißen sie für den kommenden Mittwoch und Donnerstag schönes Wetter. An einem dieser Tage wollen wir auf dem Gipfel stehen, so unser neuer Plan. Am Montag zeigt sich bereits blauer Himmel. Wir packen unsere Rucksäcke und freuen uns schon auf die abenteuerliche Anreise zum Startpunkt, die Zodiakfahrt auf dem Rio Leones. Das Jetboot steht bereits auf einem Anhänger und wird an den Geländewagen gehängt. Kurz bevor die Carretera Austral den Fluss überquert, lassen wir das Boot ins Wasser. Erst jetzt sehen wir, dass es mit Brettern, Holzbalken und Stangen voll beladen ist. Wo sollen wir uns hinsetzen?

"Leider ist kein Platz mehr für euch frei. Ihr müsst zu Fuß gehen! Bis zum Abend seid ihr leicht dort!" Zuerst halten wir das für einen schlechten Scherz, aber dann wird uns klar, dass Pierre es ernst meint. So hatten wir uns das nicht vorgestellt, fünfzehn Kilometer durch morastigen Südbuchenwald zu stapfen.

Der Übergang zu unserem neuen Abenteuer ist wie ein Sprung ins kalte Wasser. Wir gewöhnen uns wieder schneller als gedacht an Rucksack und Zelt auf unserem Rücken, balancieren auf Baumstämmen über Flüsse, steigen bergauf und bergab. Warum muss Pierre ausgerechnet heute das Holz mit dem Zodiak transportieren? Fünf Stunden später stehen wir vor dem breiten und schäumenden Abfluss des Lago Leones.

"Da müssen wir rüber!" Nataniel zeigt zum gegenüberliegenden Ufer. Ich schaue mich um nach einer Brücke und stelle bald fest: Es gibt keine! Zu Fuß kommen wir nie und nimmer durch die reißende Strömung, das ist mir sofort klar. Hoch wälzt sich das eiskalte und dunkle Wasser durch das breite Flussbett. Bestürzt schaue ich zu Nataniel. Der grinst nur und zeigt nach vorne zu einer Tirolesa, einer Seilbrücke. Pierre hat mithilfe eines Hubschraubers ein Stahlseil über den Fluss spannen lassen. Mit einem Hüftgurt hängt man sich in die Seilrolle und hangelt sich mit den Händen am Seil über den Fluss. Sofort geht die Fahrt ans andere Ufer. Ocho, der das Camp mit dem Boot schon lange vor uns erreicht hat, kommt uns entgegen und hilft uns. Er war nach sieben Geschwistern das achte Kind in der Familie und erhielt deshalb den Namen "Ocho",

Im Boot liegen bereits Bretter und Balken, wir haben keinen Platz mehr.

zu deutsch "Acht". Nicht sehr originell, aber gut zu merken. Nataniel und Klaus stehen schon am anderen Ufer. Als Nächstes bin ich dran. Meine Nervosität wächst und meine Hände fangen zu zittern an. Wie soll ich da rüber kommen? Hilfe! Jetzt sehe ich, an der Seilrolle eingehängt, meinem unausweichlichen Schicksal entgegen. Unter mir Wasserwirbel, Gischt, Strudel, ein entfesseltes Gewässer! Aber kaum bin ich in Bewegung, stelle ich fest: Es macht Spaß, und ich bedaure fast, dass ich viel zu schnell an der anderen Seite ankomme. Bis zu unserem Lager am Ufer des Sees ist es nicht mehr weit. Nach wenigen Schritten legt Nataniel bereits seinen Rucksack ab.

"Ya hemos llegado!" Wir sind schon da!, verkündet er strahlend. "Unser" Boot steht entladen und im Trockenen in einer maßgezimmerten Garage am Ufer, abgedeckt mit grün-braun geflecktem Tarnnetz. Zwischen mannshohen Felsblöcken daneben erkennen wir eine Tür, Eingang zu unserem Camp. Auch das ist mit einem Tarnnetz abgedeckt. Sind wir in einem James-Bond-Film gelandet? Es ist keine Kulisse, nur eine Unterkunft, die bei unerwarteten Wetterwechseln Schutz bietet. Das Netz soll verhindern, dass sich die hölzerne Dachkonstruktion im Sturm löst. Ocho schöpft mit großen

Ocho hat mich in das Seil eingehängt und gibt mir noch einen letzten Tipp: "Lass einfach los!"

In Windeseile überquere ich den breiten Abfluss des Lago Leones.

Das Seil hat ausreichend Gefälle. Klaus rauscht in Sekundenschnelle bis zum anderen Ufer.

Gleich hat er den Fluss überquert, so schnell und komfortabel gelang das noch nie zuvor.

Unser Nachtlager an der Laguna Leones.

Kochtöpfen Wasser aus der Lagune und bereitet Tee. Nataniel weist uns den Weg in den Unterschlupf. Innen ist es gemütlich und warm. Es gibt einen Tisch, Bänke und eine kleine Küche. Jetzt verstehen wir auch, wofür die Bretter und Baumaterialien, die auf dem Zodiak lagen, gebraucht werden: zum weiteren Innenausbau dieses Unterschlupfs! Der hätte doch noch warten können!

Nachdem Klaus allen erzählt hat, dass ich heute Geburtstag habe, formiert sich spontan ein Männerchor und beginnt sogleich zu singen: "Cumpleaños feliz, te deseamos a ti, Cumpleaños Katrin, que los cumplas feliz." Happy Birthday für dich, Happy Birthday Katrin, Happy Birthday für dich. Die Männer haben sich offenbar warm gesungen, denn sie stimmen auch noch den Anfang des Refrains von "Vivir mi vida" von Marc Anthony an: "Voy a reir, voy a bailar, vivir mi vida …" Ich bin begeistert. Einen dreistimmigen Männergesang an meinem Geburtstag. Was für eine Überraschung! Die Wünsche will ich mir gerne zu Herzen nehmen: Lachen, tan-

zen und das Leben genießen! Danach wird das Geburtstagsessen serviert, gefriergetrocknet aus der Tüte, aber mit viel Liebe zubereitet.
Der Morgen ist grau und diesig. Ocho lässt das Boot auf zwei Schienen ins Wasser gleiten und bringt uns in einer halben Stunde über den See zum Leones-Gletscher. Graugrün fließt sein Eis herab. Es beginnt zu regnen. Zu allem Überfluss stellt Nataniel fest, dass er das Seil vergessen hat.

"Geht schon mal hoch! Wartet weiter oben im Unterstand auf mich!"

Nach eineinhalb Stunden kommt er zurück. Viel zu lange hat es gedauert, wir sind fast steif gefroren. Mit Nataniel geht es nun steil bergauf zur Punta Camello, unserem Basislager. Wir folgen einem Pfad, der sich durch dichten Wald schlängelt.

Jeder Bergsteiger sollte innerhalb von vier Stunden an der Punta ankommen, auch wenn er keine gute Kondition hat, habe ich in einer Wegbeschreibung gelesen. Der Regen verwandelt unseren Aufstiegspfad in einen rutschigen Weg und ständig balancieren wir um dornige Sträucher. Bald wird mir klar, in vier Stunden schaffen wir es nicht. Zu allem Überfluss beginnt es jetzt auch noch wie aus Kübeln zu schütten. Frierend stapfe ich mit meinen schweren Plastikstiefeln durch den tropfenden, nassen Regenwald. Unter meinem Anorak sammelt sich Wasser, läuft am Rücken hinunter. Unbekannte Vögel beäugen uns aufmerksam. Sie interessieren mich jetzt weniger. Nataniel hingegen ist von ihnen so fasziniert, dass er ewig lang nach der besten Perspektive zum Fotografieren sucht. Vor Kurzem hat er einen Tero entdeckt, einen chilenischen Kiebitz mit schwarzer Brust und roten Federn an den Flügelrändern, jetzt zeigt er zu einem Carpintero gigante, einem patagonischen Riesenspecht mit schwarzem Gefieder und knallrotem Kopf. Er hat sich an einen Stamm gekrallt und klopft mit seinem kräftigen Schnabel gegen die Baumrinde, dass die Späne nach allen Seiten stieben. Er sucht nach Larven und Insekten, die sich darunter verstecken. Wir haben ihn heute schon mehrmals gehört, gesehen haben wir ihn jedoch bislang noch nicht. Nun zeigt sich uns dieser prachtvolle Vogel erstmals in seiner ganzen Größe. Der strömende

Eine Steinhütte bietet Schutz bei plötzlichen Wetterwechseln, und das Tarnnetz gibt der Dachkonstruktion im Sturm Halt.

Innen: Licht, Sitzbänke, Tische, Geschirr und Kisten mit Inhalt für alle möglichen Notfälle, sollte das Wetter umschlagen und eine rasche Rückkehr verhindern.

Regen stört ihn nicht. Nataniel schießt ein Foto nach dem anderen und hat uns offenbar vergessen.

“Wo geht es weiter?”, frage ich ungeduldig. Nataniel schaut mich an, als ob ich ihn gerade aus einem Traum in die Realität zurückgeholt hätte, packt seine Kamera ein und zeigt nach vorne. Oberhalb der Baumgrenze erwartet uns eine Landschaft aus Granitblöcken, glatt geschliffen und von glitschigen Flechten überzogen. Meine Hände sind mittlerweile so klamm, dass ich selbst gute Griffe nur schwer halten kann. Der als regendicht gepriesene Rucksack ist völlig durchnässt und zieht mich schwer nach unten. Nach der kleinen Klettertour wartet ein Schneefeld, das wir im Zickzack aufsteigen. Danach türmt sich weiteres Granitgestein auf. Schneefelder und Granitfelsen wechseln sich noch mehrmals ab. Nach sechs Stunden nähern wir uns der Punta Camello, einem Felsplateau. Es ist stürmisch. Hier bläst der Wind offenbar immer heftig, weswegen der Lagerplatz von Bergsteigern in “Puta” umbenannt wurde. Ein ordinäres Schimpfwort! Geschützt zwischen zwei Felsblöcken schlagen wir unser Lager auf. Nataniel muss sich per Funk bei Pierre melden, sagt etwas von einer “Mujer lenta”, einer “langsamen Frau”. Der meint gewiss nicht mich! Klaus hat den Aufstieg trockener als ich überstanden. Klitschnass schlottere ich am ganzen Körper, ziehe schnell die vor Nässe triefenden Sachen aus und schlüpfe in den Schlafsack, der wasserdicht verpackt war. Ob wir morgen aufsteigen können? “Mehr als zwei Tage mit schönem Wetter hintereinander gibt es hier kaum.” Nataniel hat wohl seine Erfahrungen mit dem hiesigen Wetter. Da waren die Wochen zuvor wohl eine extrem seltene Ausnahme!

Es schüttet die ganze Nacht durch. Erst gegen neun am Morgen lässt der Regen nach. Ich habe mich inzwischen von dem Projekt verabschiedet und ziehe vor, im warmen Schlafsack zu bleiben. Klaus und Nataniel wollten bereits um sechs losgehen, blieben aber wegen des schlechten Wetters lange Zeit unschlüssig. Jetzt ist es schon zu spät. Bis zum Gipfel und für den Rückweg wird die Zeit nicht mehr reichen. Sie brechen trotzdem auf.

“Mal schauen, was geht!” Sehr optimistisch klingt das nicht. Die Sonne scheint auf das Zelt. Es wird warm. Ich döse im Schlafsack vor mich hin. Die Stunden vergehen. Dann wecken mich

Oberhalb der Baumgrenze bahnen wir uns im Regen einen Weg durch Blockgeröll, Eis und Schnee.

Blick vom Cerro Mocho über das nördliche patagonische Eisfeld, eine riesige

Stimmen. Die beiden sind zurück, in ihren Gesichtern steht Enttäuschung.

"Die Sicht ist miserabel! Überall Nebelschwaden und tief hängende Wolken! Außerdem ist der Gletscher bereits ausgesprochen aper. Unzählige Spalten sind offen und der Bergschrund ist zu breit!" Die letzten Tage waren eindeutig zu warm. Schade!

"Nur eine Woche zuvor waren die Verhältnisse noch besser", konstatiert Nataniel nüchtern. Kurz darauf meldet sich am Funkgerät die krächzende Stimme von Pierre. Er warnt uns: "Am Abend kommt Sturm auf. Morgen wird er noch stärker. Der Cerro Mocho ist zurzeit nicht zu besteigen. Kommt sofort runter!" Wir beschließen bei Tagesanbruch abzusteigen.

Gletscherlandschaft, etwa 120 Kilometer lang und 60 Kilometer breit. [4]

Wenn wir morgen um neun Uhr mit dem Abstieg beginnen, sind wir rechtzeitig unten am Lago Leones, rechnet uns Nataniel vor.

In der Nacht wache ich auf. Sturmböen fegen über unser Zelt. Lassen es heftig flattern. Hoffentlich zerreißt es nicht! Wolkenbrüche, Graupelschauer, Schneesturm! Ich liege wach und finde keinen Schlaf. Lausche ständig in die Nacht und hoffe, dass dieses Unwetter schnell weiterzieht. In meinen kurzen Träumen kentert das Zodiak, springt die Rolle der Tirolesa aus dem Seil, fegt mich der Sturm den Gletscher hinunter, stürze ich ab. Ich komme nie mehr lebend nach Hause!

Nataniel hat bereits mit Pierre ausgemacht, dass uns das Boot zur Lodge zurückbringen wird.

"Um 12 Uhr wird Ocho uns abholen. Wenn wir um neun aufbrechen, sind wir rechtzeitig unten", rechnet Nataniel uns vor. Der Abstieg ist eine fortwährende Rutschpartie. Regenwasser rauscht den Berg hinab, zwischen unseren Füßen hindurch. Die Erde hat sich in Matsch verwandelt. Bei jedem Schritt versinken wir wadentief darin. Wir schaffen den Abstieg nicht in der geplanten Zeit.

"Macht nichts, verlängern wir auf 13 Uhr!" Nataniel zückt sein Funkgerät und benachrichtigt Pierre. Kurz vor 13 Uhr erblicken

Ocho schaut mürrisch, er hat zwei Stunden auf uns warten müssen.

wir das Boot unten an der Anlegestelle, aber die ist noch ein Stück weit entfernt. Auch bis 13 Uhr werden wir es nicht schaffen! Noch eine weitere Stunde brauchen wir. Die Wellen haben Ocho in den Schlaf gewiegt, nun ist er aufgewacht und schaut säuerlich. Wir haben ihn viel zu lange warten lassen. Mit Vollgas brettert er nun über den See, denn am anderen Ufer wartet eine Reisegruppe bereits ungeduldig auf seine Ankunft. Wir haben mit zwei Stunden Verspätung ihren Tagesplan kräftig durcheinandergewirbelt! Ocho bringt die Touristen zum Leones-Gletscher, wo sie eine Zeit lang spazieren gehen, Fotos und Selfies machen können. Danach bringt er sie mit dem Zodiak wieder zurück zum Terra Luna Resort. Wieder ist kein Platz für uns im Boot. Uns bleibt erneut nur der Landweg. Ich bin frustriert, obwohl ich mir diese Situation durch meine Langsamkeit selbst zuzuschreiben habe. Trotzdem verfluche ich Pierre bis in die tiefste Hölle. Hatten wir nicht ausgemacht, dass er uns mit dem Boot zurückbringt! Nataniel nimmt Kontakt mit ihm auf. “In einer Stunde kann dich Ocho abholen.”

“Das dauert mir viel zu lange, da friere ich ein!”

Nein, dazu habe ich wirklich keine Lust. Klaus nimmt meinen Rucksack, hängt ihn sich vor die Brust. Wir waten durch überflutete Flusslandschaften und stapfen mühsam durch Morast und Sumpf. In den letzten Tagen haben sich die Blätter rot gefärbt. Es wird Herbst. Ich habe keinen Blick dafür. Nach einer Stunde zeigt Nataniel auf einen ockerfarbenen solitären Felsen in der Ferne.

"Da müssen wir hin. Dort wartet Maurice mit dem Auto!"

Ich beiße die Zähne zusammen. Klaus hat das Deckelfach meines Rucksacks ständig vor Augen und folgt dem Pfad blind, läuft nur den Füßen von Nataniel nach. Nun kommt die Passage, wo wir auf Baumstämmen durch nasses Sumpfgelände balancieren müssen. Ich lasse mir den Rucksack wieder geben, denn ab sofort ist es wichtig, dass er den Weg sieht. Eineinhalb Stunden später ge-

Nachdem Ocho uns am Ostufer abgesetzt hat, düst er zu den wartenden Tou-

langen wir zu Maurice, der im Geländewagen auf uns gewartet hat. Maurice ist Chilene mit französischer Mutter. Sein Lieblingsspruch, den er auf der Rückfahrt ständig sagt, ist: "A otra cosa, mariposa." Damit will er uns sagen, dass er das Thema wechseln will. Von Berg und Regen hat er vorerst genug gehört. Das Abenteuer Cerro Mocho ist beendet. Wir kommen spät zurück. Die Mondsichel schiebt sich langsam durch eine Wolke und spiegelt sich im See. Ein romantischer Anblick, ich kann ihn trotz aller Erschöpfung noch genießen.

risten über den Lago Leones. Uns bleibt wieder nur der Fußweg.

Einsamkeit pur

Abseits von Coyhaique verstärkt sich das Gefühl der Einsamkeit und Abgeschiedenheit mit jedem Kilometer, den wir tiefer in die südlichen Regionen Patagoniens vordringen. Die Besiedelung wird äußerst dünn, das Wetter unberechenbar und kalt. Keine optimalen Voraussetzungen, um sich hier anzusiedeln. Aber für unsere Unternehmungen schon. Denn Wanderungen abseits bewohnter Regionen in Stille und Einsamkeit sind genau das, was wir suchen. Beim Durchstreifen der weiten Landschaft kann es durchaus vorkommen, dass man über Tage hinweg kein einziges Lebewesen antrifft. Das Leben wird dadurch nicht einfacher, die alltäglichen Probleme hingegen größer. Nun stehen wir vor einem neuen Problem. Unsere Busfahrt von Cochrane nach Villa O'Higgins wurde unerwartet vorverlegt. Dies bedeutet, dass wir unseren ursprünglichen Plan nicht umsetzen können: einen entspannten Tag in Cochrane zu verbringen und am darauffolgenden Morgen ausgeruht in den Bus nach Villa O'Higgins zu steigen. Da dieser nur zweimal wöchentlich verkehrt, wäre der nächste Bus erst in vier Tagen verfügbar, zu spät für unsere geplante Andentraverse.

Wir verabreden uns noch vor Sonnenaufgang am Parkplatz, um rechtzeitig in Cochrane anzukommen. Nataniel plant, die 75 Kilometer in einer Stunde zu bewältigen, aber vorsichtshalber fügt er 15 Minuten als Zeitpolster hinzu. Allerdings ist er noch nicht bereit zur Abfahrt, verbringt eine gefühlte Ewigkeit damit, eine Schnur zu suchen, um die Plane am Pick-up zu befestigen. Doch selbst danach können wir noch nicht losfahren, weil er nun dringend die Batterien seiner Taschenlampe wechseln muss. Warum trödelt er nur so rum? Endlich fährt er los! Auf den ersten Kilometern lässt er es langsam angehen, erzählt uns von seinen Plänen: "Ich werde mich selbstständig machen, mit meiner Frau ein Reisebüro in Santiago eröffnen." Nun bemerkt er, dass wir ständig auf die Uhr schauen. Auch er wirft einen Blick darauf und stellt fest, dass wir deutlich in Verzug sind. Kräftig tritt er aufs Gaspedal und fegt mit Karacho über die Schotterpiste. Eine gewaltige Staubwolke wirbelt hinter uns auf, Steine klacken im steten Takt gegen die Radkästen.

Aufgeschreckte Hasen schlagen Haken und bringen sich fluchtartig in Sicherheit, während wir wie auf einer wilden Rallye nach Cochrane rasen. Am Horizont zeichnet sich ein zarter Lichtstreifen ab, langsam erhellen die ersten Sonnenstrahlen die Landschaft. Der wolkenfreie Himmel verspricht schönes Wetter. Nataniel hat keinen Blick dafür. Er konzentriert sich auf die Tachonadel, die er konstant bei "80" hält. Schneller darf auf der Carretera nicht gefahren werden.

Wir nähern uns Cochrane. Auf den ersten Blick wirkt es wie ein unscheinbares Dorf. Offenbar am Reißbrett konzipiert, kreuzen sich die Straßen im rechten Winkel. Kein Mensch ist unterwegs. Am Samstag gibt es für die Bewohner auch keinen Grund, früh aufzustehen. Die Zeit wird knapp. Wo fährt der Bus ab? Wir kennen lediglich die Straßenecke, an der er startet. Die müssen wir finden! Wo können wir fragen? An einer Tankstelle da vorne? Hat leider geschlossen. Hinter der nächsten Straßenkreuzung entdecken wir einen Bus mit der Aufschrift "Don Carlos". Leer! Wir suchen weiter. Plötzlich fragt Klaus: "Ist das unser Bus?" Und zeigt nach vorne. Ein verbeulter grauer Minibus fährt gerade am Ende der Straße los. Nataniel schießt nach vorne, ist schnell auf Höhe des Fahrers, gibt ihm Zeichen zu halten. Hupt wie besessen, aber der Busfahrer reagiert nicht. Ist er vielleicht schwerhörig? Er ignoriert uns und fährt, den Blick geradeaus gerichtet, ungerührt weiter. Jetzt greift Nataniel zum äußersten Mittel. Er überholt, stellt sich quer über die Straße und versperrt ihm den Weg. Der Fahrer bremst abrupt, stürzt wütend heraus und überschüttet ihn lautstark mit unflätigen Beschimpfungen. Nataniel versucht die Situation zu klären, doch der Busfahrer wird immer aufgebrachter und wirft seine Arme wütend in die Luft, als ob er sie durchbohren wollte. Wir hören ständig "Policía, policía". Sehen wir richtig? Nataniel sinkt voller Reue vor ihm auf die Knie und bittet um Vergebung. Doch der Busfahrer bleibt unnachgiebig und fährt ihn barsch an: "Estas loco!" Bist du verrückt! Nataniel ist außer sich und murmelt nur: "I will apologize, I will apologize!" Vor Schreck hat es ihm die Sprache verschlagen, auch seine Muttersprache scheint er vergessen zu haben.

Der Busfahrer stürmt in die nahe Gendarmerie und kehrt kurz drauf mit vier Polizisten zurück. Sie umzingeln Nataniel wie einen Schwerverbrecher. Glücklicherweise lässt sich der Sachverhalt schnell klären. Eine Strafe bleibt ihm erspart, allerdings muss er sich eine kurze Belehrung anhören. Der Busfahrer kann seinen Unmut über diese Nachsicht kaum verbergen. Insgeheim hätte er es am liebsten gesehen, dass Nataniel in Handschellen abgeführt wird. Nun bleibt ihm nichts anderes übrig, als uns mitnehmen. Mit finsterer Miene öffnet er unwirsch die Plane über dem Dachträger und verstaut unser Gepäck. Wir verabschieden uns von Nataniel, der noch verwirrt wirkt und nicht recht begreifen kann, was gerade passiert ist. Er ist sichtlich aufgewühlt. Nach einer kurzen Umarmung steigen wir in den Bus.

"Have a nice trip, have a nice trip, gracias!", murmelt er zurück. Er scheint in eine Schockstarre gefallen zu sein. Der Abschied kommt unerwartet schnell und fällt viel zu kurz aus. Während der gemeinsamen Woche haben wir ihn ins Herz geschlossen. Nataniel, der Philosoph, der in einer anderen Welt lebt, der seine Zeit ständig falsch einschätzt, der sich gegen die Ausnutzung durch Pierre wehren möchte, dennoch jedes Jahr nach Terra Luna zurückkehrt, um für einen Hungerlohn zu arbeiten.

Im Bus sitzen bereits 18 Personen dicht beieinander. Nun müssen sie noch enger zusammenrücken, um uns Platz zu machen. Wir hatten unsere Tickets bereits im Voraus bezahlt, doch der Busfahrer hat unsere Plätze ein zweites Mal verkauft! Das könnte der Grund gewesen sein, warum er nicht halten wollte.

Fünf Stunden wird die Fahrt nach Villa O'Higgins dauern. Es beginnt zu regnen und schon wieder durchkreuzt das Wetter unsere Hoffnungen auf einen schönen Tag. Plötzlich bremst der Busfahrer ab. Am Straßenrand entdeckt er einen demolierten Geländewagen, der sich überschlagen hat und nun auf dem Dach liegt. Er eilt zu dem Auto. Befindet sich noch jemand drin? Er wirft einen Blick auf das Blechwrack und schüttelt den Kopf: "Im Wagen ist niemand mehr." Der Fahrer des verunglückten Fahrzeugs hat sich entweder aus eigener Kraft auf die Socken gemacht oder sich abholen lassen.

Die Carretera Austral kann bei schlechtem Wetter ausgesprochen eintönig sein, denn sie verläuft kilometerweit kerzengerade. Monotonie und Einsamkeit pur! Kein Wunder, dass gelegentlich Fahrer hinter dem Steuer einschlafen und vom Weg abkommen. Es geht weiter durch Urwald mit wilder Vegetation. Vorbei an frisch beschneiten Andengipfeln und rot blühender Copihue, die sich mit glockenförmigen Blüten an Baumstämmen hochrankt. Am Himmel jagen sich tief hängende Wolken in sämtlichen Grautönen. In Puerto Yungay am Mitchell Fjord endet die Straße vorerst. Wir steigen aus und gehen zu Fuß auf eine Fähre, die bereits wartet, der leere Bus folgt uns. "Padre Antonio Ronchi" nennt sich das kleine Schiff, das uns über den breiten Fjord bringt. Der Pater, der Namensgeber, war ein beliebter italienischer Missionar. Neben dem Bau von Gotteshäusern unterstützte er auch soziale Projekte und erleichterte die Kommunikation zwischen den abgelegenen Estancias durch den Aufbau eines Funknetzes. In 45 Minuten bringt uns die Fähre zur Anlegestelle Embarcadero Barcaza Rio Bravo auf der gegenüberliegenden Seite des Fjords. Dort befindet sich lediglich ein Mauthäuschen, dahinter verliert sich die Carretera im

Unser Fahrer kehrt zurück. In dem verunglückten Fahrzeug hat er niemanden gefunden.

Am breiten Mitchell Fjord ist vorerst das Ende der Carretera erreicht. Die Fähre Padre Antonio Ronchi bringt uns in 45 Minuten ans andere Ufer.

Wir gehen zu Fuß auf die Fähre, anschließend folgt uns der leere Bus.

Wald. Noch anderthalb Stunden bis Villa O'Higgins. Auf der gesamten Strecke gibt es keine Ortschaft und keine Tankstellen. Wer vergessen hat, in Cochrane aufzutanken, steht nun vor einem Problem. Die Strecke ist wenig befahren und es kann lange dauern,

An der Embarcadero Barcaza Rio Bravo auf der gegenüberliegenden Seite steht nur ein Mauthäuschen, dahinter verliert sich die Carretera im Wald.

Unser Busfahrer schaut lange sauertöpfisch. Offensichtlich ärgert es ihn, dass er uns noch bis nach Villa O'Higgins mitnehmen musste.

bis ein hilfsbereiter Mensch vorbeikommt, anhält und zusätzlich noch Benzin abgeben kann.

Villa O'Higgins wurde in den 1960-er Jahren vornehmlich aus geopolitischen Gründen gegründet. Es sollte ein Signal an Argentinien senden, dessen Staatsgebiet in der Nähe beginnt, und unmissverständlich klarstellen, dass auch Chile in der Region präsent ist. Auf einer ebenen Fläche am östlichen Ufer des Rio Mayer wurde der Wald gerodet und die neue Siedlung streng geometrisch in Längs- und Querstraßen unterteilt. Mit der Anbindung an die Carretera Austral und der Unterstützung durch ein staatliches Entwicklungsprogramm entstanden Wohnungen, Straßen und Schulen, was dem Ort einen Aufschwung ermöglichte. Zuletzt profitierte Villa O'Higgins auch vom aufkommenden Tourismus mit Backpackern, Mountainbikern und Anglern. Einen kleinen Flughafen gibt es ebenfalls. Der Ort wurde nach Bernardo O'Higgins benannt, der für die Unabhängigkeit Chiles kämpfte. Zusammen mit dem argentinischen Freiheitskämpfer José de San Martin besiegten sie mit ihren Divisionen vor etwa 200 Jahren die Spanier bei der Schlacht von Chacabuco an der Pazifikküste und im Februar 1918 unterzeichnete er die Unabhängigkeitserklärung für Chile in Talca.

Mit seinen Holzhäusern ähnelt der Ort einem Westerndorf. Ungefähr 400 Leute wohnen aktuell hier. Jeder Zweite lebt vom Tourismus. Im Winter, wenn die Touristen ausbleiben, gibt es für viele keinen Grund mehr, hier auszuharren und die Jahreszeit in Schnee, Kälte und Abgeschiedenheit zu verbringen.

In unserer Lodge, der Alberque El Mosco, läuft ständig der Heizlüfter. Es ist verdammt kalt geworden. Draußen Regen und

Hostal El Mosco: Bei Sonnenschein gewiss ein Idyll.

In Villa O'Higgins, dem kleinen Dorf mit nur maximal 400 Einwohnern während des patagonischen Sommers, endet die chilenische Zivilisation.

Sturmböen ohne Ende. Um nicht die ganze Zeit untätig herumzuhocken, entscheiden wir uns für einen kurzen Aufstieg zum "Mirador Bandera", einer Aussichtsplattform, auf der gut sichtbar eine chilenische Nationalflagge weht. Von oben haben wir einen weiten Blick in das Tal des Rio Mayer. Von Osten mündet der Rio Mosco und bringt Schmelzwasser von dem Gletscher der "Sierra de Sangra" in der Nähe. Exakt über den vereisten Krater des Vulkans und mitten durch den Rio Mosco verläuft die Grenze zu Argentinien. Da mögen die Chilenen vermutlich gedacht haben, könnte es hilfreich sein, wenn sie dem Nachbarn mit der Nationalflagge ein weithin sichtbares Zeichen zum Grenzverlauf geben.

Jenseits des Rio Mayer leuchten dunkelblau der Ciervo- und Cisnes-See, ein Paradies für Freizeitfischer und ganz hinten am Horizont zeigen sich vergletscherte Gipfel des südlichen patagonischen Eisfelds. Nebelschwaden ziehen vorüber und hüllen die Berge ein. Wir warten auf Sichtlücken, um einen Blick in die ursprüngliche wilde Landschaft zu werfen, auf undurchdringlichen Urwald, reißende Gebirgsflüsse, vergletscherte Berge und tiefblaue Gletscher-

Die Grenze zu Argentinien verläuft mitten durch das sandige Flussbett des Bild sind der Lago Ciervo und Cisnes und davor der Rio Mayer zu sehen.

seen. Neben uns hat sich ein amselgroßer Schwarzkehl-Tapaculo niedergelassen. Er singt uns sein "Huet, huet". Bei jedem "Huet" hebt er seine Schwanzfedern und entblößt sein Hinterteil. "Tapa culo", "bedecke deinen Hintern", so sein Name, eine Aufforderung, die er aber nicht befolgt.

Villa O'Higgins bietet nur einen Minimarkt. Das aktuelle Angebot ist dürftig: Kartoffeln und ein paar Konserven, ansonsten leere Regale. Gleich um die Ecke befindet sich die kleine Radiostation "Madipro". Die Radiomoderatorin Lorena winkt uns hinter der großen Fensterscheibe zu und kommt aus dem kleinen Häuschen des Senders.

"Madipro?" Was bedeutet das? Lorena erklärt es uns: "Madre de la Divina Providencia, auf Deutsch "Mutter der göttlichen Vorhersehung". Seit rund 30 Jahren sind wir der einzige Radiosender in der ganzen Umgebung. Wir sind Teil des Kommunikationsnetzwerks, das 1979 von Padre Ronchi ins Leben gerufen wurde. Von sieben Uhr morgens bis Mitternacht senden wir ein Radiopro-

Rio Mosco und durch den großen Lago O'Higgins, links im Bild. Rechts im

gramm aus, das neben Nachrichten auch lokale politische und wirtschaftliche Themen abdeckt und sich dem Kampf gegen die Einsamkeit widmet. Vor allem im Winter fühlen wir diesen Bedarf sehr stark", fügt sie nach einer kurzen Pause hinzu.

Ein Schwarzkehl-Tapaculo beäugt uns neugierig.

Der Minimarkt in Villa O'Higgins fungiert gleichzeitig als Poststelle und Telefonstation.

Die Sendeanstalt "Madipro" feiert ihr 30-jähriges Jubiläum.

Padre Ronchi, der italienische Missionar, hatte nicht nur die Verbreitung des katholischen Glaubens im Sinn, sondern auch die Verbesserung der Kommunikation zwischen den entlegenen Orten in der Region Aysén. Diese Region im Süden Chiles liegt eingebettet zwischen Fjorden und vergletscherten Bergen, ist dreimal so groß wie Deutschland, aber nur spärlich besiedelt. Gerade mal ein Einwohner pro Quadratkilometer wohnt dort und die Infrastruktur ist begrenzt. Padre Ronchi versorgte die abgelegenen Estancias mit wichtigen Informationen. Mit einem scheinbar weitsichtigen Instinkt wollte er damit auch die Kultur und Lebensweise der Ayseninas vor den Auswirkungen der modernen Welt und der Habgier von Großinvestoren bewahren. Denn bereits damals plante ein Investor das HidroAysén-Projekt, welches den Bau von fünf Staudämmen und Wasserkraftwerken an den Flüssen Baker und Pascua vorsah. Dies hätte Tausende Hektar Land unter Wasser gesetzt. Das Vorhaben stieß auf entschiedenen Widerstand in der Bevölkerung, wobei das Radiosender-Netzwerk Madipro maßgeblich zur Verbreitung des Protests beitrug. Das HidroAysén-Projekt wurde letztendlich durch den anhaltenden landesweiten Protest verhindert.

Im "Entre Patagones", dem einzigen Restaurant im Ort, sorgt ein Kaminofen im Speisesaal für behagliche Wärme. Einen guten Rotwein gibt es ebenfalls, was in Chile allerdings nie ein Problem ist. Die Steaks haben uns allerdings enttäuscht. Die Wirtin hatte das Rindfleisch zuvor mit großer Hingabe und nach allen Regeln der Kochkunst kräftig bearbeitet. Schon beim Eintreten hörten wir das charakteristische Klopfgeräusch aus der Küche. Doch ihre Mühe war leider vergebens.

Morgen, Mitte März fährt die "Quetru" zum letzten Mal in dieser Saison über den See Richtung Argentinien. Allerdings nur, wenn die Bedingungen günstig sind, der Wind darf nicht zu stark und der Kapitän nicht krank sein. Carmen hat uns zum Abschied Crêpe Suzette bereitet und Calafate-Marmelade aufgetischt. Sie pflückt die Beeren selber.

"Muy espinosa, sehr dornig sind die Sträucher. Hier schau her!"

Sie streift einen Ärmel ihrer Bluse hoch und zeigt mir die Unterarme. Dornen haben dort ihre Spuren hinterlassen. Der Abschied fällt uns schwer, denn die gastfreundlichen Pächter haben uns liebevoll umsorgt. Doch zugleich sind wir erleichtert, dass wir nicht noch einen weiteren Tag bleiben müssen. Das patagonische Wetter hat sich in den vergangenen Tagen von seiner rauen, unwirtlichen Seite gezeigt, mit Kälte und wiederkehrenden Regenschauern. Es ist deutlich spürbar: Die Saison geht zu Ende. Mit dem Einbruch der Kälte wird Villa O'Higgins in einen tiefen Winterschlaf versinken, der viele Monate anhalten wird. Erst im November, wenn die Temperaturen wieder steigen, wird die Quetru ihren Fahrbetrieb wieder aufnehmen. Doch das ist erst in acht Monaten!

Tango mit Fango

In Villa O'Higgins endet die Carretera Austral. Touristen haben für die Weiterreise nur zwei Möglichkeiten: Entweder sie fahren zurück oder queren die Anden nach Argentinien. Diese Möglichkeit erfordert aber eine gewisse Abenteuerlust und Vorbereitung. Ein anspruchsvolles Unterfangen, da die Strecke durch wilde, abgelegene Gebiete führt. Es gibt keine durchgehend befestigten Wege, und die Reise erfordert die Verwendung von Fähren und Booten und vor allem Ausdauer auf der langen Wanderung. Eine Option für Abenteurer, die die Herausforderung in der Wildnis suchen. Wir haben uns für das Abenteuer entschieden. Unsere Tour durch unbesiedeltes Niemandsland zum argentinischen Grenzposten am Nordufer des Lago del Desierto ist erst seit wenigen Jahren möglich, seit Chile und Argentinien ihre Grenzstreitigkeiten in dieser Region beigelegt haben. Ein Bus bringt uns mit den schweren Expeditionstaschen zur kleinen Anlegestelle "Puerto Bahamondes", wo unser Schiff an einem Nebenarm des Lago O'Higgins vor Anker liegt. Hier endet die Carretera Austral bei Kilometer 1.247, Chile zwar noch nicht, aber das Land wird unwegsam. Die Grenze

In Candelario Mansilla erwarten uns die chilenischen Grenzbeamten.

zu Argentinien verläuft mitten durch den großen See. Im chilenischen Sektor pflügt sich das Schiff durch tiefblaues Wasser, hält Kurs auf Gletscher des südlichen patagonischen Eisfelds, die im klaren Morgenlicht in frostigen Blautönen schimmern. In Candelario Mansilla erwarten uns die chilenischen Grenzer. Mit uns steigen nur noch zwei Pärchen aus, die restlichen Passagiere fahren weiter, besichtigen den O'Higgins-Gletscher und kehren nach Villa O'Higgins zurück. In Candelario Mansilla geht es auch hinauf in das südpatagonische Eisfeld, aber da will heute niemand hin. Die Grenzwächter behalten uns im Auge, kontrollieren aufmerksam die Pässe. Ausreisestempel gibt es aber erst weiter oben in ihrem warmen Büro.

Wo ist Don Ricardo? Man hat uns gesagt, dass er immer an der Anlegestelle wartet, um Touristen und Gepäck mit seinem Allrad-Pick-up bis zur argentinischen Grenze zu bringen. Heute lässt er sich nicht blicken. Auch seine Haustüre ist verschlossen. Hätten wir uns anmelden sollen? Oder ist für ihn die Saison auch schon zu Ende? Niemand kann uns Auskunft geben. Die zwei Pärchen, die mit uns ausgestiegen sind, haben ihre Rucksäcke geschultert

Von Don Ricardo und seinem Pick-up keine Spur. Wir müssen unsere unförmigen Packmonster also selbst 24 Kilometer lang zum Lago del Desierto in Argentinien tragen.

und sich bereits auf den Weg gemacht. Auch die Grenzbeamten verziehen sich nach oben in ihre beheizte Station. Was jetzt? Sollen wir warten? Auf der kleinen Wiese neben seinem Haus zelten? Dann verspäten wir uns um einen Tag, kommen nicht mehr rechtzeitig nach Argentinien und verpassen das Schiff über den Lago del Desierto. Wir machen uns auf den Weg zur Grenzstation. Das Abenteuer beginnt bereits jetzt und lastet erdrückend schwer auf unseren Schultern.

"Don Ricardo ist auf dem Feld bei seinem Vieh und kehrt erst am Abend zurück!", erklärt uns eine Grenzbeamtin und stempelt unsere Pässe für die Ausreise ab. Wir schauen uns verdutzt an. So war das nicht gedacht. Die Vorstellung, den langen Weg mit dem unförmigen und schweren Gepäck vollständig zu Fuß zurückzulegen, macht uns augenblicklich mutlos. Wo ist denn überhaupt der Weg? Die Dame vom Zoll zeigt zu einer geschotterten Piste und erklärt: "Zur Grenze sind es 16 Kilometer. Zur argentinischen Grenzstation danach nur noch acht." Sie schaut uns voller Mitleid an. 24 Kilometer mit sperrigen Packsäcken auf dem Rücken, jeder fast 30 Kilogramm schwer. Wir atmen tief durch. Sie weiß wohl bereits, was für eine Tortur uns erwartet. Und sie hat noch mehr Hiobsbotschaften: "Jenseits der Grenze verengt sich der Weg zu einem schmalen Trampelpfad. Wahrscheinlich ist er nach den jüngsten heftigen Regenfällen ziemlich aufgeweicht und schlammig. Auch ein paar Flüsse müsst ihr durchqueren." Ein wahrer Pfad für Abenteurer!

Klaus schultert den Packsack und strahlt noch Optimismus aus.

Wir schauen uns an und wissen auch ohne Worte, was der andere gerade denkt: So herausfordernd muss das Abenteuer nun wirklich nicht beginnen. Aber Alternativen gibt es heute keine. Wir schultern unsere schweren

Packsäcke, schwanken dabei wie Esel, die mit übergewichtigen Lasten beladen werden. Schlüpfen durch die Gurte und streifen sie wie Rucksackträger über die Schultern. Wir denken lieber nicht daran, wie das auf die lange Distanz und in unwegsamem Gelände funktionieren soll. Mit bedachtsamen Schritten machen wir uns auf den Weg, setzen wie in Trance einen Fuß vor den anderen. Schon bald habe ich einen unsichtbaren Gefährten an meiner Seite. Er scheint meine Schritte zu lenken und ermutigt mich beständig weiterzugehen. "Du hast doch schon weitaus größere Herausforderungen bewältigt", flüstert er mir zu. Und mit dem Gefühl, als ob er mich an der Hand führt, bewege ich mich stetig vorwärts.

"Wir sind schon bei der Hälfte!", ruft Katrin und reißt mich abrupt aus meinem Zwiegespräch. Sie deutet auf ein Holzschild oben an einem Baumstamm, auf dem die Zahl "12" prangt, wirft ihre Packtasche ab und lässt sich ins Gras fallen. Nach jedem zurückgelegten Kilometer wird auf diese Weise unser Fortschritt angekündigt. Jetzt haben wir den zwölften Kilometer erreicht, die Hälfte des Weges. Doch so richtig freuen kann ich mich gerade nicht. Mein unsichtbarer Begleiter ist verschwunden und der Packsack lastet schwerer als zuvor auf meinen Schultern.

Pause bei Kilometer 12.

Wir erreichen eine schmale Brücke, die über den Rio Obstaculo führt und müssen eine Entscheidung treffen: Sollen wir auf die andere Seite wechseln oder geradeaus weiter gehen? Da der Weg hinter der Brücke breiter ist, vermuten wir dort eine bessere und möglicherweise schnellere Route zur Grenze. Kaum haben wir sie überquert, stehen wir auf einem kilometerlangen Rollfeld. Am Rand verlassene Baracken eines ehemaligen Militärpostens. Nur wenige Minuten später stoßen wir wieder auf unseren alten Weg.

Bei Kilometer 16 verkündet ein hellblaues Schild auf einer Lichtung: "Bienvenido en Argentina". Die argentinische Nationalsonne im weißen Streifen auf blauem Hintergrund strahlt uns an. Wir hatten insgeheim gehofft, an der Grenze eine Station vorzufinden und auch einen geeigneten Platz für unser Zelt. Doch die argentinischen Grenzer sind nicht hier oben im Wald stationiert, sondern weiter unten am Lago del Desierto. Schließlich wäre eine Grenzstation mitten im Nichts und fernab der Zivilisation auch ungewöhnlich. Direkt an der Grenze hört die Piste auf, und wie erwartet beginnt ein schmaler Trampelpfad. Er schlängelt sich zwischen Südbuchen bergauf und bergab. Calafate-Sträucher, voller dunkelblauer Beeren säumen unseren Weg. Sie sehen aus wie Heidelbeeren, sind

Calafatebeeren gibt es noch reichlich. Wer sie einmal gekostet hat, soll immer wieder nach Patagonien zurückkommen.

aber deutlich süßer. Niemand scheint sie zu pflücken, allzu häufig wird dieser Weg wohl nicht begangen. In diesem Moment sind sie uns sehr willkommen, da uns schon seit einiger Zeit der Hunger plagt. Nach den ersten Bissen färben sich unsere Zungen lila, ein Farbton, der perfekt zu unseren Reisetaschen passt. Das müssen wir festhalten! Ein Foto, ein Bild für die Ewigkeit! Ob wir nach dem Genuss der Beeren wieder nach Patagonien zurückkehren werden, wie die Legende der Doncella Calafate weissagt?

Ein Aonikenk Häuptling in Patagonien hatte einst eine schöne Tochter namens Calafate. Sie war auch klug und ihr Vater liebte sie über alles. Ein junger Mann vom Selk'nam-Stamm aus Feuerland verliebte sich in sie und Calafate erwiderte bald seine Zuneigung. Der Vater aber verachtete den Feuerländer, war gegen eine Verbindung der beiden, wusste aber nicht, wie er sie verhindern sollte. Er suchte Rat bei einem Schamanen.

"Ich kann die gegenseitige Liebe nicht beenden, aber ich kann die beiden für den Rest ihres Lebens voneinander trennen", versprach dieser.

Der Häuptling willigte ein. Der Machi sprach einen Zauberspruch und Calafate verwandelte sich in einen Busch mit leuchtend gelben Blüten und spitzen Dornen. Der junge Selk'nam war untröstlich und durchsuchte unermüdlich Steppen und dichten Dschungel auf der Suche nach seiner verlorenen Geliebten. Die Götter, berührt von seinem Kummer, verwandelten ihn in einen flinken Vogel, sodass er die Weiten Patagoniens leichter durchqueren konnte. Eines Tages stieß er auf einen Busch mit verlockenden Beeren. Als er von einer kostete, erinnerte ihr Geschmack ihn sofort an die Süße von Calafate. Überzeugt, seine Geliebte wiedergefunden zu haben, blieb er fortan bei dem Strauch. Seither heißt es, dass jeder, der die Frucht der Calafate gekostet hat, wieder zu ihr nach Patagonien zurückkehrt.

Der Pfad windet sich um umgestürzte Bäume, durchquert Bäche, Flüsse und Moore. Eine Wiese ist überflutet. Wir hüpfen von Stein zu Stein und suchen Halt auf allem, was einen stabilen Tritt verspricht, klammern uns an dünnen Stämmen und Zweigen fest, um

Nach 24 Kilometern und vielen Stunden später leicht gebeugt am Ziel, dem Lago del Desierto.

das Gleichgewicht zu halten. Ein Schritt in dem sumpfigen Boden und plötzlich versinke ich bis über die Knöchel. Die schwere Packtasche auf dem Rücken zieht mich zur Seite, bringt mich aus dem Gleichgewicht und ehe ich es merke, falle ich wie in Zeitlupe in den Morast. Schwupps! Nun sehen meine Schuhe aus wie erdverkrustete Kartoffeln, mein Fotoapparat ist von schlammigem Schwarz umhüllt und ähnelt einer verkohlten Empanada und die lila Packtasche ist mit erdbraunem Schlamm paniert. Ein kurzer Tanz im Moor. Ein Tango mit Fango!

“Langsam und anmutig bist du zu Boden gegangen. Du hast dir den Geburtstagswunsch ‚Voy a bailar, voy a vivir mi vida‘ wirklich zu Herzen genommen!”, lacht Klaus und kriegt sich kaum ein. So sieht Schadenfreude aus! Doch soll ich mich nun ärgern? Einen Grund hierfür hätte ich nun schon, aber das würde meine Stimmung auch nicht verbessern. Also ringe ich mich auch zu einem Lachen durch, wische mir den Schlamm aus Gesicht und von meiner Kleidung und hoffe, das alles schnell trocknet. Zum Glück hat der Fotoapparat das Bad unbeschadet überstanden und funktioniert immer noch.

Auf einer großen Lichtung bleibt Klaus plötzlich stehen, deutet nach vorne und ruft mir etwas zu. Ich bin zu weit entfernt, um seine Worte zu verstehen. Doch dann erblicke auch ich den Lago del Desierto. Sein tiefblaues Wasser verschmilzt mit dem dunklen Blau des Himmels. Am gegenüberliegenden Ufer ragt der Fitz Roy empor. Die Erlösung naht, die Schinderei ist bald vorbei. Bis zur Grenzstation ist es nur noch ein kurzes Stück bergab. Klaus eilt voraus, um die Einreiseformalitäten zu klären. Der letzte Abschnitt des Weges ist tief ausgefräst und eng, was es mit dem schweren Gepäck schwierig macht, vorwärtszukommen, da man wie im Gänsemarsch einen Fuß vor den anderen setzen muss. Zudem machen sich Rücken und Schultern schon seit Langem schmerzhaft bemerkbar. Auf den letzten Metern kommt Klaus mir entgegen und nimmt mir die schwere Last ab. Welch ein Gefühl ohne das schwere Ungetüm, das wir "Big pig" getauft haben, weiterzugehen!

In unmittelbarer Nähe der Grenzstation finden wir einen Platz für unser Zelt. Unterdessen ist es dunkel geworden und die gute Stimmung wieder zurückgekehrt. Wir amüsieren uns über meinen Tanz im Morast und Klaus bedauert, keinen Schnappschuss davon gemacht zu haben. Er möchte sich gerne die Fotos von unserem anstrengenden Marsch ansehen, doch der Fotoapparat ist unauffindbar! Wir starten eine Suchaktion, leuchten mit unseren Stirnlampen das Zelt und die Umgebung ab. Wo könnte er sein? Klaus überlegt angestrengt.

"Ist er mir vielleicht aus der Gürteltasche gefallen, als ich dir die Packtasche abgenommen habe?", fragt er sich und läuft den Weg mehrmals zurück, bis zu dieser Stelle, aber leider ohne Erfolg. In der Zwischenzeit durchsuche ich den angrenzenden Wald, wo wir zuvor Steine für die Zeltbefestigung gesammelt haben. Doch auch hier finde ich nichts! Als ich zum Zelt zurückgehe, kommt mir ein weißes Kätzchen entgegen und will gestreichelt werden!

Bei Tagesanbruch machen wir uns erneut auf die Suche nach der Kamera. Wir drehen nahezu jeden Stein um, wieder ohne Erfolg. Inzwischen hat ein Regenschauer eingesetzt und starker Wind

Die "Tehuelche", ein kleines Motorboot, kämpft sich gegen die Wellen zu uns über den See.

Ein weiterer 20 Kilometer langer Fußmarsch im Regen mit den schweren Packsäcken zum anderen Ende des Sees bleibt uns erspart.

treibt die Tropfen fast waagerecht vor sich her. Wir beginnen uns Sorgen zu machen. Würde das Schiff sich bei solch rauem Wetter wirklich auf den Weg machen, nur um ein paar Touristen abzuholen? Lediglich zwei Pärchen warten mit uns. Noch verharren wir voller Hoffnung vor dem kleinen Bootshaus und starren angestrengt auf den See. Die Zeit verrinnt und die Zuversicht schwindet. Doch dann taucht in der Ferne ein Boot auf. Es kommt näher. Aber es ist nicht der "Huemul", es ist die kleine "Tehuelche". Das kleine Motorboot kämpft sich mühsam gegen die Wellen vorwärts. Heftige stürmische Böen machen das Anlegen zur Herausforderung und drängen es immer wieder zurück auf den See. Die Grenzpolizisten schauen unruhig, sie warten offensichtlich auf ihren Vorrat: Bier und Wein, anscheinend unbedingt notwendig für ihr Dasein in dieser Abgeschiedenheit.

Der Kapitän, untersetzt und graubärtig, verlangt einen hohen Preis für die Überfahrt. Wir zahlen ihn alle bereitwillig, denn jeder von uns sehnt sich danach, schnell in eine wärmere und trockene Umgebung zu kommen. Unser Abenteuer neigt sich dem Ende zu. Am anderen Ufer wartet ein Minibus, der uns nach El Chaltén bringt. Bei der Albergue Patagonia steigen wir aus. Dort lange ich in meine Tasche und halte etwas Kleines, Glattes in der Hand, den gesuchten Fotoapparat! Er muss hineingefallen sein, als Klaus gestern Abend im Zelt meine Teleskopstöcke darin verstaute. Der kalte und verregnete Tag wird auf einmal hell und warm. Die Welt ist wieder in Ordnung!

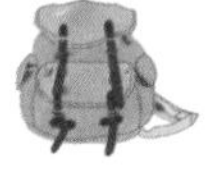

Schafbarone und Glücksritter

Pioniere und Entdecker haben einst Patagonien durchstreift, angetrieben von der Suche nach Gold und geeigneten Weidegründen für ihre Viehherden. Wir wollen keine unerforschten Gebiete entdecken, nur neue Landschaften mit ihren Bewohnern kennenlernen. Wir fragten uns schon oft, warum uns die Neugierde in der Welt herumtreibt. Waren unsere Eltern diesbezüglich Vorbilder? Nicht unbedingt! In unserer Erinnerung waren sie eher bodenständig. Das Leben nach dem Krieg drehte sich um Arbeit und Existenzsicherung. Müßiggang, zu dem auch grundloses Reisen gehörte, wurde nicht unbedingt geschätzt. Die kleine Welt, in der wir groß wurden, schien uns oft zu begrenzt. Überall stießen wir auf Verbote, Vorschriften und alte Traditionen. Doch vielleicht war es genau diese Enge, die unseren Drang zum Entdecken so stark machte. Uns zog es hinaus immer auf der Suche nach neuen Horizonten, um die Welt aus unserer eigenen Perspektive zu erkunden.

Bereits in der Kindheit machte meine Neugier und Entdeckerlust jeden Tag zu einem neuen Abenteuer. Wir wohnten damals in der Schule. Es gab zwei Klassenzimmer. Im ersten unterrichtete mein Vater die älteren Schüler von der fünften bis zur achten Klasse und in dem anderen nebenan brachte eine Lehrerin den jüngeren Kindern das Lesen, Rechnen und Schreiben bei, bis sie schließlich am Ende der vierten Klasse zu meinem Vater überwechselten. Diese Schulräume lagen im ersten Stock. An Nachmittagen übte meine Mutter mit mir in einem der Klassenzimmer Schönschreiben und Rechnen so lange, bis sie mit meinen Leistungen zufrieden war. Als ältester Sohn des Dorfschullehrers musste ich stets den anderen ein Vorbild sein. Ob mein Vater in mir das Spiegelbild seiner erzieherischen und pädagogischen Kompetenzen sah? An die knarrende Holztreppe in den ersten Stock erinnere ich mich heute noch. Ich mochte das Geräusch, das sie bei jedem Schritt machte, aber nur, wenn es die Treppe hinunterging. Es war der Weg aus der Pflicht und in die Freiheit. Auch wenn sie immer nur von kurzer Dauer war, so reichte sie doch aus, meine Neugierde und Entdeckerlust vorübergehend zu stillen. Ich streifte durch die Wiesen und Wälder rund um unser Zuhause und liebte den Duft der Jahreszeiten: das süßliche Aroma von frisch gemähtem Gras und das erdige von Getreide. Ich lauschte dem Zwitschern der Vögel und dem Summen der Bienen. Lange konnte ich Schmetterlingen und Eidechsen zuschauen oder beobachten, wie Eulenküken von Tag zu Tag größer wurden, bis sie schließlich das Fliegen lernten.

Mein Onkel nahm mich eines Tages mit seinem nagelneuen Auto, einem Lloyd 400, mit nach Frankfurt. Während der Fahrt wiederholte er immer wieder seinen Lieblingsspruch: "Wer den Tod nicht scheut, fährt Lloyd." Obwohl ich damals nicht genau verstand, was er damit meinte, fühlte ich mich auf dem Beifahrersitz wie ein mutiger Abenteurer. In Frankfurt besuchten wir eine Bekannte meines Onkels. Sie besaß Briefe aus aller Welt, insbesondere aus Südamerika. Den ganzen Abend war ich damit beschäftigt, Briefmarken abzulösen und Porträts von Persönlichkeiten und Abbildungen von Tierwelten und Landschaften zu betrachten. In den Folgenächten ließ ich meiner Fantasie freien Lauf und stellte mir vor, wie es wohl in diesen fremden Länden aussehen mochte.

Als Kinder und Jugendliche hatten wir unzählige Fragen, aber nur wenige davon fanden eine Antwort. Besonders interessierte uns, wie die Welt jenseits unserer vertrauten Umgebung wohl aussehen mochte. In jener Zeit gab es weder Internet noch Handys oder Computer, die es uns ermöglicht hätten, die weite Welt virtuell zu erkunden. Stattdessen begaben wir uns mit den Protagonisten in unseren Abenteuerbüchern auf unsere Reisen. Katrin erlebte mit Enid Blytons Werken aufregende Abenteuer und entdeckte eine neue Welt. Bei mir waren es die Bücher von Karl May, die mich in exotische ferne Länder und fremde Kulturen entführten. Fasziniert folgte ich Graf Luckner, dem legendären Seeteufel, auf seinen Fahrten mit der SMS Seeadler. Auch Jules Vernes "Die Reise zum Mittelpunkt der Erde" begeisterte mich und ließ mich an einer aufregenden Expedition ins Erdinnere teilhaben.

Die Geschichten von Abenteuern weckten unsere Neugier und den Drang, die Welt in ihrer Wirklichkeit zu erleben und authentische Erfahrungen zu machen. Besonders die Darstellungen der nordamerikanische Indianer mit ihrem beeindruckenden Federkopfschmuck faszinierten mich und ließen den Wunsch wachsen, echte Indianer zu treffen. Mit den Jahren habe ich jedoch erkannt, dass viele dieser Darstellungen von Stereotypen geprägt und oft nicht authentisch waren.

Die indigenen Völker im Süden des Kontinents tragen zwar nicht den bekannten Federkopfschmuck, haben aber ebenfalls unter Unterdrückung und Verfolgung gelitten und sind heute oft unsichtbar in der Gesellschaft.

Anfang Dezember bringt uns ein komfortabler Bus in gut acht Stunden von Ushuaia nach Punta Arenas in Chile. Gleich hinter der Stadt verändert sich die Landschaft. Schlagartig tauchen wir ein in die unberührte Wildnis Feuerlands. Der Bus schlängelt sich durch schroffe Berglandschaften mit verschneiten Gipfeln. Am Lago Fagnano haben wir den Eindruck, am Meer angekommen zu sein, denn wir sehen seine Ufer nicht. Hinter San Sebastian wird die Straße schlecht und besteht nur noch aus grobem Schotter. Wir nähern uns der Grenze. Sie zerschneidet die "Isla Grande" Feuerlands wie mit einem Lineal gezogen in zwei ungleiche Hälften. Trennt auch das argentinische Feuerland vom argentinischen Festland. Ein Gitterrost zieht sich quer über die Straße. Auch Weidetiere dürfen nicht illegal das Revier wechseln. Kurz dahinter begrüßt uns ein Schild: "Bienvenidos a la República de Chile". Die Straße bleibt schlecht und wird schmäler. Wir holpern durch Schlaglöcher. Vor uns taucht eine Auto- und Lastwagenkolonne auf, es gibt einen langen Stau am Grenzübergang.

Es ist verboten, frische pflanzliche oder tierische Lebensmittel einzuführen.

"Reine Schikane!", entrüstet sich ein Argentinier.

"Die wollen nichts ins Land lassen, nur exportieren!" Ob unser Müsli und unser gefriergetrocknetes Essen auch unter diese Kategorie fällt? Wir haben es bereits für die nächste Zelttour im Torres del Paine Nationalpark portioniert und verpackt. Vorsichtshalber deklarieren wir es nicht. Ein frisches, unbehandeltes Produkt ist es nicht. Aber wer weiß, manchmal hat auch ein Grenzer Eigenbedarf. Die Beamten scannen unsere Taschen, jedoch erregt nichts ihre

Aufmerksamkeit. Auf schnurgerader Straße geht es weiter durch die Pampa, in Riesenparzellen abgesteckt und mit Stacheldraht eingezäunt, endlos, flach und weit.

Die Magellanstraße rückt in Sicht, ihr Wasser leuchtet in tiefen Blautönen. Bei der Anlegestelle "Cruce Bahia Azul" begrüßt uns ein Schild: "Bienvenidos al Estrecho Magallanes". Wir verabschieden uns von Feuerland und fahren mit der Fähre nach Punta Delgada in Patagonien, durchqueren die schmalste Stelle der Magellanstraße, die dennoch beeindruckende viereinhalb Kilometer misst. Der Wind weht heftig, und hohe Wellen prallen gegen den Bug, doch die Fähre hält Kurs. Nach einer 20-minütigen Überfahrt landen wir am nördlichen Ufer, einem verlassenen Ort. Abgesehen von einem Leuchtturm und einigen Gebäuden nur flaches, braunes Land. In zwei Stunden werden wir Punta Arenas erreichen, die Landschaft bleibt monoton und einschläfernd.

Punta Arenas wurde 1848 als Militärposten gegründet, um die chilenische Souveränität über die Magellanstraße zu sichern. Mit der

Punta Arenas. Palacio Sara Braun im neoklassizistischen Stil. Die wohlhabenden Schafbarone importierten europäischen Luxus.

Einführung der Schafzucht wuchs die Bevölkerung schnell. Lebten 1875 gerade einmal 1.000 Einwohner dort, so vervierfachte sich deren Zahl innerhalb von nur 10 Jahren. Estancias wurden gegründet und bald grasten auf den umliegenden Weiden Zehntausende Schafe und unzählige Rinder. Die Stadt entwickelte sich rasch zu einem Umschlagplatz für Schafwolle und Schaffleisch. Der Hafen wurde erweitert und ein Kühlhaus nach dem anderen errichtet. In den 1880er-Jahren erlebte Punta Arenas jedoch einen regelrechten Zustrom von Einwanderern. Nicht nur Chilenen und Argentinier, sondern auch Nordamerikaner und Europäer strömten in die Region, als sich die Nachricht von Goldfunden verbreitete. Bald darauf wurde auf beiden Seiten der Magellanstraße eifrig nach diesem Edelmetall geschürft, und Punta Arenas entwickelte sich auch zu einem bedeutenden Handelszentrum für den Goldhandel.

Im Jahr 1874 immigrierten Sara Braun und ihr Bruder Moritz, der sich hier in Mauricio umbenannte, mit ihren Eltern aus dem zaristischen Russland nach Punta Arenas. Beide fanden schnell ihren Platz in den wohlhabenden Kaufmannskreisen der Stadt. Sara heiratete den portugiesischen Geschäftsmann José Nogueira und übernahm sechs Jahre nach seinem Tod die Kontrolle über das Unternehmen. Mauricio heiratete in die wohlhabende Familie Menéndez ein, und so entstand das Unternehmenskonglomerat Braun-Menéndez. Unter der gemeinsamen Führung von Sara Braun-Nogueira und Mauricio Menéndez-Braun expandierte es rasch zu einem der führenden Unternehmen in der Region. Im Jahr 1893 gründeten sie die Sociedad Explotadora de Tierra del Fuego, die Gesellschaft zur Ausbeutung von Feuerland. Mit ihrer Flotte von Handelsschiffen dominierten sie den Markt, exportierten Schaffleisch, Felle und Leder und prägten maßgeblich die wirtschaftliche Entwicklung im Süden Patagoniens und auf Feuerland. “Ihren Reichtum gründeten sie auf Morde, Räuberei und Versklavung der Ureinwohner”, schreibt der Journalist José María Borrero in seinem Buch “La Patagonia trágica”.

Die “Schafbarone” verdienten ausgesprochen gut und ließen sich prächtige Villen bauen. Edle Materialien wie Marmor und Granit wurden aus Europa importiert. Noch heute vermitteln ihre prunkvollen Gebäude und Paläste im Stadtzentrum das Flair einer europäischen Stadt. Aber kaum haben wir das Zentrum verlassen, fühlen wir uns wieder in Patagonien. Dort säumen kleine bunte Holzhäuser und Wellblechhütten die Straßen wie in einer verschlafenen Hafenstadt. Die Nachfrage nach Schafwolle ist schon vor langer Zeit gesunken und die Zeiten des "weißen Goldes" sind längst vorbei. Viel Geld verdienen die Nachkommen der Schafbarone nun mit Fisch. Die Stadt ist gegenwärtig ein Zentrum der südlichen Fischzuchtindustrie.

"In Chile sind sogar die Mäuse grauer." So unfreundlich beschrieb ein Argentinier in Buenos Aires die Chilenen. Auf vielen Menschen lastet noch ein sichtbarer Druck. Die Jahre unter Pinochet haben Spuren hinterlassen. So richtig frei und unbeschwert können derzeit nur wenige ihr Leben gestalten. Womöglich hätten mehr Einwanderer aus dem europäischen Süden der allgemeinen Stimmung gutgetan, mehr Lebenskünstler. In Argentinien ist die wirtschaftliche Situation eher schlechter, aber die Leute dort scheinen besser damit klar zu kommen und lebenslustiger zu sein.

Auf der Plaza de Armas erinnert ein Denkmal an den Seefahrer Ferdinand Magellan. Weithin sichtbar steht er auf einem Sockel, den Blick in die Ferne gerichtet. Eine Meerjungfrau mit zwei Schwanzflossen reckt ihre Arme empor zu ihm. Die in entgegengesetzte Richtungen weisenden Flossen stehen symbolhaft für Atlantik und Pazifik, die über die Meeresstraße miteinander in Verbindung stehen. Zu Füßen des Entdeckers zwei Skulpturen von Angehörigen der Aonikek und Selk'nam Stämme, die einst beiderseits der Magellanstraße lebten. Eine der Zehen der Bronze-Statuen glänzt auffallend golden. Laut Legende soll es Glück bringen, diese Zehe zu küssen, sei es für eine Expedition in die Antarktis, zum südlichen Inlandeisfeld oder andere Abenteuer. Erst nimmt man den Indigenen das Land, dann ihr Leben und nun erhofft man sich von ihren bronzenen Abbildern Wunder. Wie passt das zusammen?

Die opulenten Mausoleen der reichen Schafbarone prägen das Bild des Sara-Braun-Friedhofs der Stadt. Auch im Tod hatten sie das

Bedürfnis, ihren Wohlstand zu präsentieren. Bronzene Engel, vergoldete schmiedeeiserne Gitter und Marmor zeugen von ihrem Reichtum. Auch die weniger begüterte Bevölkerung wollte dem nicht nachstehen. Sie versuchte ebenfalls, ihre Grabstätten prunkvoll zu gestalteten. Bunte Plastikblumen schmücken die Gräber unter den dürren Zypressen. Fotografien der Verstorbenen sind hinter kleinen Glasfenstern sichtbar.

In einer Ecke des Friedhofs steht ein denkmalhaftes Zeugnis der Stadtgeschichte, die Bronzestatue des "unbekannten kleinen Indio". Sein Gesichtsausdruck ist von tiefer Melancholie geprägt, die linke Hand der Statue durch unzählige Berührungen auf Hochglanz poliert und soll, so glaubt man, Wünsche erfüllen. Der "Indiecito desconocido" steht als Symbol für die tragische Geschichte der Ureinwohner und erinnert an die Zeit, als der wohlhabende Familienclan Menéndez-Braun zur Jagd auf sie aufrief, da sie das Land brauchten. Ein düsteres Kapitel in einer Stadt, die durch Schafzucht reich wurde.

Die Geschichte des kleinen unbekannten Indios beginnt vor 100 Jahren auf der Cambridge Insel im Pazifik, inzwischen nach dem spanischen Konquistador Diego de Almagro umbenannt. In den 1920er-Jahren gründeten Kaufleute in Punta Arenas die Compañía de Mármoles Cambridge mit dem Ziel, den weißen Marmor der Insel zu vermarkten. 1929 verließ die "Manolo", ein Zweimaster, Punta Arenas, folgte der Magellanstraße zum Pazifik und erreichte dort, 50 Kilometer höher im Norden die Marmorinsel innerhalb eines weitläufigen Archipels, an dessen zerklüfteten Küsten Seenomaden vom Stamm der Kawésqar lebten. Der Vortrupp errichtete einen Steg zum Anlanden und deponierte Gerätschaften zum Abbau des Marmors. Sie ließen einen Chiloten und einen Russen zu deren Bewachung zurück. Eines Nachts wurden die beiden von den Kawésqar angegriffen. Sie erschossen den Chiloten mit einer erbeuteten Pistole. Der Russe feuerte in die Menge, verletzte einen Indio und konnte sich ins Innere der Insel retten. Als der Schoner Manolo einen Monat später auf die Insel zurückkam, bot sich den Seeleuten ein makabrer Anblick. Neben der Leiche des Chiloten, saß ein toter Kawésqar, gekleidet in ein Gewand des Russen. Sein

Kopf war mit dessen Schirmmütze bedeckt und seine nackten Füße waren bereits von Skuas, den großen Raubmöwen, verstümmelt. Die Überreste beider Leichen wurden nach Punta Arenas geschafft und auf dem Friedhof gemeinsam in einem Sarg beigesetzt. Für einen Grabstein fand sich kein Spender. Zur allgemeinen Überraschung entdeckten Besucher eines Tages einen weißen Marmorstein auf dem Grab. Darauf die Inschrift: "Indiecito desconocido", "Kleiner unbekannter Indio".

Das Grab wurde zu einem Wallfahrtsort. Immer mehr Menschen strömten herbei. Fühlten sie sich mitschuldig am Untergang der Indigenen? Wollten sie Abbitte leisten? Nein, sie verehrten den "kleinen Indio" wie einen neuen Heilsbringer. Er half jedem, der seine Hilfe brauchte, heilte Kranke und vollbrachte alle Arten von Wunder, so die Überlieferung. Frauen entzündeten Kerzen und legten Blumen und Münzen ab. Nachts kam die Stadtjugend und sammelte sie ein, was großen Unmut erregte. Es wurde eine Spendenaktion initiiert, das Grab renoviert und mit einer festen Schatulle versehen. Die Bronzeskulptur des jungen, nur mit einem Lendenschurz bekleideten Indios wurde am Kopfende des Grabes aufgestellt. Darauf die Inschrift: "Der unbekannte Indio kam aus dem Nebel historischer und geografischer Ungewissheit und liegt hier geschützt von der patriotischen Liebe des chilenischen Volkes." Hat der chilenische Staat ehemals die weißen Immigranten, Viehzüchter und Goldsucher etwa daran gehindert, die indigene Bevölkerung auszurotten? Durch tatenloses Zuschauen hat er sich schuldig gemacht, aber diese Erkenntnis kommt leider viel zu spät. Nur als Tote finden die Indigenen staatliche Wertschätzung. Die Statue ist mit Rosenkränzen und Halsketten behängt und von unzähligen Votivtäfelchen umrahmt. Auf einem die Inschrift: Wenn der Mensch in Gefahr ist, liebt er Gott und die Soldaten. Wenn die Gefahr vorüber ist, ist Gott vergessen und der Soldat gehasst."

Pioniere, Siedler und Kaufleute fanden auf diesem Friedhof ihre letzte Ruhe. Wir entdecken Gräber deutscher Einwanderer und auch einen Gedenkstein für Maximilian von Spee, Vizeadmiral der kaiserlichen Marine. 1914 fiel er mit seinen beiden Söhnen in einem Seegefecht bei den Falklandinseln. "Zum ehrenden Ange-

Pilot Gunther Plüschow und Copilot Ernst Dreblow beim Kartenstudium (historische Aufnahme).

denken. Die deutsche Kolonie in Punta Arenas, 2. November 1925" steht auf seinem Grabstein.

In unserem Hotel in Punta Arenas bleibt unser Blick an einem großen verblichenen Schwarz-Weiß-Foto hängen. Es zeigt den Piloten Gunther Plüschow und seinen Techniker und Co-Piloten Ernst Dreblow mit Fliegermützen und in Ledermänteln, vertieft in ein Kartenstudium. 1928 bauten sie in Punta Arenas ein leichtes Wasserflugzeug, einen offenen Doppeldecker zusammen und tauften es Silberkondor. Sie wollten Luftaufnahmen machen von den noch unbekannten Regionen im Süden Patagoniens und Feuerlands, die Kartografierung unzugänglicher Gebiete vervollständigen und suchten gewiss auch neue Abenteuer. Bei ihren Flügen stiegen sie bis auf 3.000 Meter auf! In dieser Höhe war nicht nur die Kälte ein Problem, auch starke Fallwinde stellten eine Gefahr dar, denn sie warfen das kleine Flugzeug wie einen Spielball hin und her.

Vor dem ersten Start umrunden sie mit dem Schiff die Ost- und Südseite der Darwin-Kordillere bis nach Ushuaia und erkunden Notlandeplätze in geschützten Buchten und legten dort Treibstoffdepots an. Als Stützpunkt und Ausgangspunkt ihrer Unternehmungen wählen sie schließlich eine Bucht im Agostini-Fjord, die Bahia Encanto. Bei gutem Wetter gelingt ihnen erstmals ein Flug über die Darwin-Kordillere. Plüschow ist fasziniert von dem Gewirr an vereisten Berggipfeln und Gletschern unter sich: "Als, ob man eine große Tüte riesiger Kristallzuckerwürfel ausgeschüttet hätte", beschreibt er das Gelände.

Ende Februar nähert sich der Südsommer seinem Ende und im Juli 1929 kehren Plüschow und Dreblow nach Deutschland zurück. Den Doppeldecker haben sie in einem Schuppen auf dem Gelände der "Frigorífico Bories", nördlich von Puerto Natales, untergestellt. Dort schlachtete die "Sociedad Explotadora de Tierra de Fuego" Millionen patagonischer Schafe und verschiffte Fleisch und Wolle nach Europa. Der patagonische Winter fordert seinen Tribut. Als Plüschow und Dreblow im Jahr darauf zurückkommen, um ihren Auftrag weiter zu erfüllen, bietet sich ihnen ein trauriges Bild. Der Doppeldecker weist zahlreiche Korrosionsschäden auf, und Ratten haben an den Bespannungen der Tragflächen genagt. Ersatzteile sind auf die Schnelle nicht zu beschaffen, deshalb reparieren sie die Schäden provisorisch, so gut sie können und bringen das Flugzeug auch wieder in die Luft. Sie überfliegen das südliche patagonische Eisfeld bis zum Fitz Roy. Doch beim Landeanflug auf einem Seitenarm des Lago Argentino, dem Brazo Rico, verliert die behelfsmäßig reparierte linke Untertragfläche ihre Stabilität. Die Maschine stürzt ab und fällt wie ein Stein ins Wasser. Plüschow und sein Co-Pilot überleben den Absturz nicht.

Patagonisches Wetter

Der Bus benötigt drei Stunden von Punta Arenas bis nach Puerto Natales. Die Landschaft bleibt monton: endlose Graslandschaften, Rinderherden, Zäune und Estancias. Eintönig und ermüdend. Doch dann werde ich plötzlich wieder wach. Das Panorama vor meinen Augen hat sich verändert. Im Westen zeichnen sich Berge und schneebedeckte Gipfel am Horizont ab, und ich bilde mir ein, bereits die Silhouette der Torres del Paine Türme zu erkennen.

Puerto Natales, ein malerisches Hafenstädtchen, übt eine besondere Anziehungskraft auf jene aus, die nach speziellen Abenteuern suchen. Manche kommen hierher, um eine Bootstour auf dem Fjord der letzten Hoffnung zu erleben und den beeindruckenden Serrano Gletscher zu bestaunen. An den Ufern einer kleinen Lagune leuchten feuerrote Magellan-Fuchsien und Notrobüsche und bilden vor dem blauschimmernden Weiß des Gletschers eine einzigartige Kulisse. Kleine Eisberge treiben wie verlassene Schiffe auf dem lichtblauen Wasser der Lagune dahin. Andere möchten die Höhle des Milodon besichtigen, den Lebensraum des prähistorischen Riesenfaultiers, das bis zu vier Meter hoch wurde, wenn es sich auf seine Hinterbeine aufrichtete. In dieser Haltung ähnelte es einem Bären mit einem langen Schwanz. Trotzdem war dieser sanfte Pflanzenfresser alles andere als bedrohlich. Die meisten Besucher aber möchten, so wie wir in den Torres del Paine Nationalpark.

Puerto Natales stellt uns gleich zu Beginn vor ein Rätsel. Unsere Suche nach dem Hostal in der Magellanes-Straße endet abrupt vor einem Sackgassenende, bevor wir die angegebene Hausnummer erreichen können. Ist die Adresse falsch? Wir vergewissern uns. Sie stimmt. Eine freundliche Dame in einem nahe gelegenen Hotel versucht uns zu helfen. Sie tätigt mehrere Anrufe und fasst dann ihre Recherchen in wenigen Worten zusammen: “Diese Hausnummer existiert nicht!”

Auch der Name unserer Unterkunft ist ihr unbekannt. Wir schauen uns gegenseitig fragend an, ratlos und auch verwirrt. Was ist da nur schiefgelaufen? Wir finden keine plausible Erklärung.

Fragen wir doch einen Taxifahrer! Wir zeigen ihm unsere Reservierungsbestätigung und innerhalb von nicht einmal fünf Minuten erreichen wir unser Hostal, genau an jener scheinbar nicht existierenden Hausnummer. Er kennt die besondere Eigenheit der Magellanes-Straße. Ein riesiges Verwaltungsgebäude teilt die Straße sozusagen in zwei separate Hälften, eine bis zur Hausnummer 200 und die andere ab 200.

Wir beziehen unsere Unterkunft und sind überrascht von der überbordenden Verwendung von Plüsch in der Dekoration, so etwas haben wir bisher noch nie gesehen. Unsere Gastwirtin ist ebenfalls bemerkenswert. Ihre Füße, von Poliermopps umhüllt, tanzen unaufhörlich über den Fußboden, in dem wir uns fast spiegeln können. Fortwährend sind ihr Füße fleißig am Putzen. Kann sie nicht einen Moment stillhalten? Zumindest wenn sie mit uns redet? Kaum haben wir unser Gepäck abgelegt, versucht sie uns geschäftstüchtig diverse Aktivitäten anzubieten.

“Wir überlegen noch!”, geben wir zu verstehen, möchten erst einmal ankommen.

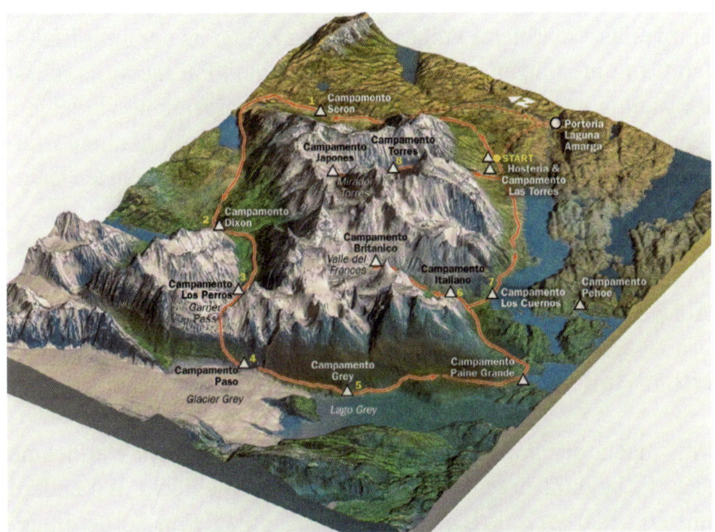

Reliefmodell des Torres del Paine Massivs mit eingezeichneter Trekkingroute. [5]

Am Tag darauf verlassen wir bereits um sechs Uhr das Hostel. Was sehen wir, als wir die Treppe runtergehen? Zwei Beine, die im Pyjama stecken. Die Füße im Poliermopp sind bereits in Bewegung, wirbeln über das Parkett! Ein skurriles und unerwartetes Bild, das uns für einen Moment innehalten lässt, bevor wir unser Abenteuer im Torres del Paine Nationalpark beginnen. Unsere Hauswirtin gibt uns noch einen Tipp: "Ihr müsst nicht zum Rodoviário Terminal in der Avenida España gehen, ihr könnt auch hier um die Ecke zusteigen!"

Sie streift sich die Putzlappen von den Schuhen und zeigt auf die nächste Straßenecke. Kaum sind wir dort angekommen, nähert sich auch schon der Bus. An der Porteria Lago Amarga, einem Eingang zum Nationalpark, ist Endstation. Der Eintritt ist fällig und nun in der Hauptsaison doppelt so teuer. Ist das ein Anreiz, im patagonischen Winter, von Juni bis August zu kommen? Eher nicht, denn die Tage sind dann kürzer und auch deutlich kälter. Wir erhalten einen Parkausweis. Ein Ranger macht uns außerdem auf wichtige Regeln aufmerksam, die wir im Nationalpark einhalten müssen: "Offenes Feuer ist verboten! Seit 1980 hat es 18 Brände im Nationalpark gegeben. Entsorgt Müll nicht in der Umgebung und verlasst markierte Wege nicht! Das Zelten ist nur auf offiziellen Campingplätzen erlaubt. Den orangenen Parkausweis müsst ihr ständig mit euch führen und in jedem Campamento vorzeigen, damit wir euere Ankunft vermerken können. Geht vor allem frühzeitig los und seid bis spätestens 17 Uhr immer am nächsten Campingplatz!"

Diese Regelungen sollen wohl verhindern, dass jemand in dem weitläufigen Park verloren geht oder wild zeltet. Wir verstauen die Ausweiskarten sorgfältig. Bald stellen wir fest, dass wir sie nicht benötigen. Ein nutzloses Stück Papier? Oder ist das Kontrollsystem erst im Aufbau?

Was macht das Wetter? Graue Wolken ziehen auf und verdichten sich. Es beginnt zu regnen und die Sicht wird schlecht. Wir ändern unseren Plan. Als Tagesziel war das Campamento Serón eingeplant. Aber wir wollen keine sechs Stunden durch Regen gehen, jetzt nur noch bis zum Hotel "Las Torres". Dort gibt es in der Nähe

Campingmöglichkeiten, vielleicht auch ein Zimmer. Wir schultern die Rucksäcke, überqueren den Río Paine und stapfen anderthalb Stunden auf einer Schotterpiste dorthin, nur angetrieben von dem Wunsch, endlich anzukommen. Durchnässt erreichen wir schließlich das Hotel. Am Eingang türmen sich bereits Rucksäcke. Jeder sucht Zuflucht vor dem Regen und hofft auf besseres Wetter. Die Dame an der Rezeption nennt mir eine utopische Summe für die Übernachtung: "400 Dollar für ein kleines Zimmer." Derartige Ausgaben sind in unserem Reisebudget nicht vorgesehen, also warten wir ab. Sobald der Regen nachlässt, werden wir uns einen geeigneten Platz zum Zelten suchen.

Das patagonische Wetter scheint uns wohlgesonnen zu sein. Durch das Glasdach sehen wir Flecken von blauem Himmel. Die Sonne schiebt sich zwischen den Wolken durch und im nächsten Moment begrüßt uns ein wunderbarer Frühlingstag.

"Sollen wir losgehen?" Katrin schaut mich fragend an. Bis zum nächsten Zeltplatz sind es noch fünf Stunden. Voller Optimismus machen wir uns auf den Weg. Das schöne Wetter wird sicherlich eine Weile halten. Nach wenigen Minuten stoßen wir auf einen Wegweiser, der wie ein Totempfahl vor uns emporragt. Dahinter teilt sich der Weg in drei Richtungen: Einer führt zu einem Holzstoß, ein anderer zu einem Campingplatz und der dritte ins Unbekannte. Welcher ist der Richtige? Hätten wir doch nur unser Navi mitgenommen! Wir haben es zurückgelassen, da uns mehrfach versichert wurde, dass die Wege gut markiert seien. Jetzt stehen wir vor einem eingezäunten Weidegelände und können keinen klaren Pfad erkennen. Kühe schauen uns neugierig an, als würden sie sich über unsere Orientierungslosigkeit amüsieren. "Haltet euch an die orangefarbenen Holzpfähle", hatte uns ein Belgier gestern geraten. Wir suchen nach einer solchen Markierung, doch außer einem kleinen, hölzernen Pflock neben einem großen Kuhfladen fällt uns nichts auf. Ist das etwa ein Markierungszeichen für den Trek oder verdankt der Pflock seine Färbung lediglich der Nähe zum Kuhfladen? Falsch abbiegen und mit den schweren Rucksäcken wieder zurück? Nein, danke. Klaus erkundigt sich bei einem nahe gelegenen Gehöft und nun haben wir Gewissheit. Der Weg führt tatsächlich durch die Kuhweide.

Anfang Dezember beginnt in Südamerika der Sommer, und überall erblüht die Landschaft in bunten Farben.

Der Calafate-Strauch präsentiert seine orange-gelben Blüten.

Der südamerikanische Frühling geht langsam zu Ende, und mit dem Dezember beginnt der Südsommer. Die Natur erstrahlt in prächtigen Farben, und überall sprießen bunte Blüten hervor. Unter uralten, knorrigen Südbuchen erblühen Calafate-Sträucher in leuchtendem Gelb-Orange, während Magellansche Winterrinde und Alpenrosen in hellem Weiß erstrahlen. Um uns erwacht eine urwüchsige Land-

Die Abgeschiedenheit in der Natur bietet Raum für Gedanken über uns selbst.

Darwinsche Pantoffelblumen: Ihre Blütenform erinnert uns eher an Hängesessel mit Polsterauflage.

schaft zum Leben. Am Wegrand entdecken wir Notrobüsche mit roten gefiederten Blüten und Orchideen, deren gelbroten Blüten an kleine Hängesessel mit weißem Kissen erinnern. Darwin hat sie beschrieben. Für ihn sahen ihre Blüten eher wie Pantoffeln aus, seitdem wird sie Darwins Pantoffelblume genannt.

Der Weg ist nass und rutschig und wir kommen nur langsam voran. Ein Glück, dass es erst spät dunkel wird. Bis um 17 Uhr werden wir höchstwahrscheinlich nicht im Campamento Serón ankommen, aber bereits hinter der nächsten Schleife des Río Paine entdecken wir Zelte auf einer Wiese, und nur wenige Minuten später haben wir unser Tagesziel erreicht.

Wir wollen den Parkausweis vorzeigen, aber für den interessiert sich niemand, eher dafür, ob wir Lebensmittel kaufen wollen. Die Sonne strahlt weiterhin vom Himmel. Wir liegen neben dem Zelt im Gras, atmen den Duft des Frühlings nach Blumen und feuchter Erde ein und genießen die letzten Strahlen des Tages. Ohne die Last unserer Rucksäcke fühlen wir uns wieder leicht und frei. In Gedanken wandern wir erneut durch die weite Landschaft und unberührte Natur, die sich in ihrer ganzen Frühlingsschönheit zeigte. Umgeben von Stille fühlten wir uns wie auf einer meditativen Reise durch eine Traumwelt.

Die bevorstehende Etappe zum Campamento Dickson ist knapp 20 Kilometer lang.

"Ihr werdet etwa sechs Stunden brauchen", informiert uns Carlos im kleinen Kiosk.

In einer Schleife des Rio Paine entdecken wir das Campamento Serón.

Wir nehmen uns Zeit und bewundern Ibisse, weiß-schwarze Vögel in Entengröße. Sie suchen nach Nahrung und picken mit ihren langen, gebogenen Schnäbeln tief in den Boden, um Käfer, Spinnen oder Schnecken zu finden. Ebenfalls auf Futtersuche sind Karakaras, eine Art von Falken. Mit ihrem grau-weißen Gefieder, dem braunen Schopf und dem markanten, kräftigen Schnabel stelzen sie auf langen Beinen durch das hohe Gras. Als Beute bevorzugen sie Mäuse und Eidechsen. Beiden Vogelarten können wir uns nähern. Unsere Anwesenheit stört sie nicht.

Wir bahnen uns unseren Weg auf einem schlammigen Pfad durch den dichten, urwüchsigen Wald, klettern über umgestürzte Bäume, die unseren Weg versperren, und durchqueren Bäche, die Schmelzwasser vom Paine-Massiv zum Rio Paine führen, springen dabei von Stein zu Stein. Das Wetter spielt verrückt und wechselt zwischen leichtem Tröpfeln und kräftigen Regenschauern, die genauso plötzlich enden, wie sie begonnen haben. An einem Bach legen wir eine Pause ein und beobachten fasziniert eine Sturzbachente mit ihrem auffälligen orangefarbenen Brustgefieder. Sie führt unbeeindruckt von uns ihre Balzbewegungen fort und bewegt dabei ihren Kopf andauernd vor und zurück. Es ist ein beeindruckendes Schau-

Ein Weißhals-Ibis hält Ausschau nach Würmern und Schnecken.

Der Karakara, ein südamerikanischer Falke, zeigt keine Berührungsängste.

Eine Sturzbachente sonnt sich am Ufer.

spiel, das uns für einen Moment den anstrengenden Weg und das wechselhafte Wetter vergessen lässt. Ein Wegweiser informiert uns über die verbleibende Distanz zum Campamento Dickson: noch 3,5 Kilometer. Wiesen voller Margeriten leuchten wie unzählige weiße Sterne im satten Grün. Eine Märchenwiese! Hinter Feuerbüschen mit ihren leuchtend scharlachroten Blüten schimmert das tiefblaue Wasser des Río Paine. Zum Lago Dickson kann es nicht mehr weit sein. Bald erblicken wir auch schon den idyllischen Campingplatz am Ufer. Uns erwarten Annehmlichkeiten der Zivilisation: warmes Wasser zum Duschen und ein kleines Restaurant.

Auf schlammigem Pfad unterwegs zum Campamento Dickson.

Zufrieden verbringen wir die letzten Stunden des Abends vor unserem Zelt. Heute haben unsere Rucksäcke nur selten gedrückt. Mit jedem Tag werden sie leichter, der Proviant nimmt ab und wir gewöhnen uns immer besser an die langen Strecken mit unserem schweren Gepäck. Ein unendlicher Himmel voller funkelnder Sterne breitet sich über uns. Die Kälte nimmt langsam zu und nimmt uns die romantische Stimmung. Wir lösen uns von diesem faszinierenden Anblick und ziehen uns in unser Zelt zurück. Gerade als ich den Zelteingang verschließe, bemerke ich plötzlich zwei aufmerksame Augen, die mich mit grün-gelben Pupillen eingehend beobachten. Anfangs denke ich an einen Wolf, doch in dieser Region gibt es keine. Es muss ein Andenschakal sein. Er ist etwa so groß wie ein ausgewachsener Fuchs. Still verharrt er vor unserem Zelt. Als ich mich anschicke, das Zelt zu verlassen, trollt er sich gemächlich davon. Der Platzwart kennt ihn: "Der ist ständig auf Futtersuche hier!"

Vorsichtshalber nehmen wir unsere Schuhe mit ins Zelt. Erst vor wenigen Tagen kamen einem Nachbarn nachts die Schuhe abhanden und er verdächtigte einen Fuchs. Ob das Leder ihm gut bekommen ist? Vielleicht war es aber auch ein menschlicher Dieb, der die Schuhe gut gebrauchen konnte.

Am Morgen ist der Himmel strahlend blau, und wir sind voller Zuversicht, die zehn Kilometer bis zum Campamento Los Perros in drei Stunden zu bewältigen. Doch ein Ranger warnt uns: "Ihr werdet etwa viereinhalb Stunden für diese Strecke benötigen!"

Die Tagesetappe ist vermutlich herausfordernd. Unser Verdacht bestätigt sich bald. Der Pfad ist aufgeweicht und rutschig, führt durch dichten Wald, über Baumwurzeln und Holzbrücken und hauptsächlich bergauf. Obwohl der Himmel bei unserem Start vielversprechend aussah, verdunkelt er sich nun zusehends, und Regentropfen beginnen zu fallen. Auf der Endmoräne des Los Perros-Gletschers verstärkt sich der Regen, und heftige Böen blasen uns entgegen. Bald schon verschwindet die Umgebung hinter einem grauen Regenvorhang. Plötzlich dringt der Geruch eines Holzfeuers zu uns, und wir hören Stimmen. Beinahe hätten wir die Zelte übersehen, die erst im letzten Moment aus dem Grau auftauchen. Wir sind angekommen! Durchnässt suchen wir Schutz in einem hölzernen Unterstand, wo sich bereits andere Wanderer um einen warmen Ofen versammelt haben, um ihre nassen Kleidungsstücke zu trocknen. Auf den Tischen fauchen Gas- und Benzinkocher und erhitzen Wasser für einen heißen Tee oder eine wärmende Suppe. Ich frage den Platzwart nach dem Wetter für den nächsten Tag.

Campamento Los Perros: Ein weiterer nasskalter Tag beginnt in der patagonischen Wildnis.

Über Fels und Eis zum John Garner Pass mit atemberaubenden Blicken auf den Los Perros Gletschersee im Tal.

“Es wird die ganze Nacht regnen, aber morgen?” Er zuckt mit den Schultern.

“Wir werden sehen!” fügt er hinzu. Alles ist möglich: Sonnenschein, Regen, wer weiß! Wir warten auf eine Regenpause, um unser Zelt aufzustellen, doch diese lässt auf sich warten. Also beschließen wir, einen schnellen Aufbau zu versuchen. Wir überlegen uns die einzelnen Schritte genau und handeln wie auf Kommando, stürzen durch Regen und schlammige Erde zum ausgewählten Platz, breiten die Unterlegplane aus und stellen das Zelt schnell darüber auf. Erstaunlicherweise klappt alles reibungslos. Kaum ist es aufgestellt, hört der Regen auf! Typisches patagonisches Wetter, wechselhaft und schwer vorhersehbar!

In der Früh empfängt uns der Platzwart mit einer guten Nachricht: “Heute bleibt es den ganzen Tag sonnig und windstill.”

Obwohl der John-Garner-Pass nur 1.210 Meter hoch ist, können starke Böen dort oben unangenehm sein und jeden aus dem Gleichgewicht bringen. Wir möchten gerne seinen Worten Glauben schenken, aber aufgrund unserer Erfahrungen in den vergangenen Tagen sind wir skeptisch. Wir kämpfen uns auf einem schlammigen Waldweg bergauf, bis wir oberhalb der Baumgrenze den Pass sehen. Noch 650 Meter höher liegt sein flacher Sattel, zu dem wir

Am John Garner Pass tobt der Sturm. Wir versuchen uns vor der eisigen Brise zu schützen.

Unmittelbar vor uns erstreckt sich ein Gigant aus Eis, der kilometerbreite Grey-Gletscher. Lautlos und kaum wahrnehmbar schiebt er seine Eismassen talwärts.

uns über Geröll- und Schneefelder vorarbeiten. Seit wir den Wald verlassen haben, verspüren wir einen leichten Wind, der nun immer stärker wird. Hat unser Platzwart nicht einen windfreien Tag vorhergesagt? Auf dem Pass bläst er bereits so heftig, dass wir uns auf unsere Stöcke stützen müssen, um nicht von Sturmböen umgerissen zu werden. Mit aller Kraft stemmen wir uns dagegen, um uns ein wenig Zeit für die Aussicht zu nehmen. Vor uns erstreckt sich der schmutzig-weiße Gigant aus Eis, der Grey Gletscher, etliche Kilometer breit. Seine Eismassen schieben sich wie eine riesige Zunge vom südpatagonischen Eisfeld herab, das drittgrößte kontinentale Eisfeld der Erde nach Grönland und der Antarktis. Und dann beginnt es plötzlich wie aus Kübeln zu schütten. Schnell gleiten wir den steilen, rutschigen Abhang hinunter, kommen an einem Baumstamm zum Halt und rutschen zum nächsten. Morast dringt in die Schuhe und der Regen peitscht uns waagrecht ins Gesicht. Wir konzentrieren uns auf den Weg, vermeiden auf glitschigen Baumwurzeln auszurutschen oder in wassergefüllte Schlammlöcher zu fallen. Polster-Kissenmoos, breit und hoch wie ein Hocker lädt zum Rasten ein. Doch der Schein trügt, denn es ist hart und stachelig wie ein Nadelkissen. Außerdem, wer möchte gerne im Regen eine Pause einlegen!

An Ästen der Südbuchen wächst Misodendrum, ein Halbparasit ähnlich den Misteln. Gelblich-grün verzweigt er sich auf seiner Wirtspflanze. Ein Pilz findet ebenfalls Gefallen an diesen Bäumen und bildet gelbe knospenartige Verdickungen, die faustgroß aus der Rinde herauswachsen. Häufig umschließen diese, bekannt als "Pan del Indio" oder Indiobrot, Baumstämme wie ein Gürtel. Sie sehen durchaus ansprechend aus wie große Aprikosen, jedoch ist ihre Konsistenz schleimig und ihr Geschmack eher neutral. Flechten, bekannt als "Barba de viejo", Altmännerbart hängen wie grünes Lametta herab und verleihen dem Wald zuweilen ein Aussehen wie im Märchenwald. Die Vögel nehmen den Regen gelassen und geben ein lebhaftes, vielstimmiges Konzert in verschiedenen Tonlagen. Wie schön wäre es, wenn auch wir fliegen könnten. Schnell und ebenso fröhlich zwitschernd würden wir das Refugio Paso erreichen und auch weniger durchnässt. Unsere regendichte Beklei-

Pan del Indio, ein parasitärer Pilz, wächst an Stamm und Ästen von Südbuchen und bildet bis zu tennisballgroße gelbe Früchte.

dung hat inzwischen kapituliert und hält den Regen kaum noch ab. Triefend nass erreichen wir schließlich das Lager, als wären wir gerade aus dem See gestiegen. Bereits ein Dutzend Trekker hat sich unter einem Unterstand versammelt und wartet auf besseres Wetter. Sandrine aus Lyon reicht uns eine dampfende Tasse Tee, um uns aufzuwärmen, eine freundliche Geste, die wir sehr schätzen. Obwohl wir auf unserer Reise nie als "Oldies" bezeichnet wurden und kein solches Etikett an uns haftet, sind wir doch deutlich älter als die jungen Leute. Der Altersunterschied zeigt sich vor allem in der Geschwindigkeit: Die jüngeren Trekker ziehen schnell an uns vorbei, während unser Tempo selbst beim Aufschlagen des Zeltes kaum mithalten kann. Dennoch werden wir von ihnen behandelt, als wären wir im gleichen Alter. Reisende in unserer Altersgruppe sehen wir nur selten. Vielleicht haben sich viele Ruheständler für ein Wohnmobil entschieden, das bereits über ein eingebautes Bett verfügt, sodass sie nach einem anstrengenden Tag nicht jedes Mal ein kleines Zelt aufstellen müssen. Doch dadurch entgeht ihnen der Duft der Wälder, und die Einsamkeit der freien Natur, eine Art des Reisens, für die wir uns bewusst entschieden haben.

Vorsichtig balancieren wir über nassglitschige Steine, um Schmelzwasserflüsse zu überqueren.

In meiner klammen Daunenjacke fühle ich mich wie ein durchnässtes Huhn. Die Kälte und der anhaltende Regen haben unsere Motivation weiterzugehen stark beeinträchtigt. Also entscheiden wir uns dafür, unser Zelt aufzuschlagen. Die Nacht verläuft ebenso regnerisch, doch nach dem Sonnenaufgang macht das unwirtliche Wetter eine kurze Pause. Wir nutzen diese Gelegenheit, um hastig unsere Sachen zu packen und den düsteren Zeltplatz zu verlassen, bevor der Regen erneut einsetzt.

Vom Los Perros-Gletscher ergießt sich Schmelzwasser, stürzt die Bergflanke hinab und formt tiefe Schluchten auf unserem Weg. Wir kämpfen uns die Hänge hinunter, springen von Stein zu Stein über das reißende Wasser, rutschen über glitschige Felsbrocken und klettern dann am gegenüberliegenden Ufer wieder hinauf. Eine lange Leiter führt uns an einer steilen Böschung empor. Meine Hände sind kalt und klamm, ich kann mich kaum festhalten. Der Regen peitscht ständig ins Gesicht und rinnt unter dem Kinn am Hals den ganzen Körper entlang. Getrieben von der Aussicht auf einen trockenen Unterstand stapfen wir weiter durch den schlammigen Südbuchenwald. Zu unserer Überraschung erreichen wir das

Am Ende seiner Reise entlässt der Grey Gletscher bizarr geformte Eisberge in einen großen Gletschersee.

Refugio Grey bereits zur Mittagszeit, eine Stunde früher als erwartet und wie auf Bestellung hört der Regen auf. Wir blicken auf den breiten Grey-Gletscher, der abrupt und steil in seinen Gletschersee abbricht. Hellblaue Eismassen treiben im grauen Wasser. Gebilde wie das Schloss der Schneekönigin aus dem Märchen von Christian Andersen. Oben weiß und unten geheimnisvoll, ultramarin schimmernd. Wir verbringen lange Zeit damit, den mächtigen, kilometerbreiten Eisstrom zu beobachten, der sich dem Ende seiner langen Reise nähert. Haushohe Eisbrocken brechen aus der Gletscherzunge heraus, stürzen wie in Zeitlupe ins Wasser, lösen meterhohe Wellen aus und treiben als Eisberge in den unterschiedlichsten Formen davon. Ein gigantisches Naturschauspiel.

Drei Stunden später erreichen wir das Refugio Paine Grande und gönnen uns eine längere Pause. Ein junges Paar, das mit dem Katamaran über den Lago Pehoé angereist ist und auf dem Weg zum Mirador Grey war, wirkt immer noch aufgewühlt. Ein Puma ist ihnen direkt vor die Füße gelaufen – eine eher seltene Begegnung, obwohl es im Torres del Paine Park eine beträchtliche Puma-Population gibt. Normalerweise sind sie tagsüber kaum zu sehen; erst in der Dämmerung werden sie aktiv und gehen auf die Jagd. Ihre bevorzugte Beute sind Guanakos, nicht Touristen. Dennoch spiegelt sich in den Augen der Frau blanke Angst wider, und sie hat keinerlei Interesse mehr daran, den Grey-Gletscher zu besichtigen.

Wir fühlen uns in dem großen Refugio am Lago Pehoé fehl am Platz. Ledersessel und Kaminöfen passen unserer Meinung nach nicht in diese unberührte Natur. Sie sind ein Zugeständnis an die zahlreichen Touristen, die mit dem Katamaran von der Guardería Pudeto an der Ostseite des Lago Pehoe hergebracht werden. Sie wollen nicht nur die atemberaubende Landschaft genießen, sondern auch guten Service und kulinarische Köstlichkeiten. Der Grey-Gletscher ist für viele die Hauptattraktion des Ortes. Sie möchten das Knacken, Knistern und Grummeln des Eises hören, bevor ein Brocken ins Wasser stürzt. Nach der Besichtigung wartet ein weiterer Höhepunkt, ein besonderer Drink: ein zehnjähriger Whisky, gekühlt mit zehntausendjährigem Eis. Ob der Whisky wirklich so lange gereift ist und das Gletschereis tatsächlich zehntausend Jahre alt ist, sei dahingestellt. Doch für viele ist es ein beliebtes Ritual.

Erneut kommen wir an einer Hinweistafel mit der Aufschrift "Verboten Toilettenpapier zu verbrennen" vorbei.

Schlagartig ändert sich die Landschaft. Abgebrannte Bäume recken ihre kahlen, schwarzen Äste wie nackte Arme hilfesuchend zum Himmel. Ein verkohlter Baumfriedhof, ein trauriger Anblick. Wohin das Auge blickt, trostlose Landschaft und schwarze Mahnmale. Ein Rucksacktourist hatte ein Jahr zuvor sein Toilettenpapier verbrannt, um es auf diese Weise zu entsorgen. Die trockenen Blätter auf dem Boden fingen Feuer. Er konnte es nicht mehr löschen. In Windeseile entwickelte sich ein verheerender Großbrand und Windböen entfachten Glutnester ständig aufs Neue. Es brauchte 14 Tage, bis dieser Brand vollständig gelöscht war. Zwei Stunden lang laufen wir durch verbrannte Landschaft ohne Vegetation, aus der sämtliches Leben gewichen ist. Auch Vögel meiden dieses Gebiet, was sollen sie in dieser abgestorbenen Landschaft auch zu fressen finden? Totenstille umgibt uns. Ranger fanden heraus, wer schuld an dem Brand war. Es kam zur Anklage und ein Gericht verurteilte den Missetäter dazu, die vom Feuer vernichtete Waldfläche mit einheimischen immergrünen Coihue- und Magellan-Südbuchen und der laubwerfenden Lenga-Südbuche aufforsten zu lassen. Aber bis der ursprüngliche Zustand wieder hergestellt ist, wird es noch Jahrzehnte dauern.

Mit dem Begriff "Italiano" verbinden wir normalerweise Sonne, gutes Essen und vielleicht eine gemütliche Piazza. Doch im Campamento Italiano finden wir weder das eine noch das andere, sondern stattdessen einen tristen Campingplatz im Wald, feuchtes Klima am Fluss und überquellende Abfalltonnen. Kein Ort, der zum Verweilen einlädt! Wir folgen dem Ufer des Lago Nordenskjöld. Sein türkisfarbenes Wasser schimmert in der Sonne. Bald spiegelt sich ein gewaltiges Granitmassiv darin. Es wirkt, als wäre es in zwei Hälften gespalten und ragt wie zwei Türme empor: "Los Cuernos", die Hörner. In dem nahen Campamento sind sämtliche Stellplätze auf den begehrten Holzplattformen bereits belegt. Nach intensiver Suche finden wir schließlich weiter oben, versteckt zwischen Büschen und einem ausladenden Baum einen Platz. Unsere Pläne für ein gepflegtes Essen zum Hochzeitstag müssen wir leider aufgeben, da alle Plätze im Restaurant bereits belegt sind. Aber es gibt Rotwein, wenn auch nur im Karton. Das ist uns egal. An der Bar können wir noch zwei Gläser ergattern. Im Zelt stoßen wir auf die nächsten 50 Jahre voller Abenteuer an. Salud! Es ist zwar kein italienisches Festmahl, aber ein Abenteurer-Abendessen, das wir so schnell nicht vergessen werden.

Wir wollen ganz früh aufbrechen, um den Sonnenaufgang bei den drei Granittürmen zu bewundern. Der Hüttenwirt im Campamento Chileno schaut uns verwundert an: "Die Torres wollt ihr bei Sonnenaufgang bestaunen, da müsst ihr bereits um halb vier losgehen!"

Exakt zu dieser Zeit reißt uns der Wecker aus einem Traum. Schlaftrunken schälen wir uns aus den Schlafsäcken. Ich saß im Traum in der warmen Sonne vor den drei Torres-Türmen und packte mein Frühstück aus. Auch eine große Tasse mit dampfendem Kaffee hatte ich zu meiner Überraschung in der Hand … Von dem Frühstück muss ich mich vorerst verabschieden, jetzt fällt es aus. Pünktlich steigen wir im Licht unserer Stirnlampen auf. Es ist noch stockfinster. Mit Einsetzen der Dämmerung bevölkert sich der Weg zusehends. Leute vom nahen Campamento Torres kommen mit dicken Rucksäcken. Was die wohl alles darin verstaut haben? Wir erklimmen eine weitere Endmoräne und im nächsten Augenblick erreichen wir die Granittürme. Noch sind sie von einer undurchsichtigen grauen Nebelwand verdeckt. Unzählige Touristen sitzen auf Felsblöcken, warten geduldig auf den Sonnenaufgang und darauf, dass sich der Schleier vor den Türmen lüftet. Blicke und Kameras sind alle nach Westen gerichtet. Waren die Torres gerade noch halbwegs sichtbar, verschwinden sie nun langsam im Nebel. Im nächsten Moment sind sie unsichtbar. Sehnsüchtig erwarten wir die Sonne, Wärme und bessere Sicht, doch das Wetter hat dies zu dieser Zeit offenbar nicht vorgesehen. Im Gegenteil, es wird kälter und ein Graupelschauer zieht über uns hin-

Um halb vier, noch im Dunkeln, brechen wir von unserem Nachtlager auf dem komfortablen Holzpodest zu den drei Torres auf, um die Felstürme im ersten Sonnenlicht zu bestaunen.

weg. Wir glauben das patagonische Wetter mittlerweile zu kennen und entscheiden uns geduldig zu warten und hoffen, dass es sich ebenso schnell ändert. Doch eine Wetterbesserung will sich nicht einstellen. Frierend treten wir den Rückzug an. Unbeirrbare Optimisten lassen sich jedoch nicht entmutigen. Sie holen umfangreiches Essen aus ihren Rucksäcken, verharren stoisch auf Felsblöcken und richten ihren Blick unermüdlich ins Grau. Es wäre auch zu schön gewesen, im ersten Sonnenlicht des Tages beim Frühstück zuzusehen, wie die Strahlen der Sonne die Spitzen der drei Granittürme treffen, sie in ein warmes orangenes Licht tauchen, das langsam die Felsen hinab wandert und sie scheinbar zum Glühen bringt.

Wir steigen ab und machen uns auf den Weg zur Hosteria Las Torres. Zwei Kanadierinnen überholen uns mit schnellen Schritten. Am Morgen, als wir enttäuscht von den Torres abstiegen, begegneten sie uns auf dem Weg nach oben.

"We were lucky!", rufen sie uns zu. Wenn wir nur noch ein wenig länger gewartet hätten, hätten auch wir eine Chance gehabt.

In Puerto Natales weihnachtet es sehr: Christbaumkugeln schmücken die Fenster, und Nikoläuse klettern an Fenstern und Häuserfassaden empor.

Aber wer kann das schon vorhersehen? Das patagonische Wetter gleicht einem Spiel mit dem Zufall, einem wilden Roulette. Schnell erreichen wir das Hotel. Wir werden noch eine Nacht auf einem nahe gelegenen Campingplatz verbringen, da unsere Gastgeberin in Puerto Natales uns erst morgen erwartet. Der Regen setzt erneut ein. “Fahren wir doch gleich nach Puerto Natales”, schlägt Klaus vor. Sollte unsere Unterkunft verschlossen sein, würden wir schon eine Lösung finden. Wie erwartet ist Rosita, unsere Gastgeberin, nicht da und die Haustür verschlossen. Doch es scheint ein unsichtbares Kommunikationsnetz zu existieren. Nur wenige Minuten später kommt ihr Mann vorbei, schließt die Tür auf und empfängt uns mit flauschigen Handtüchern. Eine warme Dusche erwartet uns. Es fühlt sich an wie eine himmlische Belohnung nach all dem Regen und der Anstrengung.

Es ist Mitte Dezember, und der Südsommer hat bereits Einzug gehalten. Puerto Natales rüstet sich für Weihnachten. Hinter den Fenstern erblicken wir bunt geschmückte Plastik-Weihnachtsbäume und übergroße Christbaumkugeln. An den Hausfassaden klettern überall weißbärtige Nikoläuse empor. Selbst in unserem Hostal sind die Weihnachtsvorbereitungen schon im vollen Gange. Im Frühstücksraum steht ein blaugrüner Plastikbaum, der mit künstlichem Schnee bestäubt ist, daneben befindet sich die Heilige Familie. Bronzekanonen in Spielzeuggröße und mit chilenischer Flagge sind auf sie gerichtet. Ob unsere Gastgeber wohl glauben, die Heilige Familie stamme aus Argentinien?

Ladies first

Bereits am Abend vor unserer Abreise zahlen wir für die Übernachtung. Die Geldscheine schiebt Rosita unter die Tischdecke. Am darauffolgenden Morgen schaut sie uns beim Abschied fragend an: "Cuándo quiere pagar?" Wann wollt ihr zahlen? Wir schauen irritiert.

"Ya pagamos ayer!" Wir haben gestern schon bezahlt!

"Nein!" Sie schüttelt energisch den Kopf in der felsenfesten Meinung, noch kein Geld von uns bekommen zu haben.

"Dort, unter die Tischdecke haben Sie es gestern Abend gelegt!" Auf ihren Putzlappen rutscht sie zum Tisch, hebt die Decke hoch und tatsächlich, da liegt das Geld. Jetzt ist sie sprachlos.

Pünktlich um acht Uhr sind wir in der Arturo Prat und warten vor dem Büro der Agentur, deren Bus uns über den nahen Don Guillermo-Pass nach El Calafate in Argentinien bringen wird. Der chilenische Grenzposten befindet sich bereits einige Kilometer zuvor in Villa Cerro Castillo, der argentinische ein Stück weiter in Cancha Carrera an der "Ruta Nacional 40". Dort reihen wir uns in eine Warteschlange ein. Knapp 30 Minuten später haben wir den Einreisestempel im Pass. In Chile hatte die Ausreiseprozedur über eine Stunde gedauert. In El Calafate wechseln wir in den Bus nach El Chaltén. Endlos zieht die Pampa an uns vorbei, gesäumt von Stacheldrahtzäunen. Beiderseits der Straße nur dornige Büsche, steiniger und sandiger Boden. Kein Guanako lässt sich blicken. Fauna und Flora scheinen einer beige-grauen Ödnis gewichen zu sein.

Die legendäre Ruta 40 durchquert Argentinien auf über 5.000 Kilometern und erstreckt sich schnurgerade bis zum fernen Horizont. Zum Glück bin ich nicht der Busfahrer. Ich würde bei dieser eintönigen Landschaft einschlafen. Am Lago Viedma biegen wir auf eine Schotterstraße ab. Aquamarin leuchtet der See, sein Gletscher im Hintergrund erstrahlt in Weiß. Das Panorama wird von Minute zu Minute spektakulärer. Und dann taucht am Horizont der gewaltige Granitturm des Fitz Roy auf. Wind und Wetter haben seine Flanken poliert. Eine Herausforderung mit extrem anspruchsvollen

Klettertouren. Die Aonikenk nannten ihn Chaltén, “rauchender Berg”. Er ist kein Vulkan. Doch wenn Wolken vom Inlandeis über ihn hinwegfegen, “raucht” er wie einer. Cerro Torre, Torre Egger und die Aguja Poincenot, drei beeindruckende Granitnadeln flankieren ihn wie seine Kinder. Viele Berge, Fjorde, Flüsse und Seen in dieser Region wurden nach Entdeckern und Erstbesteigern, Engländern, Italienern, Kroaten und Deutschen benannt. Die Aonikenk, die seit Tausenden von Jahren in dieser Gegend lebten, nannten das abweisende Gebirgsmassiv “Schrei aus Stein”. Der Regisseur Werner Herzog übernahm diesen Titel für seinen gleichnamigen Spielfilm, in dem zwei Rivalen einen Wettstreit um die Erstbesteigung des Cerro Torre führen: ein erfahrener Höhenbergsteiger und ein Freeclimber ohne Klettererfahrung in extremen Höhen. Obwohl der Film keinen direkten historischen Bezug hat, weist er Ähnlichkeiten zur umstrittenen Erstbesteigung des Cerro Torre durch den Italiener Maestri auf.

Es ist bereits spät am Abend, als wir in El Chaltén ankommen. In der Albergue mit dem beeindruckenden Namen “Cóndor de los Andes” finden wir eine Unterkunft. Die Mädchen an der Rezeption

El Chaltén, 1985 gegründet, bietet Bergsteigern und Kletterern nun einen schnelleren Zugang zu den Granitgiganten Fitz Roy und Cerro Torre.

sind freundlich, aber das Zimmer ist winzig und die Preise hoch. Rucksacktouristen scharen sich um den wärmenden Kamin im Aufenthaltsraum. Die Plätze sind begehrt und ständig belegt. Die lange Fahrt hat uns durstig gemacht, aber Bier aus der Dose im Stehen zu trinken ist nicht nach unserem Geschmack.

"Gibt es hier eine Brauerei?"

"Ja, die Cervecería Chaltén in der San Martin!"

Sie ist brechend voll. Wir drängen uns an einem kleinen Tisch aneinander und haben die Qual der Wahl: rubia, negra oder roja, hell, dunkel oder rot, alle Biere hausgemacht. Bald spüren wir die Enge nicht mehr, genießen nur noch Wärme und Zufriedenheit. Der Tag endet wie auf Wolken. Am nächsten Morgen wirkt das Paradies jedoch verschlossen. Im Aufenthaltsraum sitzen ein Dutzend Gäste, starren stumm auf ihre Handys und Tablets. Hombre! Was für eine Stimmung, als säße eine Gruppe Sargträger beisammen! Das Frühstück nach Art des Hauses enttäuscht: zwei Scheiben Toastbrot, ein Würfelchen Butter, zwei Minischälchen Marmelade und eine Tasse Kaffee, kein Teller. Nachschlag und Extras per Aufpreis. Aus der Gemeinschaftsküche dringt ein strenger Geruch von Fischsuppe. Koreaner bereiten sich ihr Frühstück. Einfach unerträglich. Schnell verlassen wir den Raum, denn dieser exotische

Tafel mit Verhaltensregeln auf dem Trek zum Fitz Roy: Respektiere die Natur und halte die Wege sauber.

Duft ist nichts für unsere Nasen, schon gar nicht am frühen Morgen!

El Chaltén ist ein noch junges Dorf, gegründet im Jahr 1985. Die argentinische Regierung wollte mit dem Projekt Touristen den Zugang zu den Basislagern von Fitz Roy und Cerro Torre erleichtern. Ein weitaus wichtigerer Grund war aber, gegenüber dem Nachbarn Chile Präsenz zu zeigen. Denn bis zum Cerro Murallón ist die gemeinsame Grenze in den Anden noch nicht festgelegt. Das Gelände auf dem Inlandeis ist nur schwer zugänglich, eine Grenzlinie darauf zu ziehen, zudem schwierig. Beide Länder verstärkten ihre Präsenz auf dem Eisfeld und errichteten Schutzunterkünfte. Argentinien am Nunatak Viedma, einem markanten Fels, der aus den Eismassen herausragt, Chile höher im Norden im Refugio Eduardo García Soto nahe dem Marconi-Pass. Offiziell wird in den Schutzunterkünften Forschung betrieben. In Wirklichkeit werden mit den Stützpunkten jedoch territoriale Ansprüche geltend gemacht.

Wir wollen uns die magischen Felsmassive des Cerro Torre und Fitz Roy aus der Nähe anschauen, werden bis einen Tag vor Heiligabend durch den Nationalpark Los Glaciares wandern. Unser erstes Ziel ist das Campamento De Agostini. Der "Mirador Torre" auf halbem Weg verspricht eine erste gute Sicht auf den Granitfelsen, aber heute verliert sich der Blick am Horizont im Grau tief hängender Wolken. Die letzten Kilometer folgen wir dem breiten Flussbett des Río Fitz Roy. Der Zeltplatz nahe der Endmoräne des Torre-Gletschers liegt in einem dichten Wald, dunkel und feucht. Klaus hat schon einen Plan. Er möchte dem Südufer der Lagune folgen bis zum Gletscher und wenn möglich auch noch weiter bis zu dem legendären Biwakplatz am Fuß des Cerro Torre gehen. Er nimmt zwei Gurte mit, felsenfest davon überzeugt, dass sie beim Überqueren des Fitz Roy Flusses mit einer Seilrolle hilfreich sein könnten. Wenig später stehen wir vor ihr. Das Wasser schießt reißend aus der Lagune. Ein großes Schild verkündet: Peligro! Vermutlich nicht ohne Grund. Ohne Führer ist das Benutzen der Tirolesa zudem untersagt. Nein, da will ich mit diesen Behelfsgurten nicht rüber! Wir bräuchten Sitzgurte und Karabiner zum Einhängen! Wir ändern den Plan, wechseln auf das Nordufer des Gletschersees und erreichen auf einem kleinen Trampelpfad den Mirador Maestri. Bei sonnigem Wetter zeigt sich von diesem Ort der Cerro Torre in seiner ganzen Größe. Außerdem spiegelt er sich in dem klaren Wasser der Lagune wie auf den Postkarten, die es in El Chaltén zu kaufen gibt. Gerade ist das Wasser graugrün, die Oberfläche geriffelt und kein Abbild des Cerro Torre zu sehen. Was sollte heute auch reflektieren? Der Berg versteckt sich hinter einer dichten Nebelwand. Nicht mal ein Hauch von Kontur ist zu erkennen. Lediglich der Torre-Gletscher zeigt Mitgefühl und hebt seinen Nebelschleier ein wenig an.

Es gibt Felswände, die aufgrund ihrer extremen Steilheit und Höhe, glatter Oberflächen, fehlender Risse und Verschneidungen keinen Halt für Hände und Füße bieten und daher schwer zu er-

Der Cerro Torre zeigt offensichtlich Mitleid mit uns und hebt sein Nebel-

klettern sind. Die Granitwände des Cerro Torre zählen dazu. Mit 3.130 Metern erhebt sich die Felsspitze senkrecht und abweisend in die Höhe. Der Gipfel ist mit einer Schneehaube bedeckt, die steilen Flanken fast immer vereist. Das wechselhafte patagonische Wetter erschwert die Besteigung zusätzlich. Dennoch sind es solche Herausforderungen, die Berge attraktiv machen. Lange Zeit

Wie ein Kondor möchten wir über Fels und Eis kreisen und die atemberaubende Landschaft aus seiner Perspektive betrachten.

kleid ein Stück nach oben.

galt der Cerro Torre als das ultimative Kletterziel. Anfang der 1960er-Jahre wurde er unter Kletterern sogar als der schwierigste Berg der Welt angesehen. Spitzenkletterer fragten sich, wie man das scheinbar Unmögliche bewältigen könne. Sie suchten nach Lösungen, nach neuen Klettertechniken, anderen Routen oder technischer Unterstützung. Die Versuchung, auf einem Gipfel zu stehen, den noch kein Mensch betreten hatte, war unwiderstehlich. Der Trentiner Maestri will sich mit seinem Partner, dem Österreicher Toni Egger, der Herausforderung stellen. 1959 steigen sie in die Nordwand ein. Aber die Unternehmung nimmt kein gutes Ende. Toni Egger stürzt im Abstieg in den Tod. Seine Kamera mit dem Gipfelfoto bleibt verschollen. Maestri beansprucht die Erstbesteigung für sich und seinen Partner.

Beim Klettern kamen schon immer Hilfsmittel zum Einsatz: Klemmkeile, Band- und Seilschlingen und Haken zur Eigensicherung. Wenn die Schwierigkeiten zu groß wurden, bohrten Kletterer auch welche in Wände und überwanden schwierige Passagen mit Trittleitern. Die Bohrhaken haben sie nach der Erstbegehung für Nachkletterer belassen. Am Cerro Torre fanden sie jedoch weder Haken noch andere Spuren einer Begehung. Maestris Erfolg wurde angezweifelt. 1970 will er der Welt beweisen, dass er den schroffen Granitturm besteigen kann. Mit schwerem Gepäck reist er an, einer Bohrmaschine mit benzinbetriebenem Kompressor, 70 Kilo schwer! Äußerst ungewöhnlich in der Kletterszene! Zudem entscheidet er sich für eine andere Aufstiegsroute als die, auf der er angeblich zuvor den Gipfel erreicht hatte. Das untergräbt seine Glaubwürdigkeit nur noch stärker. Mithilfe einer Winde wuchtet er schweres Gerät und Benzin schrittweise an Bohrhaken hoch. Ungefähr 350 Haken hat Maestri in den Granit gebohrt. Den Gipfel hat er nicht erreicht. Unterhalb der Eishaube kehrt er um. Den schweren Kompressor lässt er am Ende seines Aufstiegs hängen.

“Morgen wird die Aussicht besser”, versuchen wir uns optimistisch einzureden. Erneut umrunden wir den Gletschersee, steigen von einem Moränenhügel auf den nächsten, nur um wieder in konturloses Grau zu blicken. War da nicht gerade die Spitze des Cerro

Torre zu sehen? Nein, nur eine Illusion. Gegen Abend wird es windig und unangenehm kalt. Bereits um 19 Uhr liegen wir in den Schlafsäcken. Vielleicht ist morgen die Sicht besser. Wir geben die Hoffnung nicht auf. In dieser Nacht träumen wir von einem wolkenfreien Himmel und einem strahlenden Cerro Torre davor. Aber der Traum hat sich nicht erfüllt. Der Sonnenaufgang findet wieder hinter dichtem Nebel statt und der Tag bleibt erneut wolkenverhangen und grau. Wir packen unser Zelt zusammen und machen uns auf den Weg zu einem Ort mit einer guten Aussicht auf den Fitz Roy. Scharen von Touristen kommen uns entgegen. Sie halten wohl unerschütterlich an der Hoffnung fest, dass sich das Wetter bald bessern wird und sie einen klaren Blick auf den Cerro Torre erhaschen können. Zwischen den unzähligen Tagestouristen bahnen wir uns einen Weg. Mit unseren schweren Rucksäcken sind wir oft gezwungen, auszuweichen und Platz zu machen. Eine stilvoll gekleidete Dame in der neuesten Outdoor-Fitnesskleidung, trendig in Pink, perfekt geschminkt, mit hochtoupierten blonden Locken und lediglich einer Wasserflasche bewaffnet, erwartet selbstverständlich, dass wir ihr den Vortritt lassen. Ohne zu zögern bleibt sie vor uns stehen, als wäre "Ladies first" hier ebenfalls das Credo. Das Szenario wiederholt sich nicht nur einmal, sondern ständig. Dennoch bewahren wir unsere Gelassenheit. Das regnerische Wetter hat unsere Stimmung ohnehin schon getrübt, und daher möchten wir uns nicht zusätzlich über Touristen aufregen, die immer davon ausgehen, dass sie Vorrang haben. Als wir den Pfad nach El Chaltén verlassen und nach Norden abbiegen, sind wir schlagartig wieder allein unterwegs, ziehen durch dichten Wald und folgen lang gezogenen Serpentinen hinauf zu einem Pass. In der Ferne erblicken wir hinter dem tiefblauen Wasser der Laguna Capri schneebedeckte Berge am Horizont. Unter einem rosafarbenen Himmel ziehen wilde, schwarzgraue Wolkenformationen vorbei.

Der Weg wird flach und sumpfig. An der Laguna Hija und der etwas größeren Laguna Madre rollen sanft Wellen an breite Sandstrände. Zeit für eine kleine Pause. Eine japanische Reisegruppe gesellt sich zu uns. Sie kommen gerade vom Campamento Poincenot. “Der Platz hat uns gut gefallen. Wir konnten auch den Fitz Roy heute Morgen sehen”, schwärmen sie begeistert. Das stimmt uns hoffnungsvoll. Wir überqueren kleine Bäche, stapfen durch Morast und Wald, bis wir unseren Lagerplatz am Ufer des Río Blanco erreichen. Unmittelbar dahinter die Moräne, auf der sich eine Trittspur zum Aussichtspunkt an der Laguna de los Tres hinaufschlängelt. Von dort oben bietet sich bei guter Sicht ein spektakulärer Ausblick auf die drei markanten Dreitausender-Granittürme: vom Fitz Roy im Norden über die Aguja Poincenot bis zum Cerro Torre im Süden.

“Eine Stunde müsst ihr für den Aufstieg einplanen!” So lange hat Juan aus dem argentinischen Córdoba gebraucht. Lange vor Beginn der Dämmerung hatte er sich heute Morgen auf den Weg gemacht, an der Lagune sein Frühstück ausgepackt und voller Begeisterung verfolgt, wie das Licht der aufgehenden Sonne zuerst die Gipfel der Felstürme anstrahlte, dann abwärts zu ihren Gletschern und zum dunkelgrünen Wasser der Lagune wanderte.

“Eine großartige Inszenierung, aber leider war sie nur von kurzer Dauer. Wolken hüllten schnell alles ein und die grandiose Aussicht war weg”, bedauert er.

Kurz nach Sonnenaufgang zeigen sich für einen kurzen Augenblick Fitz Roy und die Granittürme Aguja Poincenot, Rafael und Saint-Exupéry, bevor sie wieder für den Rest des Tages in Wolken verschwin.

Wir stellen unser Zelt unter eine ausladende Südbuche. Auf einem knorrigen Ast sitzt ein sperlinggroßer Chincol und singt uns sein Lied. “Tio Augustin” wird er landläufig genannt, denn sein Gesang erinnert an die Melodie von “Has visto a mi tio Augustin”, Hast du meinen Onkel Augustin gesehen.

Kurz nach vier Uhr wachen wir auf. Es dämmert bereits. Ein Blick aus dem Zelt lässt uns schlagartig wach werden. Der Gipfel des Fitz Roy erstrahlt im warmen Licht der aufgehenden Sonne in leuchtendem Orange und Rot. Zu spät für den Aufstieg zum Mirador, aber ein perfekter Moment für ein Foto. Doch die Magie dieses Augenblicks währt nur kurz. Kaum habe ich mich mit der Kamera in Position gebracht, ziehen bereits erste Wolken um den Gipfel des Berges und nur wenig später haben sie ihn vollständig verhüllt.

Neben unserem Zelt brutzeln Vater und Sohn genüsslich Omelettes. Ihr Eiervorrat scheint unerschöpflich zu sein. Aus einem großen Karton holen sie ein Ei nach dem anderen heraus und schlagen es in die Pfanne. Vermutlich denken sie: “Wenn das launische Wetter keine klare Sicht auf die Gipfel bietet, hebt gutes Essen wenigstens die Stimmung.”

Wir folgen dem Río Blanco, zum nächsten Ziel, dem Refugio Los Troncos. Mein Rucksack bleibt an einem Ast hängen. Klaus versucht mir zu helfen, will mich unter dem Hindernis hindurchschieben, doch zu heftig. Ich gerate aus dem Gleichgewicht und stürze die Böschung hinunter. Kurz bevor ich ins Wasser rutsche, bleibe ich im Geäst kleiner Südbuchen hängen. Flusswasser umströmt meine Füße.

“Beweg dich nicht” höre ich seine Stimme von oben.

Er streckt mir seine Hand entgegen, um mich hochzuziehen, aber ich kann sie nicht erreichen. Zum Glück gibt es hier viele Äste, an denen ich mich festhalten kann. Ich greife vorsichtig nach mehreren und arbeite mich Stück für Stück nach oben. Bald darauf stehe ich wieder sicher auf festem Boden.

Zweihundert Meter weiter oben hat die Wand der Lagune des Fitz Roy-Gletschers nachgegeben. Große Steinblöcke sind bis in das Flussbett herabgerollt, und haben den Weg verschüttet. Wie sollen wir den breiten Strom zum Rio Blanco hinab überschreiten? Zum Durchwaten ist er zu breit und auch zu reißend. Wir weichen nach oben aus und suchen uns zwischen hohen Granitblöcken einen Durchgang. In der Tiefe gurgelt das Wasser. Dann das nächste Hindernis. Unvermittelt versperrt ein hoher Stacheldrahtzaun über die ganze Flussbreite den Weg. Davor ein Schild mit der Aufschrift: "Privado". Hier endet der Nationalpark Los Glaciares und beginnt Privatgelände. Das ist typisch für Patagonien. Jeder Flecken Privatbesitz wird eingezäunt. Wanderer aus der Gegenrichtung zeigen uns, wie man ihn überwindet. Erst steigen sie auf einen Felsblock, dann mit einem großen Schritt über den Zaun und auf unserer Seite über aufgeschichtete Steine hinunter. Der Weg verlässt das Flussbett und schlängelt sich durch lichten Südbuchenwald. Der graue Himmel verdunkelt sich weiter, und erneut setzt der Regen ein. Sein rhythmisches Trommeln wird bald vom Rauschen des Río Eléctrico begleitet. Schließlich erblicken wir das hellgrüne Wellblechdach des Refugios. Eine freundliche junge Frau begrüßt uns und reicht uns ein Blatt Papier zum Anmelden: "Regístrese!" Anmelden!

Schnell merken wir, dass der Platz trotz Gebühren im höheren Bereich nicht den erhofften Komfort bietet. Zwar könnten wir warm duschen, doch in der kleinen Gaststube ist es genauso so kalt wie draußen. So bleibt uns nichts anderes übrig, als unser Zelt aufzubauen und uns zurückzuziehen. In der eisigen Kälte sind die Zeltstangen steif und lassen sich nur schwer biegen. Mit einem lauten "Knack" bricht eine in der Mitte durch. Mit klammen Fingern versuchen wir sie notdürftig zu reparieren. Ein Holzspan und etwas Klebeband verleihen der Stange wieder etwas Stabilität. Keine ideale Lösung, aber die improvisierte Reparatur wird hoffentlich einige Tage halten. Zur Kälte gesellt sich der Regen und bald prasseln Graupelkörner auf das Zeltdach. Das Wetter lässt nichts Gutes für unsere weiteren Pläne ahnen. Auf der Suche nach einer grandiosen Aussicht auf die beeindruckenden Granittürme planen wir, zum Paso del Cuadrado aufzusteigen. Von dort oben sollte man einen großartigen Blick auf den Cerro Torre und den Fitz Roy haben. Leider müssen wir unseren Plan bei Tagesanbruch aufgeben. Der Himmel ist grau und nebelverhangen, die Berge sind unsichtbar. Warum sind wir überhaupt hierher gekommen? Diese Frage stellen wir uns schon seit Tagen unausgesprochen, aber heute besonders intensiv. Die anderen Camper um uns herum scheinen ähnlich enttäuscht zu sein. Frustriert, schlecht gelaunt und ohne viele Worte treten sie den Rückzug an. Das anhaltend schlechte Wetter verwehrt uns erneut die Aussicht auf eine grandiose Naturkulisse. Wir packen ebenfalls und winken der netten jungen Pächterin zum Abschied zu. Schließlich kann sie nichts für das ungemütliche Wetter.

In der Hostería El Pilar soll es guten Kuchen geben. Eine gute Gelegenheit, unsere Stimmung zu verbessern. Wir folgen dem Río Eléctrico und stoßen zwei Stunden später auf eine Wegegabelung. Links gehts zur Punta Sur am Lago Desierto. Wir folgen dem Weg nach rechts, hinunter nach El Chaltén. Ein kleiner Lastwagen mit Parkwächtern nähert sich uns. Der Beifahrer steigt aus und winkt uns zu: "Ihr könnt mit uns fahren!"

Das Angebot nehmen wir dankbar an. Wir steigen hinten auf die Ladefläche des Lasters. Fünf Minuten später hält er vor der Hostería. Im Garten eine Vielzahl blauer und rosafarbener Lupinen, gelber und weißer Malven, lila Rittersporn und grüne Rasenflächen verleihen dem Gästehaus ein britisches Aussehen. Die Einrichtung ist liebevoll gestaltet. Alte restaurierte Möbel, Blumenaquarelle an den Wänden und Pflanzen auf den Fensterbrettern erinnern an einen englischen Salon. Im Kamin brennt ein Feuer. Nach Tagen in Kälte, Nebel und Regen genießen wir die warme Atmosphäre und die Möglichkeit, auf gepolsterten Stühlen zu sitzen! Ein Stück Mürbeteig-Kuchen mit Waldbeeren und Streuseln schmeckt himmlisch. Eine wohlige Trägheit breitet sich in uns aus. Es gäbe auch noch freie Zimmer. Sollen wir unserer Müdigkeit so früh am Tag schon nachgeben?

Wir beleben unsere Lebensgeister lieber mit einem zweiten Kaffee, schultern die Rucksäcke und machen uns auf den Weg zum Campamento Poincenot. Nicht auf dem gleichen Weg wie am Vortag, sondern auf dem Pfad der am Ostufer des Rio Blanco entlangführt. Das Wetter zeigt sich freundlicher, die Wolken weichen immer mehr und gewähren uns wenigstens gelegentliche Blicke auf den Fitz Roy.

In der Nacht regnet es erneut. Am Morgen glänzen Regentropfen auf dem Zeltdach, und unsere Schlafsäcke sind feucht. Ein sichtbarer Sonnenaufgang am Fitz Roy bleibt aus. Für einen kurzen Moment durchbricht die Sonne eine Wolkenlücke, aber kaum bereiten wir uns auf den Aufbruch vor, ziehen dunkle Wolken erneut von Westen heran. Ehrlich gesagt, habe ich keine Lust mehr, weiter auf Gelegenheiten zu warten, die beeindruckenden Granittürme zu beobachten. Ich möchte jetzt auch nicht noch einmal zum Campamento De Agostini gehen, ohne die Gewissheit, den Cerro Torre sehen zu können. Mein Abenteuerdrang ist verflogen. Ich habe genug vom Zelten im Regen und von Granitgipfeln, die sich aus Bosheit nicht zeigen. Am liebsten würde ich jetzt absteigen. Als wir am nächsten Wegweiser vorbeikommen, überlässt Klaus mir die Entscheidung für den weiteren Weg. Und ohne zu zögern entscheide ich mich für den Abstieg nach El Chaltén.

Als wir am 24. Dezember aufwachen, wird uns schnell klar, dass dieser Tag anders verlaufen wird als gewohnt. Es fehlt der Geruch von frisch gebackenen Plätzchen und Tannennadeln. Hier in El Chaltén erinnert nichts an Heiligabend. Der Tag beginnt wie jeder andere. Um acht Uhr steigen wir in den bequemen Überlandbus, der uns in drei Stunden zurück nach El Calafate bringt. In einem Hotel am Lago Argentino außerhalb der Stadt möchten wir uns nach Tagen in Regen und Kälte mit einem festlichen Weihnachtsmenü verwöhnen lassen. Doch die nächste Enttäuschung folgt! Statt einer festlichen Atmosphäre erwartet uns nur nüchterner Geschäftsbetrieb. Preistabellen liegen auf den Tischen. Eine Stunde Massage 100 Dollar, ebenso teuer eine Kosmetikbehandlung. Das Festmenü mit seinen acht Gängen, Trüffelschnitzen, Kaviar und einer halben Flasche Wein ist exorbitant teuer. Ohne die weihnachtliche Stimmung und das passende Ambiente können wir es sowieso nicht richtig genießen! Unsere Vorfreude auf das bevorstehende Fest ist jedoch noch nicht vollkommen verflogen. Wir planen es nach unseren Vorstellungen zu gestalten, nehmen das Shuttle ins

Stadtzentrum und machen uns dort einzeln auf die Suche nach einem passenden Geschenk. Leider ist der Buchladen geschlossen. Was gibt es hier sonst noch? Viele kitschige Artikel: Pinguine aus Lapislazuli und ultramarinblaue Flamingos. Eine kuriose Idee. Aus Rosenquarz würden sie realistischer wirken. Warum kommt nur niemand darauf? Zu allem Überfluss beginnt es zu regnen. Ich stelle mich unter ein Vordach und beobachte das hektische Treiben der Menschen. Es erinnert mich an Heiligabend in München. Alle sind in Eile und bereiten sich hektisch auf das Fest vor! Der einzige Supermarkt am Ort ist überfüllt. Backpacker tragen kistenweise Lebensmittel hinaus. Morgen an Weihnachten ist der Laden geschlossen. Widerwillig betrete ich den überfüllten Supermarkt, ein krasser Gegensatz zu der Stille und Abgeschiedenheit der Berge. Ich finde noch Kerzen in der Haushaltsabteilung. Als ich mich an der Kasse anstelle, gerät ein "Gringo" vor mir in Stress. Keine seiner vielen Kreditkarten funktioniert, und die Kassiererin akzeptiert seinen zerknüllten 50-Dollarschein nicht. Der herbeigerufene Geschäftsführer entscheidet schließlich sehr weise, den Schein zu akzeptieren und das Wechselgeld in Pesos herauszugeben. Dieser Vorgang hat eine halbe Stunde in Anspruch genommen.

Klaus und ich treffen uns wieder, jeder mit einem kleinen Päckchen in der Hand. Es ist bereits spät geworden, und wir machen uns auf die Suche nach einer Parilla, einem Steakhaus. Als wir eine Tür öffnen, werden wir von einem Asiaten freundlich lächelnd zu einem "All-you-can-eat Buffet" eingeladen.

"Nur hundert Dollar pro Person!"

Doch Pommes, Salate mit viel Mayo, Melonen und bunt verzierte Süßigkeiten locken uns nicht. Wir suchen weiter und stoßen auf geschlossene, ausgebuchte oder überfüllte Parillas. Schließlich landen wir auf einer Warteliste und haben Glück, nach einer halben Stunde einen freien Tisch zu bekommen. Klaus hat in den letzten Nächten von diesem Moment geträumt und bestellt mit leuchtenden Augen das lang ersehnte Bife de chorizo, ein saftiges Steak. Die warme Atmosphäre und der köstliche Duft vom Grill lassen uns die entgangene weihnachtliche Stimmung für eine Weile vergessen.

In meiner Kindheit war Weihnachten eine aufregende Zeit voller Vorfreude. In unserer Wohnung im dritten Stock duftete es nach Weihnachtsgebäck. Draußen lag der Garten tief verschneit, und die kleinen Büsche ragten wie weiße Kugeln aus dem Schnee hervor. In der warmen Küche half ich meiner Mutter dabei, die leckersten Plätzchen auszustechen, der Duft von Zimt und Vanille umgab uns. Der süße Mürbteig bot eine gute Gelegenheit zum Naschen. Meine Eltern schmückten heimlich den Christbaum, und ich durfte das Zimmer nicht betreten. Die Stunden voller Ungeduld schienen sich endlos hinzuziehen. Wann würde endlich das Christkind die erwünschten Geschenke bringen? Dann erklang das Glöckchen. Ich stürmte ins Zimmer und entdeckte mein lang ersehntes Geschenk: ein Paar Ski! Skifahren war schon immer mein Traum, mühelos den Berg hinabgleiten. Dass man dafür zuerst mühsam bergauf gehen musste, war in diesem Moment vollkommen nebensächlich.

Für mich hat Weihnachten eine ganz besondere Bedeutung: Die Erfüllung von Wünschen, der Duft von Zimt und Vanille, ein festlich geschmückter Christbaum und das gemeinsame Feiern mit meinen Eltern, Verwandten und Nachbarn, all das prägt auch heute noch meine Vorfreude auf diese besondere Zeit des Jahres. Allerdings ist die Weihnachtsnacht auf der Südhalbkugel so ganz anders als bei uns. Schon allein die Hitze von 30 Grad. Ein Auto mit einem schwitzenden Weihnachtsmann im roten Mantel fährt hupend vorbei. Durch das geöffnete Fenster zieht er bunte Luftballons und Luftschlangen hinter sich her, aus dem Radio erklingt "Feliz Navidad". Die Straßen sind ruhig und leer. Weihnachten hier erscheint uns nüchterner. Die Südamerikaner feiern auch am 24. Dezember Christi Geburt, und das Christkind bringt an Heiligabend Geschenke für die Kinder, aber die Atmosphäre ist nicht so stimmungsvoll wie bei uns. Die sommerlichen Temperaturen verhindern, dass die gewohnten weihnachtlichen Gefühle aufkommen. Die Menschen gehen zum Essen und Tanzen aus, und manchmal gibt es an Mitternacht ein Feuerwerk. Aber es fehlt etwas von der winterlichen Magie, die wir gewohnt sind. Zurück im Hotel zünden wir Kerzen an und bewundern unsere Geschenke. Ein solch entspanntes Weihnachtsfest hatten wir schon lange nicht mehr.

Wahre Freiheit

In Buenos Aires ist es früh am Tag bereits angenehm warm, um die 20 Grad. Aber wir haben uns heute auf Schnee und Kälte eingestellt und unsere Daunenjacken griffbereit verstaut. Wir fliegen nach Ushuaia, 20 Breitengrade und knapp 2.500 Kilometer tiefer in den Süden Richtung Antarktis. Eine Distanz, die auf der Nordhalbkugel einem Flug etwa von Berlin zum Nordkap entspricht. Am Rio Negro verlässt die Maschine das Festland und folgt der Atlantikküste südwärts. Drei Stunden später über der Staaten-Insel im äußersten Südosten Feuerlands beginnt der Landeanflug. Weideland und Wälder ziehen unter uns vorbei, dann der tiefblaue Beagle-Kanal. Auf der chilenischen Insel Navarino jenseits des Kanals glänzen im Sonnenlicht die verschneiten Dientes-Berge. Man weiß nicht, wo man zuerst hinausschauen soll. Jeden Augenblick öffnen sich neue Ausblicke.

Die Maschine dreht nach Westen und folgt dem Beagle-Kanal. Dann glitzert es plötzlich weiß vor uns. Vergletschert und abweisend ragt steil die Cordillera Darwin, das höchste Gebirgsmassiv Feuerlands, empor. Schnell verlieren wir an Höhe, während das Flugzeug auf eine Landebahn im Beagle-Kanal zusteuert. Rechts und links der aufgeschütteten Rollbahn nur Wasser. Die Spoiler an den Flügelenden sind ausgeklappt und mit besorgtem Blick verfolgt so mancher Passagier die Landung. Die Maschine setzt auf, macht einen kleinen Luftsprung und rollt dann vorwärts. Laut und durchdringend klingt die Schubumkehr, quietschen die Räderbremsen. Das Bremsmanöver drückt uns fest in die Sitze. Rasch verlangsamen wir unsere Geschwindigkeit. Die Rollbahn ist sehr knapp bemessen und stellt Piloten immer wieder vor größere Herausforderungen, insbesondere bei ungünstigen Wetterbedingungen wie starkem Wind, Nebel und dichtem Schneetreiben. Kaum haben wir das Flugzeug verlassen, spüren wir, dass wir in einer anderen Welt angekommen sind. Die Berge um uns sind tief verschneit und eisige Kälte dringt durch unsere Daunenjacken. Häuser ziehen sich wie bunte, mit Wellblech gedeckte Würfel an Berghängen in einer Bucht hinauf, als ob sie sich vor dem Wind wegducken wollten.

Feuerland, fernab von Europa, hat bis heute seinen exotischen und geheimnisvollen Charakter bewahrt. Über Jahrhunderte hinweg war es ein namenloses und unerforschtes Land, das die Fantasie von Kartografen und Abenteurern beflügelte. Als Ferdinand Magellan 1520 die Wasserstraße im Süden Amerikas zwischen Atlantik und Pazifik entdeckte, glaubte er fest daran, auf den südlichen Ufern dieses Seewegs einen neuen Kontinent entdeckt zu haben. Mit unerschütterlicher Gewissheit verzeichneten Kartografen daraufhin dieses "Land im Süden", die "Terra australis", bereits auf Landkarten, je nach Fantasie in unterschiedlicher Form und Größe. Die Europäer stellten sich diesen Kontinent als warm und seine Bewohner als freundlich und zivilisiert vor. Magellan gab dem Land auf der Südseite der Wasserstraße den Namen Feuerland, da er dort nachts unzählige Feuer flackern sah. Doch für lange Zeit beschränkte sich das weitere Interesse dort ausschließlich auf die Befahrbarkeit der Magellanstraße, die für die aufkommende Schifffahrt und den Handel immer wichtiger wurde. Das Land selbst blieb weiterhin eine Terra incognita, ein unerforschtes Land. Versuche, es zu betreten, scheiterten, da geeignete natürliche Häfen zum Anlanden fehlten und dichter Waldbewuchs sowie eine wilde und unzugängliche Landschaft die Erkundung erschwerten. Viele Fragen blieben unbeantwortet. Wer waren die Menschen, die in diesen unwirtlichen Regionen am stürmischen Ende der Welt lebten? Wie gestalten sie ihr Leben? Über die Bewohner wusste man nur, dass sie Feuer mit sich führten, aber man hatte sie bislang noch nicht zu Gesicht bekommen.

Als die HMS Beagle im Dezember 1832 Kap San Diego, den äußersten Südosten Südamerikas, umrundet und in einer Bucht der Le Maire-Straße Zuflucht vor stürmischen Winden sucht, erblickt Darwin erstmals oben auf dem felsigen Ufer Nomaden vom Stamm der Haush. "Sie winkten mit zerfetzten Fellmänteln. Schrien laut und wild", notiert er in sein Tagebuch. Am darauffolgenden Morgen steht er ihnen gegenüber. Vor ihm stehen nackte Gestalten, eingehüllt in ein Guanakofell, auf dem Kopf tragen sie Fellmützen. Ein breiter schwarzer Streifen aus Kohle zieht sich von ihren Nasen bis zu den Wangen. Ihre Sprache klingt in seinen Ohren wie eine

Aneinanderreihung von Lauten und Schnalzgeräuschen. Er ist schockiert und fassungslos. “Ich hätte nicht glauben können, wie groß der Unterschied zwischen wilden und zivilisierten Menschen ist. Er ist größer als zwischen einem wilden und domestizierten Tier …” Die Bewohner waren nicht freundlich, auch nicht zivilisiert und entsprachen nicht im Entferntesten dem erdachten Ideal. Der Faszination für den äußersten Süden Amerikas hat das aber keinen Abbruch getan.

55 Jahre nach Magellan bricht der englische Freibeuter Drake Richtung Südamerika auf. Auch er durchquert die Wasserstraße zwischen Patagonien und Feuerland. Als er den Pazifik erreicht, gerät er jedoch in einen heftigen Sturm und treibt ab bis zum Kap Hoorn, an die Südspitze des Landes. Dort macht er eine bemerkenswerte Entdeckung: “Die Magellanstraße trennt nicht zwei Kontinente, sondern durchschneidet einen einzigen”, erklärt er daraufhin. Man nahm zur Kenntnis, dass Feuerland ausschließlich eine Inselgruppe am südlichen Ende der Welt ist und kein eigenständiger Erdteil. Die “echte” Terra australis, Australien entdeckte man erst Jahrzehnte später.

Drei Jahrhunderte nach Magellan wurde Ushuaia von anglikanischen Missionaren gegründet. Heute präsentieren sich die Häuser dort in einer vielfältigen und eigenwilligen Architektur. Sie scheinen ohne klare Ordnung in die Umgebung gesetzt zu sein, mal aus Wellblech, Stein, Schiefer, Holz oder aus einer Kombination verschiedener Materialien. Die Giebel zeigen in alle nur denkbaren Richtungen und sind in allen bunten Farben gestrichen: von himmelblau über toscanarot bis zu sonnengelb. Jedes Haus ist höchst individuell gestaltet. Im Zentrum dominieren hingegen schnell errichtete, gesichtslose Betonklötze und graue Hotels zwischen schnurgeraden Straßen, die wie mit einem Lineal gezogen wirken. Unsere Unterkunft oberhalb der breiten Hernando de Magallanes-Straße ist mit viel Geschmack eingerichtet, mit einem großen Kamin, einer Bibliothek, echten Aquarellen und Ölgemälden. Wir fühlen uns auf Anhieb hier wie zu Hause. Einen besonderen Wunsch hat die Besitzerin: “No le des comida!” Gebt ihm nichts zu fressen!

Sie zeigt auf ihren gefräßigen Labrador "Lomo", der alles verschlingt, was in Reichweite liegt. Auch Teebeutel und Servietten, was ihm selten gut bekommt.

In der Vergangenheit wurden Mörder, Verbrecher und Diebe aus ganz Argentinien nach Ushuaia geschickt, da schon allein die abgeschiedene Lage der Stadt sich als ideales Gefängnis erwies. Fluchtmöglichkeiten waren nahezu ausgeschlossen, und die Bevölkerung war unbesorgt, die Gefangenen auch außerhalb der Gefängnismauern für Arbeiten einzuteilen. Als Musiker im Gefangenenorchester bereicherten sie das kulturelle Leben und verliehen Taufen, Hochzeiten und Beerdigungen einen stimmungsvollen Rahmen. Aber Ushuaia war kein Ort, den jemand freiwillig aufsuchte. Weder Viehzüchter noch Goldsucher hatten Interesse, ans eisige Ende der Welt zu ziehen. Selbst die Verurteilten traten ihre Haft nur äußerst ungern dort an. Gesucht wurden dringend Handwerker und Wachpersonal für das Gefängnis, Leute, die die Kälte und die lange Dunkelheit im Winter ertrugen, auch die Einsamkeit. Nur alle sechs Monate kam damals ein Schiff mit lebensnotwendigen Waren. Um Zuwanderer zu motivieren, hierher zu kommen, bot die Regierung doppeltes Gehalt und Steuerfreiheit. Diese wirtschaftlichen Anreize lockten viele Menschen an. Ushuaia wuchs rasant und entwickelte sich zu einem wirtschaftlichen Schwergewicht in der Region. Immigranten aus verschiedenen Ländern suchten ihr Glück in der Stadt und wagten einen Neuanfang. Es kamen Engländer zum Missionieren, Chiloten zum Schafscheren, Kroaten, Spanier und Italiener und heute drängen Menschen aus dem Norden Südamerikas, vor allem aus Bolivien, in die Stadt, wie unser Taxifahrer Juan. An seinem langsamen und gut verständlichen Spanisch haben wir sofort erkannt, dass er kein Argentinier ist. Er kommt aus der bolivianischen Tiefebene und verdient sich sein Geld als Taxifahrer. Darüber hinaus nimmt er jede Arbeit an, die gut bezahlt wird.

Das Wetter ist gewöhnungsbedürftig. Wie alles ist es hier extrem. Alle vier Jahreszeiten passen bequem in eine Stunde. Zuweilen fegen mehrere Tiefdruckausläufer am Tag über die Stadt. Gerade hat es noch geregnet, und plötzlich bricht die Sonne durch die Wolken hervor. Im Winter scheint sie nur wenige Stunden am Tag, im polaren Sommer geht sie nie ganz unter, und die Nacht bleibt hell.

Auf dem Weg zum Martial-Gletscher, der gleich hinter der Stadt aufragt, beobachten wir lange einen Tero, einen Kiebitz. Er stolziert am Rand der Straße neben uns her und ist ganz vertieft in die Suche nach Würmern. Unserer Anwesenheit beeindruckt ihn überhaupt nicht. Es erstaunt uns immer wieder, welch große Nähe Vögel in Patagonien zulassen. Sie haben keine Scheu vor Menschen.

Ein Skilift ist in Betrieb. Aktuell ist keine Saison auf der südlichsten Skipiste der Welt, er befördert ausschließlich Touristen ohne Ski. Wer hier Skifahren möchte, kommt während des patagoni-

Ein Tero, ein südamerikanischer Kiebitz, beäugt uns aus nächster Nähe.

schen Winters zwischen Mai und September. Es gibt weltweit kein tiefer gelegenes Skigebiet und mit Sicherheit auch keines mit einem derart atemberaubenden Panorama. Wo hat man schon bei einer Abfahrt eine vergleichbar spektakuläre Aussicht? In der Tiefe der breite Beagle-Kanal, dunkelblau und umgeben von tief verschneiten und vergletscherten Bergen. Aber die Skiabfahrt ist kurz. Nach etwa 200 Höhenmetern ist die Talstation am Ende der Piste bereits erreicht. Gegenüber der Bergstation führt ein kleiner Pfad hinauf zum vergletscherten Cerro Martial. Die Sonne hat sich wieder versteckt und eiskalter Wind peitscht uns Graupelschauer ins Gesicht. Wir kehren um. Ich fahre mit dem Sessellift ins Tal, während Klaus zu Fuß hinuntergeht.

"Ich warte unten auf dich!", rufe ich ihm zu, und schon ist er zwischen den Südbuchen verschwunden. Allerdings bewegt sich der Lift so langsam bergab, dass Klaus vor mir an der Talstation ankommt und bereits auf mich wartet. Die Kälte habe ich während der Fahrt nicht gespürt, zu grandios war die Aussicht auf den Beagle-Kanal und die Cordillera Darwin im Westen. Irgendwo hinter dem Dunst am Horizont gibt es nur noch Schnee und Eis. Da liegt noch einmal 1.000 Kilometer tiefer im Süden die Antarktis.

Wir sind am Ende der bewohnbaren Welt angekommen. Aber auch dort hat die Küche einiges zu bieten: Asados, gegrillte Fleischplatten, Centollas, handtellergroße Königskrabben aus dem Beagle-Kanal sowie frischen Fisch, vor allem Forellen aus den Binnenseen und Abadejo, bis zu zwei Meter lang und aalförmig aus dem Meer. Gegrilltes Fleisch hat im Land den Status eines Nationalgerichts. Argentinier im Norden bevorzugen Rindfleisch wie Bife de lomo oder Bife de chorizo, im Süden Lammfleisch, Cordero. Dieses wird an Holz- oder Metallspießen "al palo" flach aufgespannt und langsam neben einem offenen Feuer gegrillt. Nach etwa drei Stunden wird es gewendet und hin und wieder mit Salzwasser besprüht, bis es außen knusprig und innen zart ist. Serviert wird das Lammfleisch mit Chimichurri, einer pikanten Essig-Öl-Soße, verfeinert mit geschnittenen Kräutern, Paprika, Petersilie, Chili und Knoblauch. Als Beilage dürfen Salat und Pan, eine Art Baguette oder "Papas fritas", also Pommes frites, nicht fehlen. Dazu passt ein guter Rotwein, meist ein Malbec. Schon nach dem ersten Bissen öffnet sich der Gourmethimmel, und der Gast nähert sich dem kulinarischen Paradies!

In unserer Lieblingsparilla in Ushuaia färben sich bereits am Vormittag Lammhälften an einem großen Holzfeuer goldbraun. Wenn das Restaurant kurz vor Mitternacht schließt, wird davon nichts mehr übrig sein. Steaks, Hähnchen, Chorizos, Morcillas und Pechito de Cerdo, auch bekannt als "Spare Ribs", warten neben einem großen Grill darauf, gebraten zu werden. Hier herrscht kein Mangel an Fleisch. Der Kellner ist erneut bemüht, uns zufriedenzustellen. Gestern hat er uns mit Lammfleisch verwöhnt. Eine Beinscheibe nach der anderen hat er aufgetischt. Das Fleisch war zart und köstlich. Ständig räumte er ab, um kurz darauf mit einer weiteren Portion zu kommen. Lange konnten wir nicht mithalten. An derartige Mengen können wir uns nicht gewöhnen. Jetzt freut er sich, uns wiederzusehen und bringt uns zur Abwechslung ein Bife de chorizo, gut drei Zentimeter dick und wie gewünscht "en su punto", also innen noch zartrosa. Bei solchen Portionen geraten wir allerdings schnell an unsere Grenzen.

Wir treffen auf ein Paar aus Ulm, das bereits seit Jahren gemeinsam Südamerika bereist. Im Ruhestand haben sie ihren lang gehegten Wunsch einer Weltreise verwirklicht. Sie haben keine feste Adresse mehr, ihr Haus in Deutschland verkauft und stattdessen ein geräumiges Expeditionsfahrzeug erworben.

"Unser Alltag wird durch zu viele Regeln eingeengt!", beklagt Christian. "Natürlich sind viele dieser Regeln notwendig, um Konflikte zu vermeiden, besonders in Situationen, in denen Menschen auf engstem Raum zusammenleben oder arbeiten. Irgendwann fühlten wir uns dermaßen stark von gesellschaftlichen Normen und auch von Traditionen gegängelt, dass der Wunsch, diese Grenzen zu durchbrechen und neue Horizonte zu entdecken, übermächtig wurde", fügt er hinzu. Aber die uneingeschränkte Freiheit haben sie auf ihrer Reise mit dem Wohnmobil offenbar nicht gefunden.

"Überall, wo wir hinkommen, ziehen wir die Aufmerksamkeit der Menschen auf uns", klagt seine Frau. "Ständig klopfen sie an unser Fahrzeug, stellen Fragen nach dem Woher und Wohin oder wollen das Fahrzeug besichtigen. Das kann wirklich nerven."

Es ist beinahe unmöglich, der Zivilisation vollständig zu entkommen, genauso wenig wie der menschlichen Neugierde oder den sozialen Normen. In gewisser Weise ist es paradox! Wir erwarten von unserem Umfeld Rücksichtnahme und Respekt für unsere persönlichen Grenzen, genauso wie zu Hause. Aber selbst in den entlegensten Gebieten begegnen uns die Fragen und das Interesse der Menschen. Wer zudem gesellschaftliche Nähe nicht ertragen kann, wird diese wahre Freiheit wohl nur in Regionen fernab der Zivilisation finden, wo nur die Regeln der Natur gelten. Doch diese absolute Freiheit fordert ihren Tribut: den Verzicht auf Komfort und die Geborgenheit der Gesellschaft. Doch genau dieses kurze Entfliehen aus der alltäglichen Welt ist es, was viele suchen.

Die Geschichten ihrer Abenteuer faszinieren uns, aber wir fragen uns auch, ob eine solche Art des Reisens auf Dauer spannend bleibt. Was machen diese Globetrotter eines Tages, wenn die Reiselust nachlässt und sie sich nach Ruhe und einem festen Rückzugsort sehnen? Wie gehen sie damit um, wenn der stets gleiche Reisealltag seinen Reiz verliert und der Blick auf die Welt durch die Windschutzscheibe nicht mehr so aufregend ist? Wir erinnern uns gerne und oft an unsere eigenen Reisen mit unserem VW-Bus. Wir waren jung, unsere Ausdauer schien unerschöpflich, doch wir freuten uns auch immer darauf, nach vielen Monaten in unsere vertraute Umgebung zurückzukehren. Die hatte sich währenddessen vielleicht verändert, aber sie war dennoch vertraut und fühlte sich wie ein sicherer Hafen an.

Katrin hatte neulich einen Traum: Wir waren mit einem Wohnmobil auf großer Fahrt. Als wir Wochen später zurückkehrten, sah sie einen gealterten Mann mit dünnen Beinen und dickem Bauch, sich zwischen Lenkrad und Sitz herauswinden.

"Das warst du! Eindeutig!", will sie mir weismachen. Aber das kann ich unmöglich gewesen sein.

Selbstverständlich schaue ich immer noch nach Wohnmobilen, kleineren Modellen, etwa in der Größe eines VW Bullis. Doch jedes Mal stellt sich mir die Frage: Wohin soll die Reise gehen? Zu abgeschiedenen Orten in der unberührten Natur, an einsame Strände oder in Berglandschaften? Leider ist das heutige Reisen im Wohnmobil nicht mehr so einfach und romantisch, wie es die verlockenden Hochglanz-Werbebilder suggerieren. "Wildes Campen" ist nahezu überall verboten, und die Auswahl an Alternativen zu überfüllten Campingplätzen begrenzt. In der Hochsaison sind die Stellplätze oft winzig und der erhoffte atemberaubende Ausblick durch ein anderes Wohnmobil versperrt. Zudem kann von Ruhe kaum die Rede sein. Ist das wirklich das erstrebenswerte Reiseerlebnis? Das Leben im Wohnmobil mag noch so komfortabel sein, es hat viel von seiner ursprünglichen Romantik verloren. Deshalb siegt stets die Vernunft: Kein Wohnmobil! Es würde ohnehin nur monatelang ungenutzt herumstehen. Es gibt Alternativen! Aber die muss man mögen. Oftmals reicht ein einfaches Zelt oder sogar nur ein Biwaksack aus, um die Natur hautnah zu erleben.

Total unkompliziert

An der Endstation einer Schmalspurbahn, die stolz den Namen "Tren del Fin del Mundo" trägt und als die südlichste Eisenbahn der Welt gilt, macht unser Minibus Halt. Die Dampflokomotive und die Waggons rufen Erinnerungen an meine alte Märklin-Eisenbahn wach, die jedoch im Gegensatz zu dieser Schmalspurbahn bereits mit Elektroantrieb lief. Die Schaffner tragen noch die alten Uniformen von einst. Für einen Augenblick wirkt die Szene wie aus dem 19. Jahrhundert, als der Zug dazu diente, Häftlinge in die Wälder des Parks zu transportieren. Dort sollten sie Holz für den Hausbau und als Brennmaterial für die Bewohner von Ushuaia schlagen. Die Bahnstrecke wurde durch einen Erdrutsch verschüttet und außer Betrieb genommen. Erst im Jahr 1994 wurden die letzten sieben Kilometer der Strecke für Touristen wiedereröffnet.

Die Lokomotive raucht, pfeift und schnaubt laut und begleitet uns in gemächlichem Tempo ein Stück auf unserem Pfad durch Südbuchenwald im Küstennationalpark "Tierra del Fuego". Patagonische Vegetation umgibt uns: dichter Wald mit antarktischen

Viele bevorzugen es, die letzten sieben Kilometer zum Nationalpark Tierra del Fuego mit dem historischen Tren del Fin del Mundo zu fahren.

Buchen, Magellan- und Lenga-Südbuchen. Nur die Magellan-Südbuche ist immergrün, während die anderen im Winter ihr Laub abwerfen. Alte Bäume erreichen beeindruckende Höhen und einen Stammdurchmesser von bis zu zwei Metern. Wenn sie fallen, schlagen sie große Breschen in ihre Umgebung. Neue Triebe sprießen aus dem alten Gehölz, und im Laufe der Zeit entsteht auf diese Weise ein undurchdringlicher Urwald. Unter den Bäumen wuchern wilde Brombeeren, Sträucher mit weißen Chaura- und dunkelblauen Calafatebeeren. Immer wieder bieten sich beeindruckende Ausblicke auf den Cerro Guanaco und die Ensenada Bucht. Dunkel liegt die Isla Redonda im Wasser und versperrt den Blick auf den Murray-Kanal, der nach Süden zur Bahia Nassau und Kap Hoorn führt. Am Horizont im Osten zeichnet sich der Cerro Vrsalovic auf der Insel Navarino ab. Im Westen auf der Isla Hoste ragt das schneebedeckte Massiv der Sampaio Berge auf. Eine einsame Landschaft, endlos weit und unzugänglich.

Sanft schwappen Wellen des Beagle-Kanals mit weißen Schaumkronen über die vom Wasser geschliffenen Kiesel am Ufer der Ensenada Bucht. Ein Holzsteg ragt wie verloren in das Wasser. Eine

Die alte Lok schnaubt und dampft durch den Nationalpark.

Wellblechhütte daneben nennt sich “Unidad Postal – Fin del Mundo”, Postamt am Ende der Welt. Ob hier regelmäßig ein Boot anlegt, um die Post abzuholen? Auf einer Holztafel können wir die Entfernungen zu Empfängerländern ablesen. Bis Berlin sind es 14.000 Kilometer. Der Pfad führt entlang der Küste um den Cerro Bellavista herum bis zum Roca See. In den versteckten Winkeln kleiner Buchten tummeln sich Spiegelgänse, Regenpfeifer und Dampfschiffenten. Wir setzen uns an das Ufer und genießen für einen Moment die Stille und die Aussicht auf die atemberaubende Weite der Landschaft. Die Zeit scheint stillzustehen. Nein, sie steht tatsächlich still. Selbst in Tausenden von Jahren wird sich diese Landschaft unverändert zeigen, es sei denn, der Mensch greift ein. Ach ja, der Mensch. Gerade jetzt vermissen wir seine Anwesenheit nicht, den täglichen Konkurrenzkampf und überhaupt unseren Kampf gegen die Zeit.

Der Mensch hat seine Lebensweise im Laufe der Jahre immer weiterentwickelt und so müssen wir uns ständig neuen Bedingungen anpassen.

Vor nicht allzu vielen Jahren trat der Computer in unsere Welt und viele Fortschrittsgläubige stimmten darin überein: Er würde unseren Alltag, ja unser gesamtes Leben radikal verändern. Und das tat er auch. Aber wurde dadurch alles einfacher, so wie es uns versprochen wurde? Sicher, alles wurde schneller, doch gleichbedeutend mit einfacher war das nicht. Wir erinnern uns noch gut an die Schulungskurse für das MS-DOS-Betriebssystem und wie wir mit speziellen Befehlseingaben den Computer dazu brachten, bestimmte Aktionen auszuführen. Wir befanden uns in einer ungewöhnlichen Situation, in der wir mit einer Maschine kommunizierten, die allzu oft ihren eigenen Kopf hatte und sich weigerte, das zu tun, was wir von ihr verlangten. Diese Umstellung war gewaltig, waren wir es doch gewohnt, mit Menschen zu kommunizieren, von denen wir stets eine Rückmeldung erhielten. Und die moderne Technik wird tagtäglich komplizierter. Klaus erinnert sich nur zu gern an eine entsprechende Episode:

“Oft denke ich an einen Tag zurück, als mein Chef ungewöhnlich mürrisch durch die Klinikflure ging. Er war ein Genie, wenn

Unsere Trails zur Laguna Encantada und del Caminante im Norden Ushuaias und um das Dientes-Gebirge, zum Lago Windhond und zur Wulaia-Bucht auf der chilenischen Navarino-Insel.

es darum ging, schwierige medizinische Probleme zu lösen, aber zu Hause hatte er kläglich versagt. Das hatte seine Stimmung vollkommen getrübt. Nein, es war kein Problem mit seiner Frau oder seinen Kindern, nichts, was nicht gelöst werden könnte. Es war seine nagelneue, supermoderne Stereoanlage, die sich weigerte, auf seine Befehle zu reagieren. Wie meine Eltern war er es gewohnt, Radios und technische Geräte per Knopfdruck ein- und auszuschalten. Ein Drehknopf genügte dann, um die Lautstärke einzustellen. Doch jetzt? Log-in, Einstellungen, Updates, ein endloses Menü … Die kabellosen Verbindungen zu den Lautsprechern erfüllten ihn mit Stolz, aber Bluetooth war für ihn ein Buch mit sieben Siegeln. Jedes Mal, wenn er sich der Anlage näherte, wurde er wütend. Doch laute Worte halfen nichts, die hochmoderne Technik blieb stoisch stumm. Ein Mensch hätte reagiert, hätte vielleicht nicht die perfekte Lösung für das Problem gewusst, aber die Kommunikation wäre unkomplizierter gewesen."

Total unkompliziert ist unser Leben gerade jetzt. In der unendlichen Weite und Abgeschiedenheit dieser Natur verlieren menschengemachte Regeln ihre Bedeutung. Hier stehen ausschließlich wir im Mittelpunkt und das, was wir im gegenwärtigen Augenblick unternehmen. Wir sind auf uns selbst gestellt und alleine für uns verantwortlich. Die Freiheit wird wieder spürbar.

Ushuaia ist von zahlreichen vergletscherten Gebirgszügen umgeben mit atemberaubenden Aussichten über das Land. Wir wollen mit dem Cerro Vinciguerra beginnen, nicht auf seinen Gipfel steigen, nur zu seinem Gletscher, dem größten auf Feuerland und seiner Lagune mit kristallklarem Wasser gehen. Mitte November ist es hier unten am Beagle-Kanal schon sommerlich warm, aber in den Bergen hat sich der Winter noch nicht vollständig zurückgezogen. Voller Optimismus schultern wir unsere Rucksäcke, gehen zum Taxistand am Hafen und fragen uns durch. Wer kennt den Weg zur Tranquera im Andorra-Tal? Ein Taxifahrer winkt uns zu sich. Die Tranquera, ein Tor in einer Umzäunung, ist der Ausgangspunkt für zahlreiche Wanderungen in der Region. Unser Taxifahrer findet

Gerade haben wir am Ufer der Laguna Encantada unser Zelt aufgestellt, da beginnt es zu regnen.

es nicht auf Anhieb. Als wir es nach mehreren Versuchen endlich erreichen, gibt er uns noch ein Tipp mit: “Folgt immer dem Weg!” Wie hat er das gemeint? Ein Wegweiser hilft uns weiter. Zum Vinciguerra-Gletscher müssen wir nach rechts abbiegen. Aber zuvor wollen wir zur nahen Laguna Encantada, der verzauberten Lagune. Der Pfad führt nass durch Torfmoor, umgeht morastige Lagunen, wechselt ständig die Richtung. Mehrmals folgen wir falschen Spuren. Unwillkürlich denke ich an eine Textpassage in einem alten Song: “Soy un pobre caminante, sin rumbo y sin dirección. No sé ni de donde vengo, no sé dónde ahorita estoy …” Ich bin ein armer Wanderer ohne Richtung und Ziel. Ich weiß nicht, wo ich herkomme und wo ich jetzt bin.

Wir balancieren auf Baumstämmen über Bäche und waten durch gestautes Wasser. Auf der gegenüberliegenden Talseite wird der Weg fest und führt steil in einem Wald bergauf. Die Baumstämme sind krumm wie in einem Geisterwald und noch kahl. Der Südfrühling lässt sich Zeit. Oberhalb der Baumgrenze erwartet uns schneebedecktes Grasland. Auch die Berge sind bis tief unten ver-

Auf dem Weg zur Laguna Caminante versinken wir mit jedem Schritt tief im Moorboden.

Leichtfüßige Sprünge sind mit dem schweren Rucksack auf dem Rücken nicht mehr möglich.

schneit. Wie eine hohe weiße Wand versperren sie die Sicht auf den Horizont. Im Halbrund des Gletscherbeckens hält die Lagune unter einer Eisdecke noch ihren Winterschlaf und macht noch keine Anstalten, ihre Besucher zu verzaubern. Sie zeigt sich äußerst kühl und abweisend. Zwei Pfeifenten watscheln über das Eis und krächzen wie mit verrosteten Stimmbändern. Es klingt, als hätten sie eine Erkältung! Wir sind total überrascht. Auf Zelten im Schnee inmitten einer Winterlandschaft sind wir zwar vorbereitet, aber gerade jetzt nicht eingestellt!

Die Tour zum Vinciguerra-Gletscher lassen wir ausfallen, denn der erscheint ebenso frostig. Beim Abstieg erklärt uns eine Info-Tafel, dass die beste Zeit für eine Wanderung zur Laguna Encantada von Dezember bis März ist. Erst dann zeigt sie sich dem Betrachter in voller Schönheit. Da waren wir einen Monat zu früh dran!

Wir folgen dem Weg zu unserem neuen Ziel, der “Laguna del Caminante”, der uns tiefer in das Andorra-Tal führt. Was für ein Weg! Wenn wir nicht äußerst vorsichtig sind, versinken wir bis zu den Knöcheln im Schlamm. Baumstämme, die quer über den Weg ge-

Bis Mitternacht tropft Regen auf unser Zelt, danach verwandelt er sich in Schnee.

legt wurden, sollen das Vorankommen erleichtern, doch sie sind bereits im Morast versunken. Wir balancieren über alles, was aus dem Sumpf herausragt, stützen uns mühsam mit Stöcken ab, um das Gleichgewicht zu halten, springen über Pfützen und suchen Halt an Büschen. Stürme haben zahlreiche Bäume umgeknickt. Wie Mikadohölzer liegen sie auf dem Weg, oft in einem undurchdringlichen Gewirr. Markierungen sind nicht mehr sichtbar und Fußspuren gibt es keine mehr. Wir umgehen das chaotische Bruchholz oder zwängen uns mit unseren Rucksack unter querliegenden Stämmen hindurch und kommen nur langsam voran. Das Tageslicht wird schwächer und es wird Zeit, einen Zeltplatz zu suchen. Rechts von uns rauscht der breite Arroyo Negro Fluss vorbei, links steigt dicht bewaldetes Gelände steil an. Nach langer Suche entdecken wir eine kleine, annähernd ebene Fläche für unser Zelt. Das Rauschen des Flusses klingt beruhigend, doch ein weiteres Geräusch, das sich bald hinzugesellt, macht uns Sorgen. Anfangs prasseln Regentropfen auf das Zelt nieder. Nach Mitternacht verwandeln sie sich allmählich in Schneeflocken und mit einem

Der Winter ist zurück und hat einen Zauberwald geschaffen, aber auch Eis und Glätte auf dem Weg.

leisen Rascheln gleitet die Schneeschicht vom Zeltdach herab. Im ersten Tageslicht wirkt die Landschaft völlig verändert. Wir sind gestern im Frühling aufgebrochen und heute wie in einer Zeitreise im Winter gelandet. Unsere Umgebung ist tief verschneit. Die Sonne lässt den Raureif wie tausend Diamantensplitter funkeln. Wir durchqueren nun einen Zauberwald! Unsere Stimmung hebt das jedoch wenig, denn der Weg ist noch schwieriger geworden. Auf einem vereisten Baumstamm balancieren wir über den reißenden Arroyo Negro.

"Hörst du das auch? Sind das Stimmen oder nur die Geräusche des Flusses?", frage ich Katrin und horche gespannt.

"Ich glaube, da nähert sich jemand."

Basil, ein junger Schweizer und Sofia, seine Partnerin kommen uns entgegen. Sie sind auf dem Rückzug. Die Nacht hatten sie an der Laguna del Caminante gezeltet und wollten heute über den Paso de la Oveja, den Schafspass nach Ushuaia absteigen. Doch das Wetter hat ihre Pläne durchkreuzt.

"In der Nacht fielen Unmengen an Schnee, ständig waren wir gezwungen, unser Zelt freizuschaufeln, damit es nicht von der Last des Schnees erdrückt wurde. Am Pass rauschten Lawinen herab. Das hörte sich sehr bedrohlich an. Der Abstieg unter diesen Bedingungen schien uns zu riskant, daher haben wir uns schweren Herzens durchgerungen umzukehren."

In ihren Gesichtern spiegelt sich Enttäuschung. Gemeinsam machen wir uns auf den Rückweg und erreichen die Tranquera wie vier Schlammmonster. Wir erinnern uns an die Ausschilderung zu Los Humedales, den Feuchtgebieten. So nennt sich das kleine Café in der Nähe treffend. Ein Kaffee wäre jetzt wunderbar! Leider ist es geschlossen. Wir schauen durch das Fenster, sehen niemanden, nur eine blaue Kaffeekanne aus Emaille auf dem Tisch.

Vier Monate später sind wir erneut auf Feuerland. Der Herbst hat Einzug gehalten und die Bedingungen sind deutlich besser als im März. Der Schnee ist vollständig abgetaut, umgestürzte Baumstämme wurden zersägt und aus dem Weg geschafft, und der ist nun sichtbar ausgetreten und markiert. Plötzlich bleibt Katrin stehen und gibt mir Zeichen, ruhig zu sein. Dann winkt sie mich heran. Sie hat Biber entdeckt. Mit vorsichtigen Schritten nähern wir uns. Vor einer Biberburg bleiben wir stehen und blicken über den angestauten See. Geräuschlos gleitet ein Biber durch das Wasser, zwischen den Zähnen hält er einen Zweig mit jungen Blatttrieben. Nun hat er uns entdeckt, verharrt für einen Moment, schaut uns an und taucht dann in seinen Bau ab. Am Ufer gegenüber sitzt ein Biberpatriarch, knabbert an einer frischgrünen Pflanze und lässt sich gleichfalls nicht stören. Lange beobachten wir die putzigen Gesellen mit ihren kugeligen Köpfen, Knopfaugen und Barthaaren.

Im Jahr 1946 wurden Biberpaare aus Kanada eingeführt. Findige Siedler erhofften sich, durch den Handel mit ihren Pelzen beträchtliche Gewinne zu erzielen. Doch diese Erwartungen erwiesen sich als Fehleinschätzung. Im patagonischen Winter ist es nicht kalt genug, um ein dichtes und glänzendes Biberfell auszubilden. Die struppigen und glanzlosen Felle fanden keine Abnehmer. Die Nager werden deshalb nicht mehr gejagt und vermehren sich rasant. In Patagonien haben sie keine natürlichen Feinde wie Bären oder Wölfe. Sie richten beträchtliche Schäden an, nagen an Baumstämmen, bis sie umstürzen und Wasserläufe stauen. Bald stehen alle Bäume in der Umgebung im Wasser, ihre Wurzeln faulen ab und blühende Wiesen verwandeln sich in unzugängliche Sumpfgebiete.

Kurz hinter unserem letztjährigen Standplatz teilt sich der Weg. Rechts geht es weiter zur Laguna del Caminante, links über den Schafspass hinunter nach Ushuaia. Das Wetter wird ungemütlich, Graupelschauer ziehen über uns hinweg und die Sicht verschlechtert sich zusehends. Nur noch eine halbe Stunde! Wie ein Mantra wiederhole ich es ständig und versuche trotz der widrigen Wetterbedingungen meine gute Stimmung zu bewahren. Endlich werden wir an der Lagune ankommen, die vor vier Monaten noch außer unserer Reichweite blieb. Unsere Erwartungen sind hoch. Und dann liegt sie in der Tiefe vor uns, dunkelblau im Graupelschauer und unter dunkelgrauen Wolken. Das Bild, das sich uns bietet, entspricht nicht ganz unseren Vorstellungen, wir hatten sie wohl eher unter strahlender Sonne erwartet. Dennoch übt ihre abgeschiedene Lage einen besonderen Reiz aus. Wir steigen ab und stellen unser Zelt unter das schützende Blätterdach einer Südbuche. Katrin kriecht schnell in ihren Schlafsack, während ich mit Angelausrüstung zum See gehe. Eine gebratene Forelle wäre eine willkommene Abwechslung. Doch die Graupelschauer werden stärker, und ich kehre ohne Fisch zurück. Die Forellen haben heute Glück gehabt. Wir richten uns im Zelt ein und freuen uns auf einen warmen Tee. Doch plötzlich trifft uns die Erkenntnis wie ein Blitz: Wir haben die Gaskartusche für unseren Kocher vergessen! Nun müssen wir unser gefriergetrocknetes Essen mit kaltem Lagunenwasser anrühren. Brrr, wer isst so was schon freiwillig? Was würden wir jetzt mit einer Forelle anfangen? Sushi? Ceviche? Die Vorstellung, kalten, rohen und ungewürzten Fisch zu essen, allein schon, verschlägt uns den Appetit.

Sind unsere organisatorischen und planerischen Fähigkeiten mit dem Alter verblasst? Immerhin gehören wir nicht zu dieser verwöhnten Generation, die in beheizten Häusern mit fließendem Warmwasser aufgewachsen ist. In unserer Kindheit war strategisches Denken und Handeln gefragt. An eiskalten Wintertagen war

Biber stauen Wasserläufe und verwandeln Landschaften in unzugängliche Sumpfgebiete.

es unsere Aufgabe, den Aschebehälter zu leeren, das Feuer neu zu entfachen, die Küche aufzuheizen und Wasser für Tee zu erhitzen. Doch all dies war nur machbar, wenn wir zuvor das Holz für das Anzünden des Feuers bereitgelegt hatten. Jetzt fehlt uns die Gaskartusche und für ein Lagerfeuer ist das Holz in der Umgebung viel zu feucht. Pech gehabt: Kein Feuer, kein warmes Essen! Es erinnert mich an einen Nepali, der uns während einer Zelttour in seinem gebrochenen Englisch eine Lebensweisheit vermittelte: "No have, no need." Er meinte damit, dass man mit den Konsequenzen seiner Nachlässigkeit leben muss: Frieren, wenn man die Jacke vergessen hat, oder eben auf warmes Essen verzichten, weil wir das Gas zum Erhitzen vergessen haben.

Am Morgen bleibt die Küche zwangsläufig kalt, aber spätestens am Nachmittag werden wir wieder Ushuaia erreichen. Beflügelt von der Vorfreude auf alle Annehmlichkeiten der Zivilisation packen wir schnell zusammen, denn graue, tief hängende Wolken verheißen weiterhin nichts Gutes. Schon stieben die ersten Schneeflocken vom Himmel, und die Berge verbergen sich im dichten Nebel. Auf dem Pass bläst ein heftiger pazifischer Ostwind, kräftig müssen wir uns gegen die Böen stemmen. Über brüchigen Schieferschotter steigen wir ab. Die Sicht ist so schlecht, dass wir nur mit Mühe die Hand vor den Augen sehen können. Der atemberaubende Blick auf die Ushuaia-Bucht fällt heute aus. Im angrenzenden Wald hat der Sturm gewütet, Baumstämme umgeknickt und ganze Bäume entwurzelt. Kreuz und quer liegen sie über dem Weg. Bald schimmert der Beagle-Kanal durch lichten Wald, und nach Ushuaia ist nicht mehr weit.

Mehr Freiraum

In den kommenden Tagen werden wir die Ruhe, Abgeschiedenheit und unberührte Natur wiederfinden, Dinge, die bei uns zu Hause mittlerweile immer begrenzter vorhanden sind. Unser Alltagsblick ist oft eingeschränkt, Fenster bieten zwar einen Blick nach draußen, jedoch sind Grünflächen selten zu sehen; stattdessen rücken Häuserfassaden und Wohnblöcke immer näher zusammen und versperren die Aussicht. Sonnenlicht dringt nur noch selten hindurch, und die enge Nachbarschaft führt zwangsläufig zu Konflikten. Ich erinnere mich noch gut an unsere erste Wohnung in einem elfstöckigen Hochhaus mit endlos langen Fluren und ständigen Mieterwechseln. Die Bewohner huschten wort- und grußlos an uns vorbei, als wären sie menschenscheu geworden. In der Wohnung fühlten wir uns schnell isoliert und einsam, es fehlte das Leben um uns herum und die Natur. Die Nachbarn nahmen wir nur noch durch Gerüche aus einer Küche wahr oder durch die Geräuschkulisse eines Fernsehers, eines Klaviers oder von Schritten aus der Wohnung über uns. Doch wir sahen sie nie. Das war eine völlig neue Erfahrung für uns beide. Wir sind auf dem Land aufgewachsen und waren ein offenes und gemeinschaftliches Leben um uns herum gewohnt mit Freunden, Verwandten, Nachbarn, nicht nur mit Menschen, die auf Geräusche und Gerüche reduziert waren.

An Wochenenden schlug in dem Hochhaus die Stunde der Heimwerker. Betonbohrer drangen durch die Wände und hallten durch das gesamte Gebäude. Langzeitmieter blickten dann prüfend auf die Uhr und bei Verstößen gegen die Hausordnung stand prompt ein Beschwerdekomitee vor der Tür und wies auf die Uhrzeit hin: entweder zu früh begonnen oder zu spät aufgehört. Was schafft man auch schon in den zwei Stunden, die jeweils am Vor- und Nachmittag erlaubt waren? Rücksichtnahme ist verständlich und erforderlich, aber für uns, die wir in einem frei stehenden Haus mit offenem Umland aufgewachsen sind, bedeutete das eine ganz neue Art der Rücksichtnahme. So scheint es, als müssten wir im modernen Leben täglich mehr Rücksicht nehmen, stets nach der Uhr leben und immer mehr Erwartungen, Verpflichtungen und Termine erfüllen. Aber überfordert uns dies nicht? Eigentlich möchten wir doch das Gegenteil: mehr Freiraum und weniger Einschränkungen für uns selbst, etwas, das jedoch unter den heutigen Lebensbedingungen immer schwerer zu verwirklichen ist. Auf Navarino, am chilenischen Ende der Welt würde man unsere Probleme nicht verstehen. Die Insel ist dünn besiedelt, und die Menschen sind auf die gegenseitige Hilfe und Unterstützung angewiesen. Jeder weiß, dass er genauso bereitwillig Hilfe erhalten wird, wenn er sie benötigt und hilft jedem bereitwillig.

Die abgelegene Insel erwartet uns mit all ihrer wilden Schönheit, mit verwinkelten Fjorden, dem abgeschiedenen Dientes-Gebirge, knorrigen Südbuchenwäldern, Biberdämmen und windumtosten, verschneiten Pässen. Bis vor Kurzem war der direkte Zugang von Ushuaia über den Beagle-Kanal nicht möglich. Stattdessen mussten Besucher einen langen Umweg über Punta Arenas in Kauf nehmen.

Wir stehen pünktlich an der Muelle Turistico, dem Touristen-Pier. Unsere Pässe sind abgestempelt, wir besteigen ein kleines Motorboot mit festem Aufbau und verabschieden uns von Argentinien. Gemeinsam mit zehn anderen jungen Reisenden und unseren schweren Rucksäcken sitzen wir im Unterdeck. Oben befindet sich der Steuermann in seiner Kabine. Bei ruhigem Wetter dauert die Überfahrt lediglich 30 Minuten, doch bei starkem Wellengang kann sie sich bis auf das Dreifache verlängern, und wenn ein Sturm aufzieht, wird die Fahrt abgesagt. Sobald wir das ruhige Gewässer des Hafens hinter uns gelassen haben, beginnt das Boot im Takt der Wellen zu schaukeln, und der Horizont bewegt sich im gleichen Rhythmus. Das Wasser klatscht gegen die Bootswand und spritzt an die Fensterscheiben. Einige Passagiere werden blass. Doch sobald wir in die geschützte Bucht auf der gegenüberliegenden Seite des Beagle-Kanals einfahren, beruhigt sich der Wellengang. An einem schmalen Holzsteg legen wir an und betreten chilenisches Territorium.

Puerto Navarino ist ein abgelegener Vorposten der chilenischen Carabineros mit drei Häusern, Nebengebäuden und einem kleinen

Leuchtturm. Ansonsten nur Stille und Abgeschiedenheit. Nach der ersten Passkontrolle und den üblichen Fragen nach tierischen und pflanzlichen Erzeugnissen, die nicht eingeführt werden dürfen, bringt uns ein Minibus entlang der Küstenstraße nach Puerto Williams. Unterwegs entdecken wir in einer Bucht ein umzäuntes Gelände mit zahlreichen weiß angemalten Holzkreuzen. Es ist der Cementerio Indígena, der Friedhof der Yaganes, die hier an der Bahia Mejillones ihre letzte Ruhestätte gefunden haben. Über mehrere Tausend Jahre lebte diese indigene Bevölkerung an diesem Ort, ehe sie durch Goldsucher und Schafzüchter vertrieben wurde. Der Friedhof, seit 1976 ein historisches Denkmal, erinnert an die Zeit, bevor die Weißen kamen und sie verdrängten.

Nach einer Stunde erreichen wir Puerto Williams, ein beschauliches Städtchen. In den kleinen, mit Wellblech gedeckten Holzhäusern wohnen rund zweitausend Einwohner. Die Hälfte davon arbeitet für die Marine, die hier ihren Stützpunkt hat. Jetzt, im November, gegen Ende des Frühlings, liegen die Tagestemperaturen nur wenig über 10 Grad, und die Gasheizungen laufen noch auf vollen Touren. Bis auf die Hochsommermonate Dezember und Januar sind sie ständig in Betrieb. Frei laufende Pferde suchen in den Vorgärten nach Futter. Viel Schaden können sie nicht anrichten, denn Blumen blühen hier nicht, nur Löwenzahn.

Wir haben noch keine Unterkunft und fragen nun Passanten nach einem Hostal. Zufällig treffen wir auf Gabriela von "Turismo Shila", einer chilenischen Agentur, die den Bootstransfer nach Ushuaia organisiert. Sie bringt uns zu ihrer Freundin Patty. Leider ist sie schon ausgebucht. Ihr kleines, holzgetäfeltes Wohnzimmer wirkt ausgesprochen gemütlich. Nachdem uns draußen gerade noch kalt war, beginnen wir in dem überheizten Zimmer zu schwitzen. Gabriela zuckt nur mit den Schultern.

"Es ist wie überall in Patagonien", erklärt sie. "Draußen ist es zu kalt, drinnen zu warm."

Patty bringt uns sogleich einen Kaffee.

"Bei mir gibt es nur Bohnenkaffee. Nescafé no es café!", Nescafe ist kein Kaffee!, lacht sie herzlich. Patty schlägt vor, es bei

Lorena gegenüber zu versuchen. Dort steigen wir über Zementsäcke und Bretter zum Hauseingang. Vicente, Lorenas Mann ist gerade dabei, Fremdenzimmer anzubauen, da immer mehr Touristen Feuerland besuchen und eine Unterkunft suchen. Da kommt uns auch schon Lorena mit einem Lächeln entgegen: "Ja, ihr könnt bei mir übernachten. Ein Zimmer ist noch frei."

Vicente ist hauptberuflich Fischer und kennt sich auch bestens mit Centollas aus. Nun können wir einige Wissenslücken über die Krebse schließen. Während unserer Fahrt hierher hatten wir öfters Ansammlungen von kugelförmigen Drahtkörben gesehen und uns gefragt, was damit gefangen wird. Nun wissen wir es: Sie dienen zum Fang von Centollas! Die Fischer legen Fischköpfe als Köder in die oben offenen Körbe und lassen diese dann in Tiefen von bis zu 100 Metern im Beagle-Kanal ab. Angelockt von dem Köder krabbeln die Krebse hinein und sitzen dann in der Falle, denn an den schrägen Innenwänden können sie nicht mehr herausklettern.

"Jetzt im November geht die Fangsaison zu Ende! Sie beginnt erst im Juli wieder!", klärt er uns auf.

"Da könnten wir ja noch mit einem Fischer rausfahren und beim Fangen zuschauen! Das würde uns interessieren!" Erwartungsvoll schauen wir Vicente an.

"Ich werde mich umhören", verspricht er uns und fügt noch an: "Da müsst ihr aber früh aufstehen!"

Leider wollte uns kein Fischer mitnehmen. Wir wären ihnen auch nur im Weg gestanden, denn auf den Kuttern geht die Arbeit wie automatisiert von der Hand: Hochholen des Korbes, Herausholen der Königskrabben, Fischkopf einlegen, Korb wieder ablassen. Zeit für Touristen haben sie bei dieser Tätigkeit nicht.

Bis vor knapp 200 Jahren war der Beagle-Kanal noch völlig unbekannt. Damals, im Jahr 1832, erreicht die Besatzung der HMS Beagle, einem Zweimaster die Nueva- und Lennox-Inseln. Im Westen entdeckten die Kartografen ein unbekanntes Gewässer, das sie vor ein Rätsel stellte. War es eine Ausbuchtung des Pazifiks? Sie können die Ausdehnung nicht abschätzen. Kapitän Fitz Roy beschließt, sie genauer zu erkunden. Er lässt ein kleines Segelboot zu Wasser und begibt sich mit einigen Männern auf Entdeckungsfahrt. Sie folgen der südlichen Küstenlinie und gelangen nach Tagen in einen Kanal, der sie nach Süden führt. Er wird später nach Murray, einem Mitglied des Erkundungstrupps, benannt. Über die Bahia Nassau, eine große Bucht zwischen der umrundeten Insel und dem Archipel um Kap Hoorn, kehren sie schließlich zu ihrem Schiff zurück. Die umsegelte Insel nennen sie Navarino. Aber erst Jahre später wird klar, dass die Ausbuchtung des Pazifiks sich noch weiter nach Osten erstreckt und eine durchgehende Wasserstraße zum Atlantik ist. Sie erhält den Namen des Vermessungsschiffes und ist seitdem als Beagle-Kanal bekannt.

"Es liegt noch einiges an Schnee, aber die Sonne schmilzt ihn jetzt schnell ab, denn der Trail liegt überwiegend im Süden." Der junge Mann in der Holzhütte der Touristinformation in Puerto Williams verbreitet Optimismus. Wir wollen ihm gerne glauben, zumal es gerade mit annähernd 20 Grad ungewöhnlich warm ist. Luis, bei dem wir noch Gaskartuschen kaufen, bleibt hingegen skeptisch: "Es ist noch zu früh für die Umrundung der Dientes-Berge. Der Abstieg vom Virginia Pass könnte noch schwierig und gefährlich sein. Dort liegt noch zu viel Schnee und auch die Markierungen sind verdeckt. Wer auf dem Pass geradeaus weiter geht, kommt unversehens an einen Steilabbruch mit einer überhängenden Wechte. Die sieht aus wie ein unschuldiges Schneefeld. Bei schlechter Sicht besteht die Gefahr, dass man zu weit hinausgeht, mit der Wechte abbricht und hundert Meter in die Tiefe stürzt! Vor genau einer Woche ist das einem spanischen Touristen zum Verhängnis geworden, der seine Freunde bei ihrem Abstieg fotografieren wollte. Den Sturz hat er leider nicht überlebt." Energisch schüttelt er den Kopf: "Ich würde euch nicht raten, jetzt schon loszugehen! Wenn es aber unbedingt sein muss, haltet euch an dem Pass strikt an die Felsen auf der rechten Seite. Dort führt der Abstieg entlang!"

Wir überlegen. Sollte der Pass zu gefährlich sein, müssten wir den ganzen Weg zurückgehen. Drei Tage lang!

Aber wir bleiben optimistisch. Es muss nicht alle Tage stürmen, regnen oder schneien, zudem haben wir Reservetage eingeplant und können schlechtes Wetter zur Not im Zelt aussitzen.

Die Laguna Robalo, nur grau unter wolkenverhangenem Himmel, aber eisfrei.

Bevor wir losgehen, registrieren wir uns noch bei dem Kommissariat der Prefectura Magallenes in Puerto Williams, eine Pflicht für Wanderer. Die Carabineros tragen Pass-, Versicherungsdaten und aktuelle Adresse in ein dickes Buch ein. Für alle Fälle.

Unser kleines Gepäck lassen wir bei Patty, denn nach unserer Rückkehr können wir bei ihr unterkommen. Als Klaus sich vorstellt, fragt sie nach: "Como te llamas?" Wie heißt du?

Seinen Namen übergeht sie augenzwinkernd: "No lo creo! Todos los Alemanos se llaman Otto!" Nein das glaube ich nicht! Alle Deutschen heißen Otto! Klaus war für sie Otto, der Name gefiel ihr und aussprechen konnte sie ihn auch besser.

Im Wohnzimmer sitzt ein Pärchen aus Neuseeland, sichtlich frustriert. Gestern haben sie den Dientes-Trek vorzeitig abgebrochen.

"Es war kalt, die Hänge lagen unter tiefem Schnee und waren sehr rutschig. Wir kamen nur bis zur Laguna del Salto. Zurück sind wir im Flusstal des Rio Robalo gegangen, weil dort weniger

Schnee liegt, das war aber keine gute Idee. Der Weg war auch schwierig, viel Morast, umgestürzte Bäume, kaum Wegemarkierungen."

Eine kleine Rundtour immerhin, aber ein Erlebnis, das sie nicht wiederholen möchten. Beim Abschied erzählt Patty gestenreich, dass es in den Lagunen unterwegs viele Forellen gibt. Sie macht eine schnelle Armbewegung nach oben, als ob sie soeben einen imaginären Fisch aus dem Wasser gezogen hätte und lacht: "Puedes pescarlos con las manos!" Man kann sie mit den Händen fangen! Ein guter Gedanke an diesem grauen, nebligen Tag.

Ein liebevoll angelegter Weg führt durch einen lichten Buchenwald hinauf zum Cerro Bandera, einem Aussichtspunkt 600 Meter über Puerto Williams. Er ist nicht zu verfehlen, eine chilenische Flagge am Gipfel weist den Weg. Heute hat sie allerdings dichter Nebel verschluckt, aber wir hören sie. Heftig flattert sie im Wind. Über eine weite Hochebene steigen wir auf und danach an steilen und verschneiten Hängen scheinbar endlos auf und ab. In der Tiefe ständig das Flusstal des Rio Robalo im Blick. Auf einem abschüs-

Die Laguna del Salto, unser Tagesziel am Ende des Flusstals, liegt bereits vollständig unter einer Eisschicht.

sigen Schneefeld setze ich behutsam einen Fuß vor den anderen, versuche in die Fußstapfen zu treten, die Klaus hinterlassen hat. Plötzlich erfasst mich eine Windböe. Ich verliere das Gleichgewicht und schon rutsche ich nach unten. Schnell drehe ich mich auf den Bauch, stemme mich auf und schaffe es gerade noch rechtzeitig zum Stehen zu kommen. Das war wirklich knapp. Tiefer hätte ich nicht gleiten dürfen, da ich sonst zu viel Geschwindigkeit aufgenommen hätte. Bremsen hätte ich mich dann nicht mehr können. Ich stehe da wie gelähmt und spüre, wie mein Herz heftig pocht. Klaus reicht mir seine Hand und unterstützt mich dabei, zurück auf den Weg zu gelangen. Die Querung steiler Schneefelder ohne Steigeisen ist riskant. Konzentriert setze ich meinen Weg fort. Die nächste Lagune taucht auf. Ist das schon die Laguna del Salto? Nein! Erst die Laguna Palachinque. Weiter über steile Hänge und rutschige Schneefelder. Doch dann kommt endlich die Laguna del Salto in Sicht, eisbedeckt und etwa 300 Meter tiefer. Hinter ihr endet das Tal. Aus den umliegenden verschneiten Berge rinnt Schmelzwasser in Strömen herab und speist den Robalo-Fluss, der

Kurze Verschnaufpause in einer steil zerklüfteten Felsflanke auf dem Weg zum Dientes-Pass.

hier seinen Ursprung hat. Wir haben unser Tagesziel fast erreicht. Nur noch einen steilen Geröllhang hinunter. Unten fragt mich Klaus:

“Rate mal, wie spät es ist?” “Vier Uhr”, sagt mir mein Zeitgefühl.

“Nein, es ist bereits sechs!” Statt der geplanten vier Stunden haben wir beinahe doppelt so lang gebraucht. Unser Zelt schlagen wir in dem Talkessel direkt am Ufer der kleinen Lagune auf. Braune Pfeifenten spazieren zu zweit über das gefrorene Wasser, bewegen dabei ihr weißschwarzen Schwanzfedern ständig hin und her. Ob ihnen kalt ist?

Der Morgen bricht an und verheißt einen schönen Tag. Der Nebel hat sich verzogen, der Himmel strahlt in sattem Blau. Die Sonne erwärmt die Luft und lässt die Eisdecke auf dem See langsam schmelzen. Ideales Wetter für die bevorstehende Herausforderung: der Aufstieg auf das Hochplateau. Er führt durch eine steinige und nasse Rinne, einem Wasserfall ähnlich steil bergauf. Wir klammern

Noch ahnen wir nichts von den Beschwerlichkeiten, die auf unserem weiteren Weg warten.

uns an Büsche, Äste und Buchenstämme, können jedoch nicht verhindern, dass wir ständig zurückrutschen. Eiskaltes Schmelzwasser strömt uns entgegen und ergießt sich über unsere Kleidung. Die Kälte bleibt spürbar, denn als wir das Hochtal erreichen, finden wir uns plötzlich inmitten einer Winterlandschaft wieder. Drei junge Amerikaner wärmen sich auf, albern im Schnee herum. Spontan schließen wir uns an und beginnen eine ausgelassene Schneeballschlacht. Irgendwann haben wir uns ausgetobt und stapfen dann gemeinsam durch den knöchel- bis kniehohen Schnee zum Australia-Pass. Unsere Freunde sind schneller als wir und schon bald verschwunden. Die Route zum nächsten Pass, dem Dientes-Pass, führt entlang einer steil zerklüfteten Felsflanke, schneebedeckt und vereist und angesichts der aktuellen Bedingungen stellt sie eine echte Herausforderung dar. Sicherheitshalber schnallen wir uns Grödel unter die Schuhe. Die Zacken versprechen mehr Halt beim Klettern. Nach unten will ich nicht schauen. Ein Sturz zwischen verschneite Felsblöcke oder gar auf die zuge-

Nach Überqueren des Dientes-Passes öffnet sich eine Lagunenlandschaft. Auch der Winter scheint sich hier schon weitgehend zurückgezogen zu haben.

frorene Lagune könnte fatal sein. Nur nicht dran denken! Konzentriert arbeiten wir uns langsam vorwärts. Die Vorstellung, dass wir bald die Südseite erreichen und der Weg einfacher wird, treibt uns an. Doch die Aussicht auf dem Pass enttäuscht uns. Auch auf der Südseite der Insel liegt noch viel Schnee. Über tief verschneites Geröll steigen wir ab. Die Sonne stahlt warm auf mich herab. Unvermittelt überkommt mich ein Glücksgefühl und ich empfinde eine tiefe Verbundenheit mit der wilden und unberührten Natur. Vor uns in einem Tal zeichnet sich die Dientes-Lagune ab. Seltsam genug führt eine alte Spur im Schnee nicht direkt hinunter zur Lagune, sondern schwenkt rechts ab und führt einen Hang hinauf. Warum dieser Umweg? Also kämpfen wir uns weglos durch Gebüsch und über Felsblöcke direttissima steil bergab zum Seeufer. Dort versuchen wir uns erneut zu orientieren und stellen fest: Zwar sind wir am richtigen See angekommen, jedoch nicht auf dem vorgesehenen Weg! Sollen wir umkehren? Es ist bereits spät, ich bin müde und möchte hierbleiben.

Leuchtend rot-oranger Sonnenaufgang über den Wollaston Inseln im äußersten Süden Chiles, unweit von Kap Hoorn.

Wir finden einen Platz für unser Zelt zwischen abgestorbenen Südbuchen, genießen die Wärme der späten Nachmittagssonne und betrachten lange die Inselwelt um Kap Hoorn, bis sie allmählich im letzten Abendlicht versinkt und sich schließlich vollständig in Dunkelheit hüllt.

Die frühe Sonne taucht die Inselwelt im äußersten Süden Chiles in einen violett-roten Schimmer und setzt sie wieder in Szene. Es ist ungewöhnlich warm. Ein Wetterwechsel kündigt sich an. Wir steigen unsere "Abkürzung" hoch, folgen den vermutlich falschen Trittspuren und finden auf den Trail zurück. Abermals sind wir überrascht von den Unmengen an Schnee, die hier auf der Südseite der Insel noch liegen. Hat uns der Tourist Officer nicht gesagt "Im

Wieder zurück über verschneite Hänge.

Süden ist alles abgetaut." Aber wie kann er das von Puerto Williams aus beurteilen!

Bald sehen wir uns mit neuen Herausforderungen konfrontiert. Die intensive Sonneneinstrahlung schwächt die Schneedecke zusehends. Ahnungslos brechen wir immer wieder ein, bis zu den Knien oder manchmal sogar bis zur Hüfte. Vorsichtig tasten wir uns vowärts, belasten die Schneedecke behutsam und versuchen herauszufinden, ob sie uns tragen kann. Doch immer wieder versinken wir in hohem Schnee und im eingeschneiten Geäst kleiner Südbuchen. Wir fallen von einem Schneeloch ins nächste und kommen einfach nicht voran. "Rumms", schon wieder stecke ich mit meinem schweren Rucksack in einem Schneeloch. Wimmernd

liege ich auf dem Rücken. Diesmal habe ich mir mein Knie bei dem Sturz verdreht. Klaus hilft mir aus dem Schnee und begutachtet mein Knie, das höllisch schmerzt und langsam anschwillt. In diesem Augenblick wird ihm klar, dass unsere Tour zu Ende ist und er sorgt sich darüber, wie ich den Rückweg unter diesen Umständen bewältigen kann. Er versorgt mich mit abschwellenden und schmerzstillen Tabletten und bandagiert das Knie. Wir kehren um. Mir graust bereits vor der ausgesetzten Passage zwischen dem Dientes- und dem Australia-Pass. Wie soll ich die Kletterei mit meinem verletzten Knie schaffen? Die Herausforderung erweist sich als noch schwieriger, als ich sie in Erinnerung hatte. Verzweifelt klammere ich mich an Felsrippen fest und suche ständig nach einem sicheren Halt für meine Füße. Unter mir erstrecken sich nur verschneiter Fels und ein gefrorener See, und in meinem Kopf herrscht nur ein einziger Gedanke: Bloß nicht ausrutschen! Wie in Zeitlupe bewege ich mich vorwärts. Nach einer halbstündigen Kletterpartie fühle ich endlich wieder festen Boden unter meinen Füßen. Erleichtert amte ich auf. Der weitere Weg gestaltet sich einfacher, und mein Knie hält der Belastung offenbar stand.

Die Strecke, die wir gestern herkamen, ist in der Gegenrichtung kaum wiederzukennen. An die ausgedehnten Schneefelder können

Von weitem grüßt die windzerzauste chilenische Nationalflagge auf dem Cerro Bandera. Puerto Williams ist nicht mehr weit.

wir uns nicht mehr erinnern, aber an die steile nasse Rinne zur Laguna del Salto hinunter nur zu gut. Erschöpft krieche ich an unserem alten Zeltplatz in meinen Schlafsack und kann nur hoffen, dass diese Tortur ein baldiges Ende findet.

Die Entscheidung sofort umzukehren erweist sich als richtig, denn der Wetterwechsel kommt schneller als erwartet. In der Nacht beginnt es zu regnen und der Tag kündigt sich kalt, grau und mit starken Windböen an. Über verschneite Steilhänge und Geröllfelder kehren wir zum Cerro Bandera zurück. Jeder Schritt verursacht höllische Schmerzen. Ich komme mit dem lädierten Knie nur langsam voran und habe den Eindruck, als ob der Weg sich über den halben Planeten zieht.

Wir kommen einige Tage früher als geplant zurück. Wenn wir Pech haben, sind alle Zimmer bei Patty belegt. Sind sie auch! Jakub aus Holland, Musikdozent für Klavier, war aber so freundlich, seinen Schlafplatz für uns zu räumen und in ein Mehrbettzimmer nebenan zu wechseln. Zehn Tage lang war er allein mit seinem Faltkanu an den Küsten Navarinos unterwegs. Zweimal ist er gekentert. “Schwierig ist, dann wieder ins Boot zukommen.” Das kenne ich von meinen missglückten Eskimorollen im Tegernsee. Sein Riesenschmöker “The Uttermost Part of the Earth” von Lucas

Die Plaza Bernardo O'Higgins im Zentrum von Puerto Williams. Kandidaten bewerben sich um einen Sitz im neuen Regionalparlament.

Das kleine Schiff bringt Touristen aus Ushuaia zu dem Anlegesteg in Puerto Navarino, in einer geschützten Bucht am Südufer des Beagle-Kanals.

Bridges ist tropfnass geworden, jetzt liegt er mit aufgequollenen Seiten vor dem Ofen und trocknet langsam.

Auf dem Kommissariat der Prefectura Magallanes melden wir uns zurück.

“Können Sie verunglückte Touristen retten?”, frage ich neugierig, denn es hätte ja sein können, dass man mich bei einer stärkeren Verletzung womöglich einem Beinbruch hätte bergen müssen.

“Selbstverständlich!”, erklärt der Carabinero.

“Wie kann ich denn mitteilen, dass ich Hilfe brauche?”

“Durch andere Touristen! Die informieren uns! Für solche Fälle haben wir auch einen Hubschrauber.”

Jedenfalls habe ich den Eindruck, dass sie nur bedingt auf derartige Notfälle eingerichtet sind. Bis zum Anlaufen einer Rettungsaktion vergeht viel Zeit und bis Hilfe kommt, bin ich längst ein Gerippe mit Rucksack. Navarino liegt am Ende der Welt. Hier ist jeder für sich selbst verantwortlich. Wer Abenteuer sucht, soll so handeln, dass er keine Hilfe von anderen braucht. Eine alte Pionierweisheit.

Als wir von Puerto Williams abfahren, begegnen wir erneut den drei jungen Amerikanern.

"Habt ihr den Dientes-Trek geschafft?", fragen wir neugierig. Das Gesicht von Jim wird ernst: "Ja, das haben wir, aber es war die härteste und schwierigste Tour unseres Lebens. Der hohe Schnee hat uns extrem gefordert. Vor der Passage am Virginia-Pass hatten wir besonders großen Respekt, denn wir hatten bereits viele Gruselgeschichten von Abstürzen gehört. Wir folgten der Spur zum Fels, mussten im Schnee eine Spur anlegen und ständig aufpassen, nicht auf dem vereisten Untergrund auszurutschen."

Seine beiden Freunde nicken mit ernster Miene. John fügt hinzu: "Oh ja, das war eine Tortur, wir brauchten sehr lange für den Abstieg."

Neustart

Vier Monte später stehen wir erneut vor dem Hostal Pusaki in Puerto Williams. Patty begrüßt uns wie alte Freunde. Wir beziehen erneut unser kleines Zimmer und bereiten uns für den kommenden Tag vor: Registrieren uns bei der Polizei, kaufen Gaskartuschen und holen aktuelle Informationen über den Weg zum Lago Windhond ein, einem See am südlichen Ende der Insel, ähnlich groß wie der Chiemsee. Lediglich eine schmale Landbrücke trennt ihn vom Pazifik und dem weniger als 100 Kilometer entfernten Kap Hoorn. Unser Ziel ist es, von dort aus auf den Dientes Trek zu gelangen, den wir dieses Mal vollständig bewältigen möchten. Nachdem wir bereits die Etappe bis zur Dientes Lagune kennen, haben wir uns für den alternativen Zugang entschieden, der uns vom Lago Windhond über den Monte Bettinelli auf den Dientes Trek zurückbringt. Am Abend verwöhnt uns Patty mit himmlisch schmeckenden Centollas und hausgemachter Knoblauchsalsa. Sie ist nicht nur eine hervorragende Köchin, sondern auch eine Art Ersatzmutter und -partnerin für viele Reisende. Sie scheint über eine unerschöpfliche Quelle an Königskrabben zu verfügen und bewirtet neben Touristen auch Bauarbeiter und Freizeitkapitäne, deren Schiffe im Hafen von Puerto Williams ankern.

Wir möchten früh aufbrechen und melden uns für acht Uhr zum Frühstück an. Ein Aufschrei: "Unmöglich! Da bin ich noch im Pyjama!", ruft Patty und schaut uns fassungslos an. Dennoch schafft sie es zu dieser "Unzeit" aus dem Bett. Noch im geblümten Schlafanzug setzt sie Wasser für den Kaffee auf. Auf das Frühstück müssen wir trotzdem warten.

"Falta pan!" Es fehlt Brot, erklärt sie und zuckt bedauernd mit den Schultern: "Der Laden nebenan hat noch geschlossen!"

Kurz nach neun ziehen wir los. Die Abkürzung über den Ukika Fluss, die uns die Frau von Luis empfohlen hat, erweist sich als unmöglich. Die Suche nach einer Brücke bleibt erfolglos, es gibt keine mehr. Zeitraubend war sie auch. Wir haben keine andere Wahl, als den Weg zurück zur Mündung des Flusses am Beagle-Kanal anzutreten, um ihn dort zu überqueren.

Der Lago Windhond liegt mitten in einem von Bibern gestalteten Sumpfgebiet. Auf der Karte sieht der Weg dorthin unkompliziert aus, immer am Fluss entlang. Doch in Wirklichkeit kämpfen wir uns durch Überschwemmungsgebiete und Wälder mit dichtem Unterholz. Die Biber haben viele Bäume zu Fall gebracht, Dämme errichtet und Wasser gestaut. Es tritt über die Ufer, verursacht Überschwemmungen, formt Moorlandschaften und hinterlässt Baumfriedhöfe. In den Gebieten, in denen die Biber ihre Verwüstungen noch nicht begonnen haben, erstrahlt das Laub der Südbuchen in einem feurigen Rot und zwischen blauen Lagunen leuchten gelbe Gräser, grüne Moose und orangefarbener Sonnentau. Mit ihren vielfältigen Farben, Kontrasten und Schattierungen wirkt die Natur dort wie ein lebendiges Aquarellgemälde. Ein kühler Wind kommt auf. Noch erstrahlen die gezackten Zinnen der Dientes Navarino Berge im letzten Licht der Spätsommersonne. Es wird Zeit, einen Platz für die Nacht zu finden. Zwischen Moosbeeren-Sträuchern entdecken wir einen halbwegs trockenen Ort zum Aufstellen unseres Zeltes.. Die Nacht ist absolut still. Hin und wieder hören

Die gezackten Zinnen der "Navarino-Zähne" erstrahlen im warmen Licht der patagonischen Spätsommersonne.

wir ein leises Plätschern. Schleicht vielleicht ein neugieriger Biber um unser Zelt?

Bei Sonnenaufgang weckt mich der schrille Schrei des Tiuque, doch leider lässt sich der Vogel nicht blicken. Für die Mapuche deutet der charakteristische Ruf des Falken auf kommenden Regen hin, da der Vogel sich von Regenwürmern und anderen Würmern aus feuchter Erde ernährt. Wir hoffen jedoch sehr, dass diese Wettervorhersage nicht zutrifft. Noch liegt ein zarter Nebelschleier über dem Moor und die aufgehende Sonne wirft lange Schatten über das Land. Unzählige Tautropfen funkeln im Licht. Ein wunderschöner Tag beginnt, jedoch nicht ohne neue Herausforderungen. Wir klettern wieder über umgestürzte Baumstämme, bahnen uns einen Weg durch Windbruch, umgehen Gebiete mit Torfschlamm und suchen in Sümpfen und auf Torfmoos nach möglichst festem Untergrund. Bei jedem Schritt federt der Boden unter unseren Füßen, als wären wir auf einem Wasserbett unterwegs. Wir balancieren auf Baumstämmen über Flüsse oder durchwaten sie.

Das in die Jahre gekommene Refugio Charles bietet zwar noch einen gewissen Schutz vor dem launischen patagonischen Wetter, aber gemütlicher übernachten wir in unserem Zelt.

In der abgeschiedenen Wildnis erfahren wir täglich, wie auch unsere Gedankenwelt sich ändert. Am Lagerfeuer versammelt, sind wir authentisch, ohne uns zu verstellen oder dem Zwang einer vorteilhaften Präsentation zu unterliegen. Hier zählt allein die Ehrlichkeit und Aufrichtigkeit unserer Gedanken.

Abenteuerliche Wege in einer märchenhaften Landschaft. In einem Waldstück wird der Boden fest, und unvermittelt taucht das Refugio Charles vor uns auf, eine schlichte Holzhütte.

“Jemand da?” Unser Ruf bleibt unbeantwortet. Der kleine Ofen ist kalt, und auf den fleckigen Stockbetten liegen keine Gepäckstücke. Offenbar sind wir hier allein. Die Hütte ist schon in die Jahre gekommen. Im Boden und in den Wänden klaffen große Lücken, doch sie bietet ein Dach über dem Kopf und Schutz vor dem launischen patagonischen Wetter. Zum Lago Windhond sind es nur noch wenige Schritte, wir können ihn schon sehen. Sein Ufer ist an dieser Stelle flach und sandig, zum Angeln vollkommen ungeeignet. Auf die gebratenen Forellen, an die ich in den letzten Stunden ständig gedacht habe, müssen wir wohl verzichten. Plötzlich nähert sich eine Gestalt mit gelbem Rucksack, watet durch das kniehohe Wasser des Rio Windhond, der hier in den See mündet. Mike kommt soeben von der Bahia am anderen Ende des Gewässers zurück. Er ist schon etliche Tage hier unterwegs, hat die Gegend bereits ausgiebig erkundet und kennt auch einen guten Angelplatz: “Eine knappe Stunde von hier. Allerdings müsst ihr drei Flüsse durchqueren." Er zeigt in die Richtung, aus der er gerade kommt. Wir winken ab. Heute nicht mehr!

Mike, ein US-Amerikaner in den späten Dreißigern, hat seine Karriere als IT-Spezialist in San Diego hinter sich gelassen. Mit ständig steigenden Anforderungen an seinem Arbeitsplatz wuchs auch sein Alkoholkonsum, bis ihm eines Tages klar wurde, dass er ohne Alkohol seine Arbeitslast nicht mehr bewältigen konnte. Er war süchtig geworden, durchlief Therapien und nahm an Treffen der Anonymen Alkoholiker teil. Doch die Angst vor einem Rückfall war so groß, dass er eine Rückkehr in das stressige Berufsleben kategorisch ausschloss. Stattdessen entschied er sich, sein altes Leben hinter sich zu lassen und einen Neustart zu wagen. Er suchte einen Ort, an dem Alkohol nicht rund um die Uhr verfügbar ist. In der menschenleeren Wildnis Patagoniens hat er ihn offensichtlich gefunden. Hier kann er sich von der Hektik der modernen Welt zurückziehen, inmitten der unberührten Natur neue Kraft schöpfen und die innere Ruhe finden, die er sucht.

Kurz vor Einbruch der Dunkelheit vernehmen wir Stimmen, die sich nähern. Schließlich tritt ein Abenteurer mit Trapperhut und geflochtenen Kinnbart aus dem Wald. In seinem Gürtel steckt ein Jagdmesser. Ihm folgt eine Frau. Sie stellen sich als Pascal und Katharina vor. Pascal jagt Biber und verkauft ihr Fleisch in Puerto Williams, wo es offenbar in Restaurants als Delikatesse geschätzt wird. Er errichtet sich in der Nähe ein Blockhaus mitten in der Wildnis. Das Grundstück hat ihm die Regionalregierung geschenkt, als Belohnung für seinen Einsatz gegen die Biberplage. Er darf auch so lange in Chile bleiben, wie er möchte. Seine Arbeitsaufteilung sagt ihm zu: Während des Sommers auf der Nordhalbkugel arbeitet er sechs Monate lang für eine Reederei in Alaska und verdient dabei gutes Geld, um die Sommermonate auf Navarino zu verbringen. Bald wird sein Blockhaus fertig sein und er wird inmitten der unberührten Natur bei den Bibern leben. Katharina, etwa 40 Jahre alt, reist alleine mit ihrem Rucksack um die Welt. In Puerto Williams hat sie Pascal kennengelernt, der von der Landschaft am Lago Windhond schwärmte und ihr anbot, sie dorthin zu begleiten.

Katharina hat sich bewusst von ihrem früheren Berufsleben und einem konsumorientierten Lebensstil gelöst. Sie führt nun ein einfaches und eigenverantwortliches Dasein. Ihre Lebensphilosophie lautet: Sich mit wenig zufriedengeben, den nächsten Tag so anzunehmen, wie er kommt, und die Fähigkeit zur Improvisation stets zu bewahren. Wir können Katharina gut verstehen. In der heutigen arbeitsteiligen Welt gibt es für alles Spezialisten, die optimale Lösungen für fast alle Lebensbereiche anbieten. Das ist sicherlich vorteilhaft, hat aber auch seinen Preis. Die Anforderungen im Berufsleben steigen stetig, und Stress und Burn-out als Folge sind längst keine Seltenheit mehr. Allgemeinwissen allein reicht oft nicht mehr aus, um sich zu profilieren. Die Balance zwischen Beruf und persönlichem Wohlbefinden gelingt immer seltener. Und wir fragen uns: War die Menschheit früher glücklicher? Während unserer Reisen in weit entfernte Länder begegneten wir mehr Armut, weniger Konsum und Stress, aber gleichzeitig erlebten wir auch mehr Lebensfreude. Der Rhythmus des Lebens verläuft dort langsamer. Die Menschen nehmen sich noch Zeit für Gespräche mit ihren Nachbarn, helfen einander, ohne zu zögern, und es gibt immer einen Grund zum Lachen. Es scheint, als ob diese Einfachheit und das Miteinander ein höheres Maß an Zufriedenheit und Glück mit sich bringen als unser kompliziertes und abgesichertes Leben mit all seinem Komfort. In diesen Begegnungen haben wir erfahren, dass Glück nicht unbedingt durch materiellen Reichtum oder hohen Status erreicht wird, sondern vielmehr durch zwischenmenschliche Verbundenheit und das bewusste Leben im Hier und Jetzt.

Nebel hat uns eingehüllt. Er wird immer dichter. Die Sonne schafft es nicht, ihn zu durchdringen, und der Cerro Bettinelli, über den wir gehen möchten, ist komplett verschwunden. Nur die Bäume in unmittelbarer Nähe sind noch zu erkennen. Es ist kurz vor sieben Uhr. Das Wetter kommt mir sehr gelegen, denn es gibt mir einen guten Grund, noch ein wenig weiter zu schlafen. Doch plötzlich durchbrechen Sonnenstrahlen wie durch ein Wunder das Grau, und nur wenige Minuten später erstrahlt die Umgebung im warmen Sonnenschein. Typisches patagonisches Wetter, es wechselt unglaublich schnell. Warum hat die Sonne sich nicht noch etwas Zeit gelassen? Jetzt habe ich keine Ausrede mehr, um noch etwas länger im Schlafsack zu bleiben. Ich schaue zu Klaus, sehe ihn bereits im Zelt sitzen, bereit zum Aufbruch, aber weit gefehlt. Er macht keine Anstalten aufzustehen. Offenbar hat auch er sich auf einen Ruhetag eingestellt. Wir spüren, wie die Sonne aufs Zelt scheint und es angenehm warm wird.

"Ist es nicht schön, Zeit zu haben?", stelle ich zufrieden fest.

Klaus schaut mich nachdenklich an.

"Ja, nun haben wir alle Zeit der Welt", stimmt er mir zu. "Aber auch nur, weil wir nicht mehr berufstätig sind und keine Verpflichtungen oder Termine haben ..."

"Nicht nur deswegen", entgegne ich. "Ich habe den Eindruck, dass unsere Tage immer zu kurz sind, wenn sie nach einem festgelegten Rhythmus ablaufen: Wir schlafen morgens länger, pflegen unsere lieb gewonnenen Gewohnheiten und deshalb kommt der Abend stets zu früh!"

"Und wir versuchen auch, das nachzuholen, was im Berufsleben zu kurz kam", ergänzt Klaus.

Nach jahrzehntelanger Berufstätigkeit, die durch straffe Zeitpläne und ständig neue Herausforderungen geprägt war, hat sich unsere Wahrnehmung von Zeit inzwischen grundlegend gewandelt. Wir müssen nicht mehr jede Minute effizient nutzen, sondern können den Tag nach unseren eigenen Vorstellungen und Bedürfnissen gestalten. Und bei all unseren Bemühungen, Versäumtes nachzuholen, bleibt eben oft nur wenig Raum für freie Zeit. Sind wir nicht wieder in eine andere Zeitfalle hineingelaufen?

Der Tag verläuft ruhig und entspannt. Klaus versucht sein Glück beim Angeln an einer nahe gelegenen Lagune. Pascal hatte ihm eine einfache Wurfangel gegeben, bevor er zu seiner Hütte aufbrach. Doch die lange Schnur mit Haken hat ihre Tücken. Der Haken soll möglichst weit auf das Wasser hinausfliegen, ohne sich in seiner Jacke zu verheddern. Mit voller Konzentration lässt er den Haken fliegen, aber der verfängt sich im Ärmel seiner Jacke und bleibt dort hängen. Der nächste Wurf wird besser, der Haken fliegt auf das Wasser, aber nicht weit genug, nur einige Meter hinter dem Ufer. Immerhin ein kleiner Fortschritt. Optimismus macht sich breit. Obwohl er jetzt mit der Angel umgehen kann, beißt dennoch kein Fisch an. Trotzdem genießt er diesen Moment, diese ungewohnte Aktivität in einer paradiesischen Landschaft. Mike hingegen verlässt sich lieber auf die herkömmliche Angeltechnik, da er sie für erfolgreicher hält. Mit einer professionellen Angelrute macht er sich auf den Weg zu seinem Revier.

Pascal scheint ein wahrer Experte für das Leben in der Wildnis zu sein. Zum Wetter hat er eine pragmatische Einstellung. Als wir ihn nach seiner Wetterprognose für die kommenden Tage fragen, grinst er nur und winkt ab: “Ich pfeife auf Wettervorhersagen! Wenn es kalt wird, regnet oder graupelt, ziehe ich mich entsprechend an. So einfach ist das!”

Er ist in Eile, denn er möchte noch vor Dunkelheit an seiner Hütte ankommen. Aber bevor er aufbricht, erzählt er uns von einem Vorfall, den er kürzlich erlebt hat: “Ende Februar standen 15 Zelte hier an diesem abgelegenen Ort. Es war unerträglich voll. Laute Musik und Besäufnis ohne Ende. Dann beschwerten sich diese Typen über den Müll, den sie selbst hinterlassen hatten. Sie hielten mich für den Hausmeister und dachten wohl, ich würde ihren Dreck wegräumen. Ihr lautes Gegröle und ihre Arroganz in dieser friedlichen Natur waren unerträglich für mich. Also packte ich meine Sachen mitten in der Nacht und suchte schleunigst das Weite.”

Krass, was er da erzählt. Aber die Rücksichtslosigkeit mancher Zeitgenossen kennt offenbar keine Grenzen.

Die Dämmerung bricht herein, und mit sinkenden Temperaturen beginnen wir zu frösteln. Eifrig sammeln wir Holz und sägen es für ein wärmendes Lagerfeuer. Unser Magen knurrt vor Hunger, und voller Ungeduld warten wir auf Mike, der hoffentlich bald mit frisch gefangenen Forellen zurückkehrt. Als es neun Uhr wird und die Dunkelheit sich über uns ausbreitet, tritt Mike unerwartet mit drei Forellen aus der Dunkelheit. Wer nimmt sie aus? Wir schauen uns fragend an. Klaus übernimmt die Aufgabe, und ich helfe ihm dabei, die glitschigen Fische festzuhalten. Schließlich hatte er sich zu Beginn unserer Reise schon damit beschäftigt und sich einschlägige Videos auf YouTube angeschaut. Danach würzen wir die Filets mit Salz und Pfeffer, bevor wir sie über dem Feuer braten. Aufmerksam beobachten wir, wie sie sich langsam goldbraun färben. Unser Hunger wird von Minute zu Minute größer. Endlich sind wir uns einig, dass die Forellen fertig zum Genießen sind! Die Zubereitung war zwar nicht aufwendig, aber sie erweisen sich als ausgesprochene Leckerbissen.

Der Himmel über uns ist sternenklar. Ausgiebig betrachte ich die Milchstraße. An diesem abgeschiedenen Ort leuchtet sie besonders hell oder bilde ich mir das nur ein? Wir legen Holz nach und rücken näher an unser Lagerfeuer. Katharina erzählt von einer Hochzeit in Nepal, zu der sie eingeladen war. Sie schwärmt von dem Hochzeitsritual, der geschmückten Braut, den bunten Saris und der herzlichen Aufnahme. Ob sie sich ihre Hochzeit auch so prunkvoll und feierlich vorstellt? Doch vorerst hat sie andere Pläne, da sie ihre Freiheit bewahren und ihre eigenen Wege gehen möchte. Ihren stressigen Management-Job hat sie hinter sich gelassen. Ununterbrochene Termine, ständige Überstunden und fortwährende Bereitschaft, zusätzliche Aufgaben zu übernehmen, waren auf lange Sicht für sie zu stressig. Die Belastung ließ ihr keine Zeit zum Nachdenken und zum Leben, sie hatte den Eindruck, nur noch für ihre Arbeit funktionieren zu müssen. Nun hat sie mutig entschieden, ihr eigenes Leben zu führen und reist mit ihrem Zelt um die Welt. Unser Gespräch ist von Aufrichtigkeit geprägt. Ich frage mich, ob wir auch im Alltag genau so offen mit Kollegen und Bekannten sprechen. Ich glaube, dass uns diese Art von Ehrlichkeit angeboren ist, doch im Laufe des Lebens haben wir uns von ihr abgewandt, aus Angst, dass sie gegen uns verwendet werden könnte. Solche Gedanken teilen wir daher eher mit Fremden, bei denen wir sicher sind, ihnen nie wieder zu begegnen.

Mit den ersten Sonnenstrahlen verlassen wir den Lago Windhond. Über den Cerro Bettinelli werden wir versuchen, den Dientes Trek wieder zu erreichen. Die erste Herausforderung besteht darin, den richtigen Pfad im Moor zu finden. Pascal beschreibt ihn uns:

“Folgt dem Weg nach Puerto Williams bis zu einer alten Markierungsstange, dann biegt ihr nach rechts ab und folgt einem Pfad zu zwei Bäumen im Moor. Dort biegt ihr nach links ab und überquert den Rio Windhond. Gleich dahinter beginnt der Aufstieg!” “Den Fluss könnt ihr auf einem Biberdamm überqueren. Das habe ich vor zwei Wochen gemacht!”, fügt er hinzu.

Bald stehen wir vor dem Gewässer, einige Meter breit. Klaus wagt sich ins Wasser, um die Tiefe zu prüfen. Zu tief um durchzuwaten! Wir suchen eine breitere Stelle mit niedrigerem Wasserstand und entdecken einen Baumstamm im Wasser, der den Fluss zur Hälfte überbrückt, allerdings federt er bei jedem Schritt stark nach. Klaus sucht nach einer weiteren Möglichkeit und entdeckt den Biberdamm, der das Wasser auf der Nordseite aufstaut. Doch dieser erweist sich als noch instabiler und schwankt bei jedem Schritt bedrohlich zur Seite. Mit dem schweren Rucksack möchte er keinesfalls das Gleichgewicht verlieren, ins Wasser fallen oder sich im Wohnzimmer des Bibers wiederfinden. Also kehren wir zurück zum Baumstamm, balancieren auf ihm bis zur Flussmitte

Auf einem instabilen Biberdamm über den gestauten Rio Windhond? Keine gute Idee!

Wir sind einer falschen Spur ins Tal bis zur Baumgrenze gefolgt und müssen

und waten die restliche Strecke ans Ufer. Auf der anderen Seite führt der Weg über weichen Waldboden einen steilen Hang hinauf zu einem Hochplateau. Dort umrunden wir eine kleine Lagune und klettern einen Geröllhang hoch. Vor uns erhebt sich bald ein schneebedeckter Grat, der aus einer Scharte steil emporsteigt. Klaus betont die ganze Zeit schon: "Da müssen wir rauf", aber ich halte das für einen schlechten Scherz. Wie soll ich über diesen schmalen und ausgesetzten Bergkamm kommen? Außerdem ist er verschneit!

In der Scharte blicken wir in ein malerisches Tal mit unzähligen Lagunen. Eine breite Spur von vielen Tritten führt hinab. Erleichtert stellen wir fest, dass der Weg doch nicht so schwierig ist wie angenommen. Ohne viel nachzudenken folgen wir den Fußspuren und rutschen im Geröll zügig bergab in das idyllische grüne Tal. Bald sind wir von grünen Wiesen, schattenspendenden Bäumen und Wärme umgeben. Wir sonnen uns auf einem warmen Felsblock. Doch unser Glück währt nicht lange. Ein Blick auf das Navi verdirbt uns die gute Laune: Wir sind meilenweit vom richtigen Weg abgekommen.

nun den gesamten Weg wieder hinauf!

“Wie bitte? Diese steile Schutthalde müssen wir wieder hinauf?”, frage ich ungläubig und blicke den langen Geröllhang hinauf. Klaus nickt und schaut ebenfalls missmutig nach oben. Wir sind einer falschen Spur gefolgt und blindlings in dieses Tal hineingelaufen. Widerwillig kämpfe ich mich über den groben Schotter bergauf, mache zwei Schritte aufwärts und rutsche einen zurück. Ständig verfluche ich den Hang, doch ich bin ja auch selber schuld. Ich hätte nur besser auf den richtigen Weg achten müssen! Oben in der Scharte zeigt Klaus auf eine Markierung, einen großen Steinmann. Wie konnten wir den nur übersehen? Vermutlich sind wir ohne viel nachzudenken, der Spur zum Tal gefolgt. Nun fällt es Klaus wieder ein. Er hatte gelesen, dass man an einer Stelle nicht vorzeitig absteigen darf, sondern geradeaus einen steilen Grat hinaufsteigen muss.

“Das hatte ich beim Aufstieg die ganze Zeit im Kopf, auch noch als ich den verschneiten Kamm zum ersten Mal sah. Mir war klar, dass wir den hochmüssen!”

Der Umweg hat uns wertvolle Zeit gekostet. Dichter Nebel zieht aus dem Tal auf und hüllt uns innerhalb von Minuten ein, und obwohl es erst früher Nachmittag ist, scheint es, als würde bereits die Dämmerung hereinbrechen. Jetzt Dunkelheit. Plötzlich ein Höllen-Unwetter. Wind heult über den Grat und Graupelschauer prasseln auf uns herab. Weltuntergang! Heftige Böen drohen uns fast vom ausgesetzten Grat zu fegen. Wir stemmen uns mit aller Kraft dagegen. Nach jedem Schritt bleiben wir stehen und versuchen, in der undurchdringlichen Nebelwand zu erkennen, wo dieser Grat endlich aufhört. Noch ein Schritt, und wir haben endlich das Hochplateau erreicht. Schemenhaft erhebt sich vor uns ein großer Steinmann. Klaus macht sich auf die Suche nach dem nächsten Orientierungspunkt, und schon hat dichter Nebel ihn verschluckt. Ich stehe allein im Sturm, der um mich herumtobt. Die Sicht reicht nur noch bis zu meinen Füßen. Warum kommt Klaus nicht zurück? Zuletzt habe ich ihn links von mir gesehen, doch dort befindet sich eine gefährliche Wechte, die über einen Felsabbruch hängt. Vorsichtig spähe ich über den Rand hinweg und erblicke feindselige Felszacken, scharf wie Glassplitter und übereinandergeschichtete Eisschollen, ein Mosaik aus gefrorenen Mustern. Erinnert mich an Caspar David Friedrichs Gemälde "Das Eismeer", eine abweisende und gefrorene Eishölle. Hoffentlich ist Klaus nicht hier abgestiegen. Für einen kurzen Augenblick lichtet sich der Nebel ein wenig. Ich sehe ein Tal mit einigen Lagunen. Die Sonne geht bereits unter, und die Dunkelheit wird bald hereinbrechen. Soll ich auf Klaus warten, nach ihm suchen oder alleine absteigen? Der Nebel hat sich erneut verdichtet, und abgesehen vom heulenden Wind höre ich nichts mehr. Ein Ruf nach Klaus würde vermutlich ungehört verhallen, und bei dieser miserablen Sicht ist es unwahrscheinlich, ihn zu finden. Vorsichtig mache ich mich auf den Weg und entdecke bald einen Steinmann, gefolgt von einem weiteren. Ich folge dem Pfad ins Tal, ohne sicher zu sein, ob es das richtige ist. Im Augenblick ist mir das völlig gleichgültig. Ich will nur Schutz unter den Bäumen finden. Unter ihnen könnte ich die Nacht verbringen, auch ohne Zelt, das im Rucksack von Klaus steckt. Plötzlich höre ich eine Stimme von links: "Katrin, da bist du ja!"

Es ist Klaus, sichtlich erleichtert, mich gefunden zu haben. Seine Rufe auf dem Berg hatte ich bei dem tosenden Sturm nicht gehört. Wir hätten zusammenbleiben sollen! Der Bettinelli-Albtraum fällt mir wie ein schwerer Stein vom Herzen. Plötzlich löst sich eine Gestalt aus dem Nebel, und wir erkennen Mike an seinem gelben Rucksack. Er ist heute Morgen nach uns gestartet und ebenfalls in der Scharte abgestiegen, hat aber früher als wir bemerkt, dass die Richtung nicht stimmt. Wir schlagen unser Zelt neben der ersten Lagune auf. Es beginnt zu schneien und die Nacht wird eisig kalt. Schnee und Raureif legen sich wie ein weißes Tuch über die Landschaft. Im frühen Morgenlicht funkeln Gräser, Bäume und Büsche der Sonne. Wie hätte ich wohl die Nacht ohne den Schutz des Zeltes verbracht? Bestimmt vor Kälte kein Auge zugemacht!

Die kleine Lagune, die im letzten November noch von einer dicken Eisschicht bedeckt war, ist nun eisfrei. Leicht kräuselt sich ihr Wasser im Wind. Weit bis zu einer Weggabelung mit einem großen Steinmann kann es nicht mehr sein. Wir sind wieder zurück auf dem Dientes Trek. Vor vier Monaten war er noch von Schnee bedeckt, jetzt ist der Weg gut sichtbar. Freigelegter Fels und Herbst-

Am Lago Martillo. Das morgendliche Packen verläuft inzwischen nach einer eingespielten Routine. Jeder Gegenstand hat seinen festen Platz.

farben prägen die Landschaft. Am Venturon-Pass bläst uns starker Wind entgegen, aber die Aussicht ist grandios: grünes Tal, tiefblaue Lagunen, dahinter bewaldete Hänge und ein brauner Gebirgskamm mit verschneiten Gipfeln vor strahlend blauem Himmel. Wir überqueren einen steilen Schotterhang, passieren das flache Ufer der Laguna Hermosa und steigen mühsam über Steinblöcke den Guerrico-Pass hinauf. Abgegriffene Luftwurzeln bieten Halt und weisen uns den Weg. Am Lago Martillo schlagen wir unser Zelt auf einer kleinen Wiese neben einem Bach auf. Im Dämmerlicht trifft auch Mike ein. Er freut sich bereits auf ein bequemes Bett in Puerto Williams. Doch wir müssen ihn enttäuschen: "Das wirst du heute nicht mehr erreichen. Du willst doch nicht den Virginia-Pass im Dunkeln überqueren!" Den Pass hatte er nicht mehr auf seinem Plan.

Der Morgen beginnt sonnig und warm, der Himmel erstrahlt wieder in tiefem Blau und das Laub der Südbuchen zeigt sich in den Farben des Herbstes, Gelb und Weinrot. Das blaugrüne Wasser der Lagunen und die gezackten, schneebedeckten Gipfel der Dientes-Berge am Horizont bilden eine faszinierende Kulisse. Immer wieder bleiben wir stehen und können uns an dem traumhaften Panorama nicht sattsehen.

Der Weg wird schwierig. Unsere Schuhe versinken bis über die Knöchel in Morast. Tiefe Spuren haben sich mit Wasser gefüllt und es sieht aus, als hätte eine Viehherde den Weg durchwühlt. Der Virginia-Pass kommt näher und mit ihm rücken auch die Schauergeschichten über ihn wieder in unser Bewusstsein: extrem steil, oft vereist, bei Sturm und schlechter Sicht äußerst gefährlich. Doch heute ist das Wetter gnädig, es ist fast windstill und die Sicht ist klar. Über einen steinigen Hang gelangen wir auf den Pass. Wie angewurzelt bleiben wir sprachlos stehen! Was für ein Panorama! Wahrscheinlich das beeindruckendste auf der ganzen Insel. Tief unter uns liegt dunkelblau die Laguna de los Guanacos, eingebettet in ein kleines Hochtal. Dahinter erstreckt sich wie ein blaues Band der breite Beagle-Kanal. Und dann denken wir an Luis und seine Warnungen: Die Wechte meiden! Sie schmilzt nie vollständig ab! Von der Seite wirkt sie wie eine harmlose verschneite Fläche, doch

Vom Virginia-Pass aus bietet sich ein beeindruckender Ausblick: In der Tiefe erstreckt sich die dunkelblaue Guanacos-Lagune, und hinter der schmalen Landbrücke verläuft der Beagle-Kanal.

Heute ist das Wetter gnädig: Die Sonne scheint, der Wind ist kaum spürbar. Der Abstieg vom Pass wird zu einer genussvollen Geröllabfahrt.

sie ragt ein Stück über den Felsabsturz hinaus. Wir folgen einer Markierung nach rechts und erreichen einen Geröllhang, in dem sich eine Spur in Serpentinen bergab schlängelt. Wenn er vereist ist, kann der Abstieg zu einer gefährlichen Rutschpartie werden. Doch heute sind die Bedingungen ideal: Die Sonne scheint und es geht kaum Wind! Im Zickzack rutschen wir auf unseren Schuhen bergab. Eine Geröllabfahrt zum Genießen! In weniger als einer halben Stunde sind wir unten, müssen nur noch die Lagune umrunden und im angrenzenden Wäldchen einen geeigneten Platz für unser Zelt und die Übernachtung finden.

Auf der Karte endet die durchgezogene Linie des Wegs und geht in eine gestrichelte Linie über. Wir wissen auch bald, was das bedeutet: Ab hier muss sich jeder selbst den weiteren Weg nach unten bis zur Straße suchen. Zunächst folgen wir einem Trampelpfad entlang des Flusses, der die Lagune entwässert. Plötzlich endet er abrupt. Nun geht es weglos zwischen Bäumen, Calafate-Sträuchern, Biberlagunen und durch Schlammlöcher bergab. Vorbei an Herden wilder Kühe, die bei unserem Anblick flüchten, als ob leibhaftige Metzger hinter ihnen her wären. Schon entdecken wir die Uferstraße und erreichen bald die verlassene Pesquera McLean, eine ehemalige Konservenfabrik. Hier wurden einst Königskrabben gefangen, verarbeitet und in Dosen verpackt. Die Drahtkörbe zum Fang der Centollas rosten still vor sich hin. Noch acht Kilometer Fußmarsch trennen uns von Puerto Williams. Ein Geländewagen nimmt uns mit. An seiner Seite ein Aufkleber: "Nein zu den Lachsfarmen im Beagle-Kanal!"

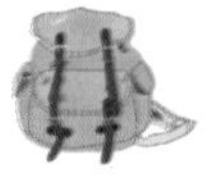

Der “Edle Wilde”

Das Museum, das den Namen des Salesianer-Missionars Maggiorino Borgatello trägt, befindet sich in einem historischen Gebäude, das einst der Familie Braun-Menéndez gehörte. Diese Familie stiftete den Palast im Jahr 1983 der Stadt Punta Arenas mit dem Ziel, dort ein Museum einzurichten. Es präsentiert sorgfältig kuratierte Exponate zur Flora, Fauna und Geschichte der Region. Eine Fotodokumentation gibt Einblicke in das Zusammenleben von Kolonisten und Missionaren mit den Ureinwohnern. Sie soll vor allem die Bedeutung der Missionsarbeit hervorheben. Die Bilder zeigen Nomaden in europäischer Kleidung, Nomadinnen an Spinnrädern unter dem strengen Blick der Mutter Oberin im Hintergrund, einen Pater mit dem Arm um die Schultern eines jungen Aonikenk in Pfadfinderuniform und Selk'namfrauen, die in der Missionsküche den Boden putzen. Ein Kinderorchester posiert mit Trompeten, Posaunen, Hörnern und einer Tuba. Die Fotografien dokumentieren ebenfalls, wie diese Menschen wie in einem Menschenzoo in Paris ausgestellt wurden, mit traurigen Gesichtern und verlorener Würde.

Nach der Entdeckung Amerikas griffen Schriftsteller und Philosophen häufig auf das Konzept des “Edlen Wilden” zurück, welches das Ideal eines naturverbundenen Menschen ohne den Einfluss der Zivilisation beschrieb. Vor allem in der Romantik fand dieses Konzept zahlreiche Anhänger. In dieser Zeit distanzierte man sich von einem evolutionären Weltbild, in dem die Geschichte als fortschreitende kulturelle Entwicklung aus einem ursprünglichen Zustand betrachtet wurde.

Die Phase der Kolonialisierung in Afrika, Asien und Amerika führte dazu, dass die Kolonialmächte mit ihrer christlichen Kultur die der eroberten Länder dominierten, ohne den einheimischen Völkern politische oder wirtschaftliche Rechte zuzugestehen. Stattdessen wurden diese Völker oft als “wild” und “primitiv” bezeichnet, was die Rechtfertigung für Unterdrückung wie Sklaverei oder kulturelle Auslöschung bot. Die Idee des Edlen Wilden kann als

Versuch betrachtet werden, dieser Unterdrückung entgegenzuwirken.

Der Begriff "Edel" wurde hier verwendet, um die Ursprünglichkeit und die naturverbundene Lebensweise der indigenen Bevölkerung zu betonen. Diese wurde als eine Art urmenschlicher Zustand betrachtet. Im Vergleich dazu erschien die eigene Gesellschaft in Europa als korrupt und moralisch verdorben. Jedoch zeigten viele Autoren und Leser weniger Interesse an philosophischen Fragen zur Entwicklung der Menschheit, zur Pädagogik oder zur Gesellschaftskritik. Stattdessen lag ihr Fokus eher auf dem Bedürfnis nach Unterhaltung und der Neugier gegenüber dem Unbekannten und Fremden. Charakteristika einzelner Ethnien wurden dabei stereotyp auf alle Edlen Wilden übertragen. Beispiele hierfür waren das Klischee des Lebens im Einklang mit der Natur, das Fehlen von Verbrechen in der Gesellschaft, vollkommene Autonomie und sexuelle Freizügigkeit. Die Vorstellung des Edlen Wilden prägte ebenfalls politische Diskussionen. Allerdings wurde oft erst spät hinterfragt, ob die Zerstörung der Lebensräume indigener Völker überhaupt gerechtfertigt ist. Dieses Hinterfragen kam oft erst dann, wenn der Schaden bereits angerichtet war.

Den feuerländischen Seenomaden waren Traditionen der europäischen Zivilisation fremd. Sie hatten ihre eigenen. Diese wurden von den Missionaren als rückständig und primitiv betrachtet. Die Motive für die Missionierung mögen allesamt edel gewesen sein, letztendlich waren sie aber auch Ausdruck von Unverständnis und Intoleranz. Die wohlwollenden Bemühungen der Missionare führten nicht zu einer Verbesserung der Lebensbedingungen der Nomaden. Ganz im Gegenteil, sie beschleunigten ihren Niedergang. Leider fehlt es im Museum an einer kritischen Auseinandersetzung mit dieser Zeitgeschichte.

Ende des 19. Jahrhunderts wurden die angestammten Gebiete der indigenen Völker vom Stamme der Aonikenk und Selk'nam, Yaganes und Kawésqar von Viehzüchtern als Weideland beansprucht. Gegen deren Waffen und Söldner hatten die Ureinwohner keine

Feuerland-Nomaden vom Stamm der Selk'nam haben sich für ein Ritual bemalt und maskiert. [6]

Chance. Viele wurden getötet oder mit Schiffen der chilenischen Marine auf die Dawson-Insel in der Nähe von Punta Arenas deportiert, wo der Salesianer-Orden eine große Missionsstation unterhielt. Manche der Gejagten suchten dort auch freiwillig Schutz, um in Sicherheit leben zu können. Für sie begann ein neues Leben. Die Missionare zwangen sie, sich an die europäische Zivilisation anzupassen und ihre Lebensweise aufzugeben: Ihre traditionelle Kleidung aus Guanakofell mussten sie ablegen und sich Kleidungsstücke aus europäischen Kleidersammlungen anziehen. Ihre Unterkunft und das Essen waren nicht kostenlos. Die Missionare ließen sie dafür hart arbeiten. Nonnen brachten Frauen Nähen und Stricken für die Vereinigung der Salesianischen Mitarbeiter von Don Bosco bei. Männer wurden in der Landwirtschaft und beim Bau von Holzhütten beschäftigt. Auf ihr traditionelles Essen mussten sie verzichten. Es gab weder Fisch, Muscheln, Guanakofleisch noch Beeren, all das, was sie gewohnt waren. Stattdessen nur Gemüse aus den Gärten der Missionare und Milchprodukte. Diese

Kost vertrugen sie schlecht oder gar nicht. Wehren konnten sie sich nicht, auch nicht gegen eingeschleppte Viren und Bakterien. Die Dawson-Insel war für sie kein Paradies, sondern ein Gefängnis.

Der junge Darwin bezeichnete die Seenomaden als "die elendesten Kreaturen, die ich je zu Gesicht bekommen habe. Primitivkulturen, die nichts zur Zivilisation beitragen." Er trug mit dieser Geringschätzung ebenfalls zu ihrem Niedergang bei, weil viele seiner Leser seine Meinung unreflektiert übernahmen und diese Vorurteile weiter verbreiteten.

Die dokumentierte Geschichte Feuerlands beginnt 1868, als anglikanische Missionare eine erste Holzhütte in einer großen Bucht des Beagle-Kanals errichteten. Sie übernahmen die Ortsbezeichnung der Yaganes und nannten die Siedlung "Ushuaia" "Bucht, die nach dem Osten blickt". Der neue Stützpunkt erleichterte ihre missionarische Tätigkeit erheblich, da sie zuvor die Siedlungen der indigenen Nomaden von der fernen Falklandinsel Keppel aus erreichen mussten. Diese Insel im Atlantik liegt 650 Kilometer entfernt und die Überfahrt über das offene Meer war bei schlechten Windverhältnisse sehr gefährlich. Schon im Alter von 13 Jahren begleitete der Missionar Thomas Bridges seinen Adoptivvater, einen Pastor, auf seine Reise zur Falklandinsel Keppel. Bereits früh erkannte er die Ursachen der anhaltenden Missverständnisse mit den Yaganes. Er suchte nach einem neuen Zugang zu ihnen. Ihm war es wichtig, sich mit ihnen verständigen zu können, weil es niemand gab, der übersetzen konnte. Daher erlernte er ihre Sprache und erstellte ein Wörterbuch der Yagan-Sprache. Drei Jahre nach Gründung der Missionsstation in Ushuaia führte er seine Frau Mary hierher. Er hatte sie auf ein raues Land mit strengem Klima, trostlosen Winternächten und unwegsamem Gelände vorbereitet. "Wir leben dort in völliger Abgeschiedenheit. Es gibt weder Ärzte, Polizei noch eine Verwaltung. Nur unzivilisierte Seenomaden ohne Disziplin und Religion", hatte er ihr vor der Abfahrt erzählt. Als das Segelschiff die Bucht erreichte, blickte sie aufmerksam ans Ufer. Sie sah schlichte Hütten aus Ästen und Zweigen, mit Gras und Erde abgedichtet. Dazwischen Menschen mit langen Haaren, notdürftig in Felle gekleidet oder nackt. Ein intensiver Geruch von ranzigem Walspeck hing schwer in der Luft. Mary nahm den Anblick mit Gelassenheit hin und akzeptierte ihr neues Heim, eine schlichte Holzhütte.

In den folgenden Jahren wuchs Ushuaia stetig, und die argentinische Regierung in dem weit entfernten Buenos Aires wurde erstmals auf die Existenz der anglikanischen Missionsstation aufmerksam. Sie erklärte sie zur argentinischen Präfektur, ließ die Missionsflagge einholen und die argentinische Nationalfahne hissen. Mit der Einführung von argentinischem Recht kamen Lehrer, und die Kinder wurden zum Schulbesuch am Vor- und Nachmittag verpflichtet. Für die Seenomaden entlang der Küsten Feuerlands wurde das Leben schwieriger. Ständig strömten neue Farmer und Goldsucher in die Region. Sie beanspruchten das Land und brachten unbekannte Krankheiten mit sich. Die indigene Bevölkerung ging dramatisch zurück. Letztendlich gab es kaum noch Yaganes und die Missionstätigkeit wurde überflüssig. Thomas Bridges beendete seine Tätigkeit für die anglikanische Kirche. Als Zeichen der Dankbarkeit für seine Verdienste als Missionar in Feuerland schenkte ihm der argentinische Präsident Roca ein Stück Land. Gemeinsam mit seiner Frau Mary begannen sie ein neues Leben als Viehzüchter auf der Estancia Haberton in der Nähe von Ushuaia.

Estancia Haberton

Bereits bei Tagesanbruch herrscht reges Treiben im Hafen von Ushuaia. Große Kreuzfahrtschiffe lichten ihre Anker, nehmen Kurs Richtung Pazifik zu Abenteuern in die Antarktis, nach Valparaiso oder Lima. Auch wir steuern in diese Richtung und folgen dem Beagle-Kanal allerdings nur bis zur Estancia Haberton. Während ich mich zu Hause auf die Reise vorbereitete, träumte ich oft vom Beagle-Kanal, stellte ihn mir als eine magische Wasserstraße am Ende der Welt vor. In meinen Träumen paddelte ich in einem Seekajak, umgeben von Stille, sanften Wellen und einem strahlend blauen Himmel über das Wasser. Heute sind diese Träume Wirklichkeit geworden, wenn auch in anderer Form. Statt in einem Kajak sitze ich nun mit anderen Passagieren in einem Katamaran und erlebe die Fahrt über den Beagle-Kanal.

Auf kleinen Felseninseln rekeln sich Seelöwen träge in der Sonne. Wenn ein Artgenosse sich zu nahe wagt, heben sie den Kopf und

Eine Seehündin hat genug Fische gefangen und hält jetzt eine Siesta.

brüllen verärgert. Über ihrer Kolonie liegt ein strenger Geruch. Sauberkeit gehört nicht zu ihren Stärken.

"Sie brüllen und stinken!", bemerkt ein Passagier treffend. Große Dominikanermöwen mit rotem Schnabel und schwarzen Schwanzfedern erheben sich in die Luft und kreisen über uns. Vielleicht hoffen sie darauf, dass die Touristen mal etwas anderes zu fressen anbieten. Fisch haben sie hier zur Genüge. Auf der Suche nach dem perfekten Foto recken Reisende ihre Schinkensandwiches in die Höhe. Die Möwen sind geduldige Beobachter und warten auf den richtigen Moment. Dann stürzen sie sich kopfüber herab, schnappen blitzschnell nach einem Happen und fliegen mit ihrer Beute davon. Diese überraschenden Manöver stellen viele Fotografen vor eine Herausforderung.

Wir nähern uns dem rot-weiß angemalten Leuchtturm "Les Éclaireurs". Er steht auf einem Riff, das nur wenige Meter aus dem Wasser ragt. Der Kapitän verlangsamt das Tempo, umkreist ihn und erzählt währenddessen die tragische Geschichte des Dampfschiffs

Alle Passagiere sind einer Meinung: Seelöwen brüllen und stinken.

“SS Monte Cervantes”. Dieses Schiff gehörte der Südamerikanischen Dampfschifffahrtsgesellschaft in Hamburg. 1930 war das Kreuzfahrtschiff in den Gewässern Feuerlands und Patagoniens unterwegs. An Bord waren mehr als 1.500 Passagiere. Ende Januar verließ die “SS Monte Cervantes” Ushuaia und nahm Kurs auf die Yendegaia-Bucht. Wohl mit Einverständnis des argentinischen Lotsen verließ der Kapitän die übliche Fahrtroute, drehte bereits früher ab, um die Anfahrt zu verkürzen. “Warum lange nach Osten fahren, wenn doch das Ziel im Westen liegt”, mag er gedacht haben. Ein fataler Fehler. Kurz darauf stieß das Schiff gegen einen Unterwasserfelsen, schlug leck und begann zu sinken. Innerhalb einer Stunde waren alle Passagiere in Rettungsbooten. Die verbliebene Mannschaft manövrierte das Schiff zum Leuchtturm und setzte es dort auf den felsigen Grund, um ein weiteres Absinken im Beagle-Kanal zu verhindern. Danach sollte es in den Hafen von Ushuaia geschleppt werden. Doch die Bergung misslang gründlich. Das Schiff glitt weiter ab, versank tiefer, blieb jedoch auf den Les Éclaireurs-Klippen liegen. Der Kapitän war das einzige Todesopfer, seine Leiche wurde nie gefunden. Es gab unterschiedliche Berichte über seinen Tod, von einem mutmaßlichen Selbstmord bis hin zur Möglichkeit, dass er auf die nahe gelegene Navarino-Insel geflohen sein könnte, um sich dort als Farmer niederzulassen.

Faro Les Éclaireurs, der Leuchtturm am Ende der Welt, weist die Fahrrinne nach Ushuia.

Gut 20 Jahre später sollte der Bergungsschlepper St. Christopher versuchen, die SS Monte Cervantes zu heben. Ursprünglich im Zweiten Weltkrieg bei der Royal Navy im Einsatz, wurde er nach Kriegsende an einen Argentinier verkauft und im Beagle-Kanal eingesetzt. Arbeiter füllten den leeren Rumpf des Wracks mit Luftkissen, um es anzuheben und am Bergungsschlepper zu befestigen. Zwei weitere Schlepper wurden eingespannt. Allerdings platzte während der Bergungsarbeiten eines der Auftriebskissen, und der schwere Ozeandampfer begann zu sinken. Das Wrack konnte nicht mehr an der Oberfläche gehalten werden. Man durchtrennte alle Taue, um nicht ebenfalls mit in die Tiefe gezogen zu werden. Gerade einmal zwei Kilometer hatten sie es von dem Unterwasserriff weggezogen. Jetzt sank die SS Monte Cervantes endgültig in die Tiefe des Beagle-Kanals und liegt nun über 100 Meter tief auf dem Grund. Der Bergungsschlepper St. Christopher wurde bei den Arbeiten so stark beschädigt, dass er danach unbrauchbar war. Heute liegt er im flachen Küstengewässer in Sichtweite des Restaurants "Christopher Grill & Cerveza" im Hafen von Ushuaia.

Die große Gable-Insel verengt die Fahrrinne im argentinischen Sektor. Der Kapitän drosselt vor der Isla Martillo, einer Insel in Form eines Hammers, das Tempo. Auf dem flachen Westteil, dem "Hammergriff", hat sich eine Kolonie von Magellan- und Eselspinguinen angesiedelt. Letztere sind an ihren eigenartigen Rufen zu erkennen, die an Eselsschreie erinnern. Mit diesen Lauten warnen sie vor Gefahren, besonders vor Skuas, die nur darauf warten, ihre Eier zu stehlen. Wir fahren nahe am Strand vorbei. Pinguine betrachten uns neugierig, bewegen sich unbeholfen und langsam vorwärts. Sie schlagen ständig mit ihren Flügeln, um ihr Gleichgewicht zu halten, und wanken wie Charly Chaplin von einer Seite zur anderen. Schnell verlieren sie das Interesse an uns, springen ins Wasser und tauchen pfeilschnell ab.

Als portugiesische Seeleute sie zum ersten Mal sahen, hielten sie diese für seltsame Gänse. Pigafetta, der Chronist, der Magellan auf seiner Weltumsegelung begleitete, erblickte sie erstmals im Jahr 1520 an der Atlantikküste Argentiniens und notierte: "Wir kamen

Hinter dem Wrack des Bergungsschleppers St. Christopher verglüht die

zu zwei Inseln mit einer Fülle von Gänsen … Sie sind schwarz und haben überall dieselbe Art Federn … Sie fliegen nicht und ernähren sich von Fisch. Ihr Schnabel gleicht einem Horn."

In einer windgeschützten Bucht, umgeben von einer malerischen Kulisse, werfen wir Anker. Hinter dem schmalen Küstenstreifen erheben sich die Gebäude der Estancia Haberton. Dahinter erstreckt sich dunkelgrünes Weideland, begrenzt von einer schneebedeckten Bergkette am Horizont. Die Gebäude aus Holz sind größtenteils im Originalzustand erhalten. Das Wohnhaus wurde in England gefertigt und in Einzelteilen zerlegt, nach Feuerland verschifft, ebenso die Möbel. Die Bridges-Familie legte einen englischen Garten mit Tulpen, Narzissen, Lupinen, Rittersporn, Rosen und Obstbäumen an. Die Blumen gediehen erstaunlich gut in der

Sonne über der Darwin-Kordillere.

Kälte, doch die Apfelbäume trugen nur pflaumengroße Früchte. Die Farm wurde 1886 von Thomas Bridges gegründet, nachdem er zuvor als Missionar in Ushuaia tätig war. Nach dem Ende seiner Missionstätigkeit nahm er die argentinische Staatsbürgerschaft an, um hier als Farmer ein neues Leben zu beginnen. Doch die harten und langen Winter auf Feuerland stellten die Viehzucht vor immense Herausforderungen. In einem extrem kalten Jahr erfroren Hundertausende Schafe. Zudem sank die Nachfrage nach Schafwolle, was die Rentabilität der Schafzucht erheblich beeinträchtigte. Schließlich sah sich die Familie gezwungen, die Zcht aufzugeben. Heutzutage können Touristen noch immer die originalen Stallungen besichtigen, ebenso wie die flachen Schuppen, in denen die Wolle zum Trocknen ausgelegt wurde. Erfahrener Schafscherer, meist Saisonarbeiter aus Chiloé, konnten damals bis zu

250 Schafe pro Tag scheren. Mit beeindruckender Geschicklichkeit packten sie die Tiere von hinten an den Vorderbeinen, drückten sie mit ihrem Hinterteil auf den Boden und klemmten das sitzende Schaf zwischen ihre Knie. Mit einer Hand hielten sie den Kopf des Schafes fest, mit der anderen schälten sie das dicke Fell ab. Diese Prozedur dauerte weniger als drei Minuten. Zehn Stunden lang wurde im Akkord geschoren. Dies war körperlich äußerst anstrengend, da ein ausgewachsenes Schaf bis zu 50 Kilogramm wiegen konnte. In der vierten Generation hat die Bridges-Familie mit dem Tourismus eine neue Einkommensquelle gefunden. Sie bietet Gästezimmer an und organisiert Führungen und Fotosafaris durch die einheimische Flora und Fauna.

Das kleine Museum, das einige Hundert Meter nördlich der Wohngebäude errichtet wurde, beherbergt eine beeindruckende Sammlung von Skeletten gestrandeter Wale und Delfine. Im Laufe der Zeit wurden Hunderte von Meeressäuger- und Vogelskeletten gesammelt, von denen einige auch ausgestellt sind. Biologen und Studenten aus der ganzen Welt studieren hier die Anatomie der Tiere, reinigen Knochen und setzen Skelette zusammen.

Sebastían, ein Biologiestudent aus dem chilenischen Temuco sitzt mit uns vor einem rekonstruierten Walgerippe und erzählt Geschichten von Yaganes und Missionaren: “Die Yaganes, hatten eine besondere Beziehung zu den Walen in dieser verzweigten Bucht. Sie jagten sie nicht selbst, hätten mit Pfeil und Bogen oder Speeren auch keine Chancen gegen die mächtigen Kolosse gehabt. Orcas waren die eigentlichen Jäger. Die trieben die Wale in die Bucht, wo einige während der Flucht vor den Verfolgern an Land strandeten. Viele Wale fanden nicht mehr den Weg zurück ins Wasser und blieben an den Ufern liegen. Strandete ein Wal, benachrichtigten die Yaganes ihre Stammesmitglieder mit Rauchzeichen. Alle kamen zusammen, zerlegten ihn, teilten das Fleisch auf und feierten gemeinsam.”

Er erzählt uns auch von den Schwierigkeiten, die Missionare im Umgang mit den Yaganes hatten. Die kulturellen Unterschiede und das Fehlen gegenseitigen Verständnisses führten ständig zu Konflikten und Missverständnissen. Die Yaganes lebten in enger Gemeinschaft und hatten ein anderes Konzept von Besitz. Für sie waren alle Dinge gemeinsames Eigentum. Es gab keine individuellen Besitzer, während für die Missionare die mitgebrachten Werkzeuge und Ausrüstung unverzichtbar für ihr eigenes Überleben waren. Ein tragisches Beispiel für diese Missverständnisse ist das Schicksal des britischen Marineoffiziers und Missionars Allen Gardiner und seiner Mannschaft. Sie begaben sich im Jahr 1850 nach Feuerland, um Kontakt zu den Yaganes aufzunehmen und Möglichkeiten einer Missionierung zu erkunden. Doch die Mission gestaltete sich äußerst schwierig. Die Yaganes zeigten sich feindselig und hatten es auf die Ausrüstung und den Proviant der Missionare abgesehen. Diese sahen sich gezwungen, ihr Lager zu verlassen. Mit ihren kleinen Segelbooten flüchteten sie über den Beagle-Kanal. Doch die Yaganes ließen nicht locker. Eine gefährliche Verfolgungsjagd begann, bei der die Missionare in stürmisches Wetter fliehen mussten, dabei verloren sie einen Teil ihrer Ladung. Zuflucht fanden sie schließlich in der abgelegenen Aguirre Bucht, doch die Situation war ausweglos. Ohne ausreichende Munition zum Jagen und mit begrenzten Vorräten hatten sie keine Möglichkeit, zu überleben. Als das Versorgungsschiff nach sechs Monaten eintraf, wurden die Missionare tot vorgefunden.

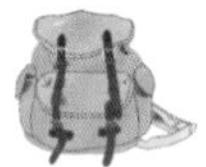

Spurensuche

Die Wetterbedingungen sind heute optimal: kaum Wind und ruhiges Wasser. In kürzester Zeit schießt Lucas, unser Kapitän mit vollem Tempo über den Beagle-Kanal. Dann drosselt er die Geschwindigkeit und lässt das Boot langsam in die geschützte Bucht von Puerto Navarino gleiten. Die weiß getünchte Zollstation auf dem schmalen Uferstreifen vor einem bewaldeten Hügel kommt näher. Neben der Station erheben sich eine große Satellitenschüssel und ein hoher Sendemast, davor zwei Holzstege zum Anlanden. An der Zollstation treffen wir auf die uns bereits bekannte Zöllnerin. Mit strengem Blick lässt sie alle Rucksäcke öffnen, um sicherzustellen, dass keine verbotenen Waren eingeschmuggelt werden. Der chilenische Zoll ist besonders bei der Einfuhr von organischen Produkten sehr streng. Ein französisches Paar muss drei große Kartoffeln, die sie für ihre Verpflegung mitgenommen haben, in einen Container werfen. Es kursieren Gerüchte, dass die Zöllner die konfiszierten Lebensmittel am Abend untereinander aufteilen. Trockenfrüchte und Cerealien sind zwar erlaubt, jedoch nur in begrenzten Mengen. Man muss sie aber deklarieren. Die Definition davon, was als "kleine Menge" gilt, liegt oft im Ermessen des jeweiligen Zöllners. "Durch strikte Kontrollen konnten wir frei von Fruchtfliegen und anderen eingeschleppten Schädlingen werden und wollen es auch bleiben", lautet die Begründung dafür.

Diesmal gibt es leider kein Wiedersehen mit Patty. Sie hat ihr Hostal an eine Baufirma verpachtet, die dort Arbeiter unterbringt. Puerto Williams befindet sich im Wandel. Überall wird mit schwerem Gerät renoviert und erweitert. Alte Wellblechhütten werden abgerissen, neue Straßen angelegt und Häuser auf den letzten freien Grundstücken errichtet. Bauarbeiter aus ganz Chile sind im Einsatz. Unsere neue Gastgeberin Nuri empfängt uns herzlich. Ihr Ehemann Iwan ist gerade dabei, das Holzhaus mit zusätzlichen Zimmern für Touristen und Angestellte der Baufirmen zu erweitern. Mateo, ein Bauleiter aus Santiago, der hier untergebracht ist, schwärmt von seinen Arbeitsbedingungen: "Ich arbeite hier wirklich gerne zwanzig Tage am Stück, und danach habe ich zehn Tage frei, Zeit für meine Familie. Kein schlechter Job, oder?" Er schaut uns fragend an. Wir können gut nachvollziehen, warum diese Arbeit für viele hier attraktiv ist. Die regelmäßigen Freizeitblöcke eröffnen ihnen die Möglichkeit, Beruf und Privatleben auf eine ausgewogene Art und Weise zu vereinen.

Hunderte von Kilometern haben wir bereits mit unseren Rucksäcken und Zelt auf dem Rücken zurückgelegt. An lange Tage mit schwerem Gepäck haben wir uns gewöhnt, und auch die Kunst der Orientierung beherrschen wir mittlerweile immer besser. Nach all diesen Erfahrungen fühlen wir uns nun bereit für eine neue, anspruchsvolle Herausforderung. Wir haben vor, in unwegsamem Gelände die Insel von der Beagle-Kanal-Küste bis zur malerischen Wulaia-Bucht an der Ostküste zu durchqueren. In den kommenden Tagen werden wir uns ständig unseren Weg durch die Wildnis suchen. Wir müssen Hindernisse, wie Flüsse überwinden und den Weg durch Dickicht finden. Unsere Ausrüstung haben wir auf das Nötigste reduziert. Alles, was wir unterwegs brauchen, ist Wasser, mehr nicht. Dabei hoffen wir dieses Mal auf wohlgesonnenes patagonisches Wetter. Es ist eine neue Herausforderung, und sie ist unsere bisher größte. Schon seit Langem übt die Wulaia-Bucht eine ganz besondere Faszination auf uns aus. Dieser geschichtsträchtige Ort war einst Lebensraum der Yaganes und eine Begegnungsstätte zwischen Nomaden und Missionaren zugleich. Hier trafen Menschen aus verschiedenen Kulturkreisen aufeinander: unzivilisierte Nomaden und neben den Missionaren auch "zivilisierte" Landräuber, Menschen aus Ländern Europas. Meistens verstanden sie einander nicht. Nicht nur wegen der Sprachbarriere, sondern auch aufgrund ihrer unterschiedlichen sozialen und kulturellen Hintergründe. Die malerische Bucht am Ende der Welt verspricht nicht nur ein beeindruckendes landschaftliches Erlebnis, sondern auch eine Begegnung mit Geschichte, verpassten Chancen und Tragödien.

Die Wulaia-Bucht liegt geschützt vor starken Winden am Ufer des Murray-Kanals. Eigentlich könnte sie bequem auf dem Seeweg erreicht werden, doch die Schifffahrtsroute von Puerto Williams wird leider nicht mehr bedient. Seit die Schafzucht dort gegen Ende des Zweiten Weltkriegs aufgegeben wurde und spätestens als in den 1960er-Jahren der Radiosender auf dem Gelände der Estancia seinen Betrieb einstellte, bestand keine Notwendigkeit mehr, eine Landverbindung aufrechtzuerhalten. Dabei ist die Bucht ein Ort von großem historischem und archäologischem Interesse, auch eng verbunden mit den Namen von Robert Fitz Roy, Kapitän der HMS Beagle und dem britischen Naturforscher Charles Darwin, der ihn bei den Vermessungsfahrten an den Küsten Feuerlands begleitete. Missionare brachten die Bibel, abendländische Kultur und auch Krankheiten in die Bucht. Als 1896 die Kroaten Vrsalovic und Mladineo an ihren Ufern eine Schafzucht begannen, kamen schon keine Yaganes mehr in die Bucht.

Unsere Trekkingroute führt uns durch abgelegenes, unbesiedeltes Land, durch dichte Wälder, Gestrüpp, Moorlandschaften und von Bibern geschaffenen Überschwemmungsgebieten. Unser Startpunkt ist die Estancia Lum an der Nordküste der Insel, von wo aus wir uns südwärts zur Ostküste am Murray-Kanal vorarbeiten. Die erste Herausforderung besteht darin, zum Ausgangspunkt in der Nähe der Estancia zu gelangen. Obwohl eine Straße dorthin führt, gibt es keinen öffentlichen Verkehr. Der Fahrer des Shuttle-Busses für Touristen nach Puerto Navarino kann uns noch mitnehmen. Aber er fährt in Gedanken versunken an der Estancia vorbei. Wir müssen ihn daran erinnern, dass wir hier aussteigen wollen.

“Perdón!” Er stoppt den Bus. Wir kehren zum Estancia-Gelände zurück, lösen eine Kette und öffnen das verschlossene Holztor. Sofort stürmt ein Rudel Hunde wild bellend auf uns zu. Kniehohe Tiere, eine Kreuzung zwischen Schäfer- und Hütehund. Maria, 76 Jahre alt, lebt ganz allein in dieser abgeschiedenen Gegend. Neugierig kommt sie uns entgegen, ihre grauen Haare zu einem Knoten gebunden. Auf dem Weg zu ihrem kleinen Haus am Ende des weitläufigen Grundstücks erzählt sie uns aus ihrem Leben: “Vor einigen Jahrzehnten kamen mein Mann und ich von Chiloé nach Feuerland. Wir hatten den Wunsch, ein neues, unabhängiges Leben in der freien Natur zu beginnen. Für eine Weile lebten wir an der Wulaia-Bucht, in dem Wohnhaus der Estancia, das einst den Kroaten

Vrsalovic und Mladineo gehörte. Vrsalovic hatte auf der Lennox-Insel viel Gold gefunden und mit dem Erlös kaufte er Tausende von Schafen. So begannen er und Luis Mladineo 1896 in der Bucht ein Leben als Farmer. Doch nach rund 40 Jahren Bewirtschaftung wurde ihnen die Konzession entzogen. Mein Mann und ich versorgten uns selbst dort mit eigenem Gemüse, hielten Schafe, Ziegen, Hühner und eine Kuh, bis die Bucht privatisiert wurde. Das Unternehmen Braun-Menéndez erwarb das Land, um es für Touristen zu erschließen. Mein Mann ist in dieser turbulenten Zeit gestorben. Ich bin dann hierher gezogen, wo ich wieder ganz von Neuem anfangen musste."

Schweigend blickt sie in die Ferne, als ob sie sich an vergangene Zeiten erinnert. Auch auf dieser Estancia führt sie ein Leben abseits der Zivilisation, pflanzt Salat und Gemüse in einem großen Gewächshaus an, hält Hühner und vermietet Pferde an Einheimische und Touristen für Ausritte in die Umgebung.

Maria will uns den Weg zur Wulaia-Bucht zeigen, der im Wald hinter der Estancia beginnt. Sie stapft voran, einen kleinen Hang hoch:

"Es gibt viele Wege! Ihr müsst euch nicht gleich schon am Anfang verirren."

Da gehts zur Wulaia-Bucht! Maria von der Estancia Lum weist uns den Weg.

“Que vaya bien!” Viel Glück!, ruft sie uns noch zu, winkt noch einmal, dreht sich um und kehrt zu ihrer Hütte zurück.

Wir folgen dem Pfad, den sie uns gezeigt hat. Er schlängelt sich zunächst durch ein lichtes Waldstück, führt durch einen Bach und weiter durch kniehohes, stachliges Gestrüpp bergauf. Nach einer Stunde endet der Pfad im Nichts. Wir suchen uns Wege, um Lagunen herum, über umgestürzte Bäume und durch Moorlandschaft. Biber haben sie gestaltet: Dämme gebaut und Flüsse gestaut. Oft müssen wir umkehren, weil uns Wasser den Weg versperrt. In den überschwemmten Gebieten wirken die abgestorbenen Bäume beinahe gespenstisch, Wie stumme Geister recken sie ihre laublosen, vertrockneten Äste in den Himmel. Es dämmert bereits, aber einen trockenen und windgeschützten Platz, ideal zum Zelten haben wir bislang noch nicht gefunden

Uns bleibt keine Wahl, also entscheiden wir uns für den ersten halbwegs ebenen Platz, den wir finden können, auch wenn unter der Moorheide nasser Torfboden liegt. Ein Bach in der Nähe versorgt uns mit Wasser. In der Nacht werde ich von einem ungewöhnlichen Geräusch geweckt, als ob jemand über das Zelt streicht. Es schneit! Zentimeterhoher Schnee liegt auf dem Zeltdach und rutscht von Zeit zu Zeit herunter. Um uns herum erstreckt sich eine weiße Winterlandschaft. Mit solch einem Wetterwechsel hatten wir nicht gerechnet, obwohl dies für Feuerland durchaus normal ist. Das patagonische Wetter und wir werden in dieser Saison wohl keine Freunde mehr werden.

Die Sichtverhältnisse sind schlecht und die Landschaft liegt unter einer dicken Schneedecke begraben. Schon gestern hatten Gestrüpp und Zwergsträucher kleine Wasserläufe verdeckt, doch nun ist alles unter dem Schnee verborgen. Bei jedem Schritt besteht die Gefahr, plötzlich ins Wasser oder in Torfbrühe zu rutschen. Selbst auf festem Untergrund gestaltet sich das Vorankommen schwierig. Oftmals gleitet man auf glitschigen Wurzeln, Geäst und herumliegenden Baumstämmen aus, die chaotisch überall verstreut sind. Da wir vorsorglich zwei Reservetage eingeplant haben, entscheiden wir uns dazu, im Zelt zu bleiben und auf besseres Wetter zu warten.

Scheinbar verloren in der Wildnis. Wie gehts weiter? Neuorientierung.

Sonne, Wärme und Hunger laden zu einer Pause ein.

Wie verbringt man viele Stunden auf engstem Raum, ohne den gewohnten Zeitvertreib wie Handy und Internet? Für uns keine neue Erfahrung. Wir reden miteinander, hören Musik, lesen und erinnern uns an Spiele, zum Beispiel an "Max mag Bier, aber keinen Kaffee. Er isst Butter, aber kein Schmalz." Warum? Die Auflösung gibt es am Ende des Buches.

Im engen Zelt beginnt bald die Suche nach Teebeuteln, einem Löffel oder einem Buch. Das Chaos wächst stündlich, da es nicht viel Platz für unsere Sachen gibt, aber wir sehen das gelassen, wir haben ja viel Zeit, auch zum Suchen. Nach 36 Stunden öffne ich mit dem ersten Tageslicht das Zelt. Es hat aufgehört zu schneien und zaghaft kämpft sich die Sonne zwischen den Wolken hervor. Nun hält uns nichts mehr zurück. Wir packen schnell unsere Rucksäcke und machen uns auf den Weg durch die schneebedeckte Landschaft, halten Kurs auf den Monte Vrsalovic, einen niedrigen Berg im Westen. Die Luft ist frisch und klar, jedoch auch kalt. Wir suchen lange bei zwei großen Lagunen nach einem Weg, wechseln von einem Ufer zum anderen, finden schließlich eine Passage und beginnen den Aufstieg zum Mladineo-Pass. Obwohl er nur 600 Meter hoch ist, kann er bei starkem Wind eine kleine Herausforderung darstellen. Auf dem Pass eröffnet sich uns ein atemberaubendes Panorama: Vor uns erstreckt sich eine Fjordlandschaft mit unzähligen Wasserstraßen, Buchten und tiefblauem Wasser, eine Landschaft wie aus einer Traumwelt. In der Ferne ragen die vergletscherten Gipfel der Darwin Kordilliere empor, und wenn wir uns umdrehen, blicken wir auf das breite Band des Beagle-Kanals

Wir wachen in einer Winterlandschaft auf.

und die argentinische Küste von Ushuaia bis zur Estancia Haberton. Doch unseren Blicken entgeht auch nicht der undurchdringliche Wald, der den Weg zum Ufer der Wulaia-Bucht versperrt.

Der Abstieg erweist sich anspruchsvoller als der Aufstieg. Im oberen, baumfreien Gelände peitschen Orkanböen über uns hinweg, zerren an unseren schweren Rucksäcken und bringen uns immer wieder aus dem Gleichgewicht. Das nächste Hindernis kündigt sich mit einem Rauschen an: der Matanza Fluss, breit, kniehoch und reißend. Nachdem unsere Schuhe und Füße bereits durch den Schnee und den Morast nass geworden sind, denken wir uns, dass es ohnehin nicht schlimmer werden kann. "Warum also Zeit mit dem Aus- und Wiederanziehen der Schuhe verschwenden?", sind wir uns einig. Entschlossen steigen wir in das eiskalte Gewässer. Eine neue Erfahrung: Die Schuhe bieten guten Halt im Flussbett, aber es fühlt sich an, als ob wir barfuß über einen gefrorenen See laufen. Ein solches Erlebnis möchten wir nicht noch einmal haben. Da waren wir uns bereits nach den ersten Schritten im Wasser einig. Schnell stapfen wir an das gegenüberliegende Ufer. Bei jedem Schritt läuft mit einem Quietschen Wasser aus unseren

Durch verschneites Land zum Mladineo-Pass mit dem Beagle-Kanal im Hintergrund.

Auf dem Mladineo-Pass öffnet sich ein eindrucksvolles Panorama: In der Horizont die vergletscherten Gipfel der Darwin-Kordillere.

Schuhen, aber unsere Füße bleiben eiskalt und was jetzt auch noch nervt: der Wind peitscht uns ständig die nassen Hosen um die Beine.

Nun trennt uns nur noch der breite Waldstreifen vom Strand, und dieser erweist sich als das größte Hindernis des Tages: ein undurchdringlicher Dschungel mit dichtem Unterholz, wildem Wuchs und dornigem Gestrüpp. Eine ständige Herausforderung! Wir klettern über umgestürzte Baumstämme, Dornen verfangen sich in unseren Kleidern und Zweige schlagen uns ins Gesicht. Wie in einem verwilderten Labyrinth. Jetzt könnten wir Macheten gebrauchen. Oft verlieren wir uns aus den Augen, aber wir hören einander und wenn wir genau hinschauen, bemerken wir Bewegungen in mannshohem Gebüsch und dann öffnet sich wie von Geisterhand eine grüne Wand und einer von uns tritt heraus. Zum Glück ist die Orientierung nicht allzu schwierig: Bergab ist immer die richtige Richtung, denn dort unten, wo der Berg aufhört, beginnt der Strand, wo wir hinmüssen. Wie lange werden wir noch brauchen? Schwer zu sagen. Vielleicht eine Stunde, vielleicht zwei oder drei Stunden. In

Tiefe erstrecken sich die Wulaia-Bucht und der Ponsonby-Fjord, und am

dieser grünen Hölle, ohne klaren Blick auf die Umgebung lässt sich das nicht abschätzen. Die Zeit verrinnt, und die Dämmerung bricht bereits herein.

Wir arbeiten uns im Schneckentempo vorwärts. Doch plötzlich öffnet sich die undurchdringliche grüne Wand. Wir können es kaum fassen: Vor uns beginnt ein schmaler Trampelpfad, gerade breit genug für eine Person. Nur wenige Minuten später stehen wir vor einer Absperrung mit einem Maschendrahtzaun. Wir sind mehr als erstaunt. In welchem Film sind wir jetzt gelandet? Derartiges hatten wir in dieser Wildnis nicht erwartet. Eine schmale Tür gibt den Zugang zur Wulaia-Bucht frei. Schon zeichnet sich im letzten Licht des Tages die aufgegebene Radiostation auf dem baumfreien Küstenstreifen ab. Sie wurde für den Flugverkehr errichtet. In den 1930er-Jahren erhob Chile Ansprüche auf Teile der Antarktis und eröffnete eine Flugverbindung zwischen Punta Arenas und einem Stützpunkt auf der antarktischen Halbinsel. Die Wulaia-Bucht lag mitten auf dieser Route, weshalb die Radiostation an diesem Ort errichtet wurde. Sie ist verschlossen, Tür und Fenster sind mit Eisengittern versperrt. Wir hatten gehofft, dort unser Zelt aufstellen zu können! Auch das verlassene Wohnhaus der einstigen Estancia in der Nähe ist nicht zum Zelten geeignet: Das Dach ist eingestürzt, das Holz verrottet, die meisten Boden- und Wandfliesen sind abgeschlagen und inmitten von Schutt, Müll und Unrat liegt ein zerlegter alter Herd. Und jetzt? Wo schlagen wir unser Lager auf? An der Mündung des Matanza-Flusses, unter Südbuchen oder am Strand? Wir erkunden das Gelände und stoßen auf eine weitere Überraschung, auf Unterstände, aus rohen Brettern gezimmerte Konstruktionen. In einen davon passt unser Zelt, ein anderer dient uns als Küche und Esszimmer. Was für ein Luxus in der Wildnis!

Der Tag endet erstaunlich komfortabel. Wir genießen unser Abendessen und es würde uns nach all den Überraschungen heute nicht einmal wundern, wenn Charles Darwin plötzlich aus der Dunkelheit hervortreten und sich zu uns gesellen würde. Wir hätten auch eine Überraschung für ihn parat, könnten ihm als Dessert die letz-

Das Abendessen ist bald fertig.

ten Stücke meiner Geburtstagstorte anbieten, die er bestimmt nicht verschmähen würde. Ein paar Tage zuvor hatten wir meinen Geburtstag in Buenos Aires mit Engadiner Nusstorte und Champagner gefeiert. Nun begnügen wir uns mit einer heißen Tasse Tee. Aber das mindert den Genuss keineswegs. In angenehmer Gesellschaft sitzen wir zufrieden an einem idyllischen Ort am Ende der Welt.

Unwillkürlich erinnere ich mich an eine Reise aus vergangenen Zeiten, einen Tag ebenfalls voller unerwarteter Ereignisse. Wir waren mit dem Kanu auf der Müritz unterwegs, und der Campingplatz, auf dem wir übernachten wollten, war von Jugendlichen belegt, die mit großem Lautsprecher die Umgebung beschallten. Entschlossen paddelten wir weiter zum nächsten Platz, was ungefähr drei Stunden dauerte. In der Abenddämmerung erreichten wir den neuen Platz und freuten uns nach einem langen Tag auf das Abendessen. Doch das Restaurant war geschlossen, unsere Vorräte aufgebraucht und der nächste Gasthof zwei Stunden entfernt. Im Mondlicht machten wir uns auf den Weg und erreichten den Gasthof gegen 22 Uhr. Die Wirtin blickte uns mitleidig an und erklärte sich bereit, uns noch etwas zu kochen. Unsere Energie kehrte zurück. Wir waren zufrieden mit dem Tag und genossen den langen nächtlichen Rückweg unter dem klaren Sternenhimmel. Auch heute, an diesem besonderen Ort am Ende der Welt, erkennen wir wieder, dass das Glück und Zufriedenheit oft in unerwarteten und kleinen Dingen zu finden sind.

Lange bevor die beiden kroatischen Goldsucher das Gebiet rodeten und eine Schafzucht begannen, erreichten die Yaganes-Seenomaden mit ihren Kanus die Bucht. Geschützt vor den Winden bot sie ausreichend Platz für ihre kegelförmigen Hütten aus Ästen und Zweigen, die sie mit Gras und Erde winddicht machten. Von einem Aussichtsplatz aus betrachten wir die Bucht und tauchen in die Geschichte dieses Ortes ein, versuchen, einen Blick in die Vergangenheit zu werfen. Unsere Vorstellung lässt den Strand lebendig werden. Männer in Robbenfellen verlassen ihre kleinen Tipis, gehen auf die Jagd und erlegen Seehunde. Frauen bereiten sich auf Tauchgänge nach Muscheln und Krebsen vor und tragen zum Schutz gegen das eiskalte Wasser Robbenfett dick auf. Das einfache Leben der Seenomaden folgte einer eingespielten Routine: Die Männer jagten an Land, und die Frauen begaben sich bei der Nahrungssuche ins Wasser, denn nur sie konnten schwimmen.

Die Geschichte zwischen den Weißen und den Ureinwohnern in dieser Region ist geprägt von blutigen Kämpfen und Konflikten. Das Land, das einst niemandem und allen gehörte, wurde von Viehzüchtern und Goldsuchern gnadenlos beansprucht, aufgeteilt und verteidigt. Die Yaganes konnten sich nicht wehren. Womit auch? Den Schusswaffen hatten sie nichts entgegenzusetzen. Sie benutzten ausschließlich hölzerne Speere mit Spitzen aus Tierknochen für die Fischjagd, Pfeil und Bogen für die Gänsejagd und dicke Holzknüppel zum Töten von Seehunden. Die Ureinwohner wurden als Freiwild betrachtet. Kopfgelder von bis zu einem Pfund Sterling wurden gezahlt! Die Weißen rodeten Wälder und brachten Schaf- und Rinderherden auf die neuen Weideflächen. Sie führten sich auf wie einst die spanischen Konquistadoren, angetrieben von Gier und Aussicht auf schnellen Reichtum. Ihr Territorium grenzten sie mit Zäunen ab. Andere suchten begierig nach Gold. Immer und überall standen die Yaganes den Weißen im Weg. Sie hatten stets das Nachsehen, den eingeschleppten tödlichen Krankheiten wie Masern und Typhus waren sie wehrlos ausgeliefert.

Im März 1830 nahm Fitz Roy, der Kapitän der HMS Beagle, auf der Rückreise vier Yaganes aus der Wulaia-Bucht mit nach England. Einer von ihnen war der 12-jährige Orundellico, der den englischen Namen Jimmy Button erhielt, weil er angeblich für drei Perlmuttknöpfe eingetauscht worden war. In England wurden sie geimpft und einem Priester anvertraut. Er sollte ihnen Englisch beibringen und westliche Werte vermitteln. Anschließend hatte man vor, sie zu ihrem Stamm zurückzubringen. Dort sollten sie ihre erworbenen Kenntnisse an ihre Gemeinschaft weitergeben, um zivilisierte Menschen aus ihnen zu machen. Die Umsetzung des Plans erwies sich jedoch als schwierig. Die entführten Yaganes genossen die Aufmerksamkeit und Annehmlichkeiten der Zivilisation, zeigten aber nur wenig Interesse daran, die westlichen Werte zu übernehmen und weiterzugeben.

Nach drei Jahren brachte man sie zu ihren Eltern zurück, in der Hoffnung, Kontakt zu ihren Stammesmitgliedern herstellen zu könnten. Diese waren jedoch ausgesprochen verwirrt, als sie ihre Angehörigen in feinem englischen Tuch und mit kurzen Haaren erblickten. Die Begegnung verlief ausgesprochen kühl und der erhoffte Kontakt kam nicht zustande. Als Fitz Roy 15 Monate später mit der HMS Beagle erneut in der Wulaia-Bucht ankerte, kamen Yaganes mit ihren Kanus zum Schiff, darunter auch ein großer "Wilder" mit langen Haaren und fast nackt. Er grüßte in gebrochenem Englisch, es war Jimmy Button. Er hat die Zivilisation hinter sich gelassen und war zu seiner Kultur zurückgekehrt. Nach dreijährigem intensivstem missionarischem Bemühen war das Projekt "Zivilisierung" gescheitert.

Im fernen Europa las man aufmerksam Darwin Berichte über die Seenomaden, doch er hatte eine höchst merkwürdige Sicht auf diese Menschen. Er betrachtete sie als unglückliche und rückständige Wesen, die er herablassend beschrieb: verkümmert im Wachstum, mit hässlichen, weiß bemalten Gesichtern, verdreckter Haut, verfilzten Haaren, misstönender Stimme, feindseligen Gebärden und einem strengen Geruch von ranzigem Walfett. Darwin stellte sie auf die Stufe niedriger Tieren und sah sie als minderwertig an.

Seine Berichte über die Seenomaden riefen die Missionare erneut auf den Plan. Sie waren entschlossen, diese "armen" Nomaden zu zivilisieren, zu sesshaften Farmern zu machen und ihnen den christlichen Glauben sowie die abendländische Kultur zu vermitteln. Doch die Yaganes hatten keinerlei Interesse daran, ihr traditionelles Leben aufzugeben und sich den Vorstellungen der Missionare zu fügen. Und alles, was die Missionare mitbrachten, verleitete sie nur zum Diebstahl. Als sie den Yaganes gestohlene Gegenstände abnahmen, reagierten diese aggressiv und die Situation eskalierte. In dieser aufgeladenen Atmosphäre töteten sie die Besatzung eines Missionsschiffes, das in der Bucht ankerte. Nur der Koch überlebte, da er nicht an dem Gottesdienst an der Küste teilnahm, als das Massaker stattfand.

Das einstige Weideland für Tausende Schafe hat die Natur seit Jahrzehnten wieder zurückerobert. Dichtes, undurchdringliches

Unterholz ist nachgewachsen. Atemlose Stille umgibt uns, gelegentlich streicht ein sanfter Wind über die Bucht. Möwen ziehen kreischend ihre Kreise am Himmel. Es ist ein spiritueller Ort, als ob die Seelen der Yaganes hier ihren Frieden gefunden hätten. Wir gehen am Strand entlang, über Kelp mit blasenförmigen Früchten und Mejillones, Miesmuscheln in hellbeiger Schale. Doch die idyllische Ruhe wird bald gestört. Am frühen Nachmittag durchbricht ein unangenehmes Sirren die Stille, das Geräusch von Zodiaks, die sich einem Steg am Ufer nähern. Sie bringen eine ganze Schiffsladung Touristen an Land und schon bald wird die stille Bucht von den Passagieren der Ventus, einem Luxusliner, überschwemmt. Dieser bringt betuchte Gäste von Punta Arenas über Kap Hoorn nach Ushuaia und auf dieser mehrtägigen Reise zu den landschaftlichen Sehenswürdigkeiten der Region. Das Kreuzfahrtschiff ankert fernab in tieferem Wasser. Nun wird uns auch klar, dass die hölzernen Unterstände zum Schutz der Passagiere errichtet wurden, falls sie bei ihrem Landgang von plötzlichem Regen überrascht werden.

Als im Jahr 2002 Chile den Murray-Kanal für den privaten Schiffsverkehr öffnete, ebnete es so den Weg zur touristischen Er-

Wir liegen im Zelt und beobachten lange den spektakulären Sonnenuntergang.

schließung der Wulaia-Bucht. Die Unternehmerfamilie Braun-Menéndez nutzt auf ihren Kreuzfahrten nun die Abkürzung, die der Kanal ermöglicht. Sie ließ die alte Radiostation in ein Museum umwandeln, in dem sie die historischen Ereignisse in der Bucht sowie die Konflikte zwischen Missionaren und Yaganes dokumentieren, zäunten den Küstenstreifen ein und legten Wege zu einem Aussichtspunkt und einem Denkmal von Fitz Roy an. Die Kreuzfahrtpassagiere sind überrascht, uns allein in dieser abgelegenen Bucht zu sehen. Neugierig fragt jemand schließlich: "Wo kommt ihr denn her?"

Mit ernster Miene erklären wir: "Uns hat das letzte Kreuzfahrtschiff leider vergessen mitzunehmen", und fühlen uns für einen Moment wie Robinson Crusoe auf einer einsamen Insel, dessen Rettung nun nahe ist. Einige der Passagiere scheinen uns schon zu bedauern, doch dann klären wir sie auf, dass wir tatsächlich auf dem Landweg hierher gekommen sind. Das sorgt für Verwunderung. Wie kann man nur den beschwerlichen Landweg gehen, wenn es viel bequemer ist, sich mit dem Luxusliner herbringen zu lassen? Nach drei Stunden endet der Landgang, und alle Passagiere kehren zurück zum Schiff. Jeder nimmt sich eine Schwimmweste,

Der Rückweg ist genauso unwegsam wie der Hinweg.

die bei der Ankunft am Steg abgelegt wurden. Wenn keine mehr übrig, ist das das Zeichen dafür, dass alle Passagiere Wulaia wieder verlassen haben und an Bord sind. Das Museum in der alten Radiostation wird verschlossen, und der Rest der Mannschaft zieht sich ebenfalls auf das Schiff zurück. Ruhe kehrt wieder ein, und wir bleiben allein zurück in der Schönheit und Stille dieser abgeschiedenen Bucht.

Mit dem ersten Tageslicht machen wir uns auf den Rückweg. Vom Monte King Scott nähern sich Regenschleier, und bald fallen erste Regentropfen. Der anfangs markierte Pfad, der in den Wald hineinführt, endet abrupt. Wie bereits auf dem Hinweg müssen wir uns unseren Weg durch kniehohes Gestrüpp und Wildwuchs suchen. Unterhalb des Mladineo-Passes wird der Regen stärker, um auf der Passhöhe schlagartig aufzuhören. Das Wetter gibt uns Gelegenheit, die grandiose Aussicht von hier oben zu bestaunen: vor uns in der Ferne der sonst kobaltblaue Beagle-Kanal wie ein breiter Strich vor schneebedeckten Gebirgszügen. Heute spiegelt sich sein Wasser unter grauen Wolkentürmen anthrazitfarben. Wir werfen einen letzten Blick zurück auf die Wulaia-Bucht, die sich jedoch schon mit dichten Wolken verhüllt hat. Als Yagan wäre ich bei diesem Wetter im Tipi geblieben, hätte mich in mein Robbenfell gehüllt, wäre nah ans Feuer gerückt, hätte Miesmuscheln in der heißen Asche gegart und auf besseres Wetter gewartet. Vielleicht den Kindern die Geschichte von dem Falken Yoskalia und seinem mächtigen Vater, dem Zauberer Yekamush erzählt. Yoskalia hatte sich verliebt, aber seine Freundin ärgerte ihn ständig, hatte jeden Tag etwas an ihm auszusetzen. Mal machte sie sich über seine Statur lustig: "Was, du bist schon erwachsen und noch so klein?" Am nächsten Tag mokierte sie sich über seinen Ruf: "So was von kraftlos, wer soll dich nur hören?" Auch die anderen Mitglieder ihrer Familie ärgerten ihn fortwährend. Yoskalia war sehr betrübt und klagte seinem Vater sein Leid. Der sann auf Rache, ließ einen Wal stranden und alle, die seinen Sohn geärgert hatten, davon essen. Sobald sie ein Stück Speck geschluckt hatten, verband sich dieses fest mit dem Wal. Dieser erholte sich und schwamm ins Meer zurück, gemeinsam mit den anhaftenden Falken, die ihrer verdienten

"Passbild" auf dem Mladineo-Pass.

Strafe entgegensahen und jämmerlich ertranken. "Macht euch niemals über jemanden lustig, nur weil er anders ist", würde ich meinen Kindern als Yagan-Vater zum Abschluss wohl mit auf den Weg gegeben haben.

Hin und wieder lässt sich die Sonne durch Lücken im grauen Wolkenhimmel blicken. Wir steigen ab und bahnen uns unseren Weg durch die wilde Vegetation zurück. Die Wolkendecke lichtet sich, der Himmel wird blau. Bald leuchten die Wellblechdächer von Ushuaia in allen Farben auf der anderen Seite des Beagle-Kanals im Sonnenlicht. Wir erreichen den Rio Lum und folgen ihm auf seinem Weg zur Estancia. Es ist wieder spät geworden. An einem mit Gras und Laub gepolsterten Platz stellen wir unser Zelt auf. Plötzlich nähert sich Hundegebell, und bald schon taucht ein schwarzer, knurrender Hund von der Farm vor uns auf. Er umkreist uns in sicherem Abstand, um kurz darauf wieder zu verschwinden. Danach besucht uns ein anderer, falbfarben mit weißen "Söckchen". Er schaut uns treuherzig an, legt seinen Kopf zur Seite, leckt seine Schnauze und hebt seine linke Pfote. Es ist erstaunlich, wie diese ausdrucksstarke Gestik bei Hunden weltweit verbreitet zu sein scheint. Leider können wir ihm nichts von unserem Essen abgeben, denn es ist unsere letzte Ration. Enttäuscht zieht er davon.

Mit Roberto hatten wir verabredet, dass er uns mitnimmt, wenn er Touristen von Puerto Navarino nach Puerto Williams bringt. "Gegen halb elf komme ich an der Estancia vorbei", hatte er versprochen. Wir packen frühzeitig und machen uns auf den Weg zur Straße. Als wir am Wohnhaus der Estancia vorbeikommen, steht Maria bereits in der Tür. Sie erkennt uns wieder und lädt uns zu einer Tasse Tee ein. Wie gerne hätten wir ihr Angebot angenommen, aber wir lehnten dankend ab aus Sorge unsere Rückfahrt zu verpassen, denn wir kennen Roberto inzwischen gut genug und befürchten, dass er die Abmachung längst vergessen hatte. Wenn wir nicht an der Straße stehen, kann es ohne Weiteres sein, dass er einfach durchfährt und wir möglicherweise noch 15 Stunden nach Puerto Williams laufen müssten.

Wir geben Maria zwei sandfarbene Muschelschalen, die wir aus der Wulaia-Bucht mitgebracht hatten. Sie betrachtet sie lange und sagt schließlich: "Diese Muscheln gibt es nur dort, es sind Mejillones." Wir warten vor der Estancia ungeduldig auf den Bus, aber Roberto kommt nicht. Stattdessen nimmt uns ein Kollege von der Konkurrenz mit nach Puerto Williams. Nuri, unsere Zimmerwirtin, umarmt uns minutenlang: "Me preoccupaba para usted. La nieve, la lluvia, el mal tiempo!" sagte sie. "Ich habe mir solche Sorgen um euch wegen des schlechten Wetters gemacht."

Sonntags ist in Puerto Williams nicht viel los, und heute ist es aufgrund des eiskalten Windes noch ruhiger als üblich in diesem verschlafenen Dorf. Wir schlendern die Calle Piloto Pardo entlang, vorbei am Haus von Patty, die leider nicht da ist. Kapitän Pardo, der Namensgeber der Straße, wird im Land hoch angesehen für seine mutige Rettungsaktion. Im August 1918, als der Winter die Südhalbkugel fest im Griff hatte und sich in den antarktischen Gewässern Eisschollen zu einer geschlossenen Eisdecke verbanden, machte sich der Marinekapitän mit der Yelcho, einem Kutter der Küstenwache, auf den Weg zur Elefanteninsel am Ende der Drake-

Passage, um die Schiffbrüchigen der Trans-Antarktis-Expedition von Ernest Shackleton zu retten. Vier Jahre zuvor, Anfang Dezember, hatte Shackleton mit seiner Mannschaft Südgeorgien im Südatlantik verlassen, noch 2.000 Kilometer vom Eisschelf des Wedell-Meeres entfernt. Sein Ziel war es, als Erster die Antarktis zu durchqueren, bis zum Ross Meer im Süden, auf einer 3.000 Kilometer langen Strecke durch Eis und Kälte. Doch bereits einen Monat später blieb sein Schiff im Packeis stecken, und Ende Oktober 1915 wurde es von den Eismassen zerdrückt. Die Besatzung rettete sich auf die Elefanteninsel. Shackleton segelte mit einer kleinen Mannschaft in einem umgebauten Boot zurück nach Südgeorgien, um Hilfe zu organisieren. Nach etlichen erfolglosen Versuchen wandte er sich schließlich an die chilenische Admiralität, die Hilfe versprach. Am 25. August 1918 brachte Kapitän Pardo die Schiffbrüchigen sicher nach Punta Arenas zurück.

Am Cementerio Municipal wecken Holzkreuze und Schmuck aus Plastikblumen unser Interesse. Auf einer Gedenktafel lesen wir: "Aqui descansan los restos de Carlos Raul Yagan, reconocido como el ultimo principe de la raza Yagan." Hier ruhen die Überreste von Carlos Raul Yagan, bekannt als das letzte Oberhaupt der Yaganes. Wir erinnern uns an die über 80-jährige Cristina Calderón, eine Yagana. Ein Foto von ihr in Pattys Wohnzimmer hatte immer unsere Aufmerksamkeit erregt, ihr trauriger Blick ohne Hoffnung. Sie war die Letzte, die noch die Sprache der Yaganes beherrschte. Bis vor Kurzem konnte sie sich noch mit ihrer Schwester in ihrer Sprache unterhalten. Aber seit deren Tod gibt es niemanden mehr, mit dem sie in ihrer Sprache sprechen kann. Kürzlich hatten wir eine Dokumentation über sie im chilenischen Fernsehen gesehen. Ihr von Falten gezeichnetes Gesicht strahlte Resignation und Misstrauen aus, keine Freundlichkeit, keine Zuversicht. Als Kind hat sie noch das Nomadenleben erlebt, aber sie vermisst es nicht. Sie wollte deshalb nie einen Yagan heiraten.

"Jeden Tag an einem anderen Ort ankommen, das hat mir nicht gefallen!", erzählte sie dem Reporter. Sie wurde sesshaft und heiratete zweimal. Zwei ihrer Söhne arbeiten bei der Marine, während die anderen beiden im Dorf herumhängen.

Ukika, die kleine Yagan-Siedlung nahe Puerto Williams, wirkt heruntergekommen und vernachlässigt. Zwischen den kleinen Häuschen liegen verrostete Autowracks, kaputtes Spielzeug, zerstörte Geräte und Fahrradteile. Es scheint eine Eigenart der Indigenen zu sein, Dinge aufzuheben und sie wiederzuverwenden. Früher wurde beim Erlegen eines Guanakos alles verwendet, das Fleisch zum Essen, das Fell zum Wärmen und die Knochen zum Schnitzen von Pfeilspitzen. Ähnlich scheinen die Yaganes ausgediente Gegenstände der Zivilisation anzusammeln, da sie noch Teile davon nutzen können. Wir gehen zu einer Hütte, aus der wir Stimmen hören. Klaus fragt nach Cristina.

“Sie ist in Santiago!”, antwortet einer der Männer und fügt ungefragt hinzu: “Ein Interview mit ihr ist teuer! Leute aus aller Welt kommen, um sie zu interviewen. Ihr könnt mich auch fragen, ich bin ihr Enkel. Aber ich bin auch teuer!”

Auf dem Tisch stehen leere Bierflaschen.

“Trinkt mit uns! Was wollt ihr? Wein oder Bier?”

Doch am Vormittag ist es uns noch zu früh dafür und wir verabschieden uns.

Zwischen Ende 1918 und 1924 unternahm der Missionar und Anthropologe Martin Gusinde vier Forschungsreisen nach Feuerland, um die vom Aussterben bedrohte Kultur der Feuerlandnomaden kennenzulernen und für die Nachwelt zu dokumentieren. Er verbrachte viele Monate mit den Yaganes und nahm an ihrem Leben teil, auch an ihren Initiationsriten, die er fotografisch festhielt. Im Auftrag des Berliner Phonogramm-Archivs zeichnete er auch ihre Lieder und Gesänge auf. Diese Aufnahmen stellen heute die einzigen erhaltenen Tondokumente der Feuerland-Indianer dar. Im Gusinde-Museum, einem modernen Gebäude aus Glas und Holz am anderen Ende von Puerto Williams, können wir uns eingehender mit der Geschichte der Yaganes und Gusindes Dokumentation beschäftigen. Gerade beugen wir uns über Exponate in einer Vitrine, und beinahe wären unsere Köpfe zusammengestoßen. Joaquín neben uns hat sich gleichfalls über sie gebeugt. Er ist Journalist, gestern aus Punta Arenas angereist. Er wird einige Tage hier verbringen und Material für einen Artikel über die Yaganes sammeln. Er hat sich bereits umfassend informiert und teilt sein erworbenes Wissen mit uns: "Die Yaganes ernährten sich hauptsächlich von Fischen, Krebsen, Seelöwen und Walen. Sie durchquerten die Wasserstraßen des Archipels in Kanus aus der Rinde der Magellan-Südbuche. Während Frauen hinten im Boot ruderten, hielten Männer am Bug Ausschau nach Seelöwen. Die Kinder saßen in der Mitte des Bootes und kümmerten sich um das Feuer, das nie ausgehen durfte, weil es mühsam war, mit feuchtem Holz ein neues zu entfachen. Die Yaganes kannten keine Vorratshaltung, auch der Anbau von Feldfrüchten war ihnen fremd. Ihre Kost aus Meeresfrüchten war kalorienarm, daher waren sie ständig auf Nahrungssuche und hatten kaum Zeit, eine hoch stehende Kultur zu entwickeln. Sie schnitten ihre Haare mit Muschelschalen und bedeckten sich bis zur Taille mit Fellen von Seelöwen und Guanakos. Die Frauen schmückten sich mit Halsketten und Armbändern aus Muscheln, Knochen und Federkielen. Mit ihrer bilderreichen Sprache und ihrem großen Reichtum an Legenden und Mythen, die Gusinde aufgenommen hat, widerlegen sie die in Chile und Argentinien geläufigen rassistischen Klischees von den "unzivilisierten Wilden"."

Es ist Joaquín ein besonderes Anliegen, für die als unterentwickelt dargestellten und vermeintlich primitiven Ureinwohner Feuerlands Partei zu ergreifen.

Drake Lake oder Drake Shake?

Warum übt die Antarktis eine besondere Faszination aus? Ist es die extreme Abgeschiedenheit, die raue, menschenfeindliche Natur, die einzigartig auf der Welt ist? Das faszinierende Farbenspiel der Wolken, des Wassers und des Eises? Das endlose Weiß, in dem sich Himmel und Meer spiegeln? Oder ist es der Wunsch, Tiere in ihrer natürlichen Umgebung zu beobachten: Kaiserpinguine, Schwertwale, Robben, Pinguine, Albatrosse? Oder suchen wir nur ein Abenteuer, das nicht jeder erleben kann? Aber eine Reise an diesen abgelegensten Ort der Welt erfordert zugleich auch die Bereitschaft, sich den extremen Herausforderungen dieses Kontinents zu stellen.

Mitte November machen wir uns mit der MS Ortelius auf den Weg in die Antarktis. Unser Ziel ist eine Kaiserpinguin-Kolonie im Wedell-Meer, nahe der Südspitze von Snow-Hill-Island. Früh am Morgen bringen wir unser Gepäck zum vereinbarten Depot, von wo es direkt in unsere Kabine an Bord transportiert wird. Unterwegs treffen wir auf Akio, einen Japaner, der diese Reise bereits zweimal unternommen hat.

"Auf in die Antarktis!"

"Beide Male war das Wetter ungünstig" erzählt er. "Einmal gab es zu viel Packeis und kein offenes Fahrwasser, das andere Mal war es zu stürmisch. Ich habe leider keinen einzigen Kaiserpinguin gesehen!" Dennoch ist er überzeugt, dass es diesmal beim dritten Anlauf klappen wird. "Eine Garantie, sie zu sehen, gibt es allerdings nicht!", fügt er lachend hinzu, aber wir bleiben optimistisch.

Im Hafen von Ushuaia treffen wir auf Cathy, eine neuseeländische Skipperin, die bis zu acht Personen auf ihrer Segeljacht in die Antarktis bringt. Ihr Boot ist mit einem starken Dieselmotor und verstärktem Rumpf ausgestattet, gut isoliert und verfügt über eine Zentralheizung. Sie betont, dass sie Mitglied der IAATO (International Association of Antarctic Tour Operators) ist und einen verantwortungsbewussten und umweltverträglichen Tourismus unterstützt. Aber wer kontrolliert das? Wer überprüft, dass keine Bakterien und Viren eingeschleppt werden, Krankheitskeime, die das Leben in der Polarregion gefährden? Oder dass Tiere nicht gestört werden von Touristen, die womöglich auf der Suche nach dem ultimativen Foto durch eine Pinguinkolonie streifen? Cathy zeigt uns eindrucksvolle Fotos von ihren Antarktis-Abenteuern, von Teilnehmern, die mit Ski auf verschneite Hügel steigen, um in unbe-

Die MS Ortelius, ein kleines eisverstärktes Expeditionsschiff mit Platz für 108 Passagiere, bringt uns in die Antarktis.

rührtem Pulverschnee abzufahren, im Kajak Eisberge umkreisen, in Zelten auf dem Eis übernachten oder die Nähe von Seeleoparden suchen, die sich auf Eisschollen ausruhen. Die Fotos machen uns nachdenklich, denn mit all diese Aktivitäten wird das sensible Ökosystem der Region gestört.

"Die Reise mit meiner Jacht kostet nicht mehr als auf mit einem großen Expeditionsschiff, aber ich kann eine exklusive Reiseerfahrung für all jene bieten, die das individuelle Abenteuer suchen und erleben wollen. Ich kann auf spezielle Wünsche eines jeden einzelnen Gastes eingehen, unberührte Küsten ansteuern, die noch nie ein Mensch betreten hat, wo große Schiffe nicht hingelangen können."

Doch in der räumlichen Enge der Jacht sehen wir auch ein soziales Wagnis. Es gibt keine Rückzugsmöglichkeiten, und das Zusammenleben mit verschiedenen Individuen, die man erst auf dem Boot kennenlernt, kann herausfordernd sein. Ob Krisenkommunikation das Miteinander stärkt, wird sich zeigen, besonders in der Drake-Straße, wo das eigentliche Abenteuer bereits beginnt. Wir verabschieden uns von Cathy und begeben uns an Bord der polartauglichen MS Ortelius. Bis zu 80 Zentimeter dickes Eis kann das Schiff brechen. Mit einer Länge von 90 Metern bietet es Platz für 120 Passagiere, ist aber wendiger als große Kreuzfahrtschiffe. In Gruppen von zehn Personen steigen wir die Gangway hoch. Oben begrüßt uns der Hotelmanager Dejan und weist uns ein. Ein neues Abenteuer beginnt.

Wir stehen auf Backbord und schauen auf Ushuaia. Der Abschied fällt uns nicht schwer, denn das Wetter ist grau und regnerisch. Gegen 18 Uhr wird die Gangway hochgeholt, die Crew löst die Leinen, das Schiffshorn ertönt, langsam entfernt sich das Schiff vom Pier und nimmt Fahrt auf. Kaum haben wir abgelegt, lichtet sich der Himmel und vor uns spannt sich ein Regenbogen über den Beagle-Kanal. Ein gutes Zeichen! Es lässt uns auf besseres Wetter hoffen. Expeditionsleiterin Lynn stellt sich mit den anderen Crewmitgliedern vor. Der finnische Kapitän Mika lädt uns ein, die windgeschützte Aussicht auf der Kommandobrücke zu genießen, "solange ihr leise seid und die Navigation nicht stört". Er verspricht

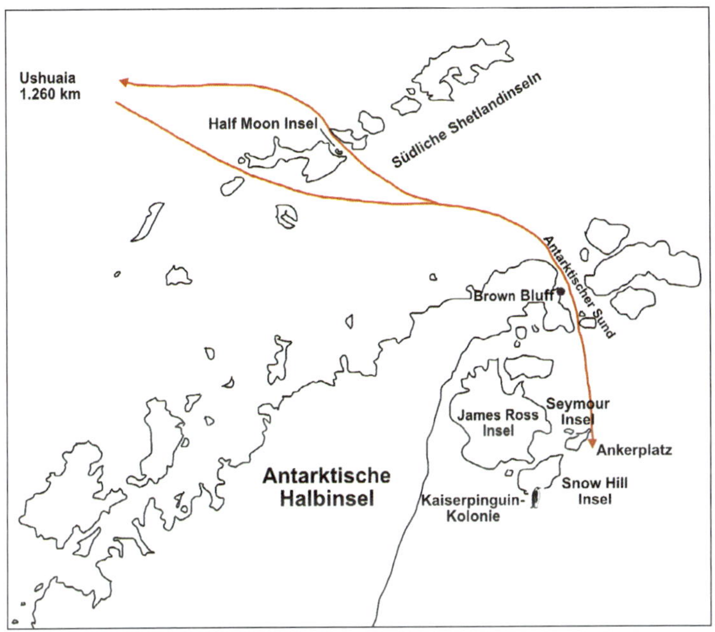

Mit der MS Ortelius, einem wendigen Expeditionsschiff, geeignet für Fahrten in solidem Meereis und mehrjährigem Packeis zu einer Kaiserpinguin-Kolonie nahe der Snow Hill Insel im antarktischen Weddellmeer.

uns eine aufregende und faszinierende Reise. Lynn, unsere Biologin, wird uns jeden Morgen mit ihrer klangvollen Stimme über Bordlautsprecher wecken und uns über aktuelle Wetterbedingungen informieren. Sie erinnert uns an Termine und weist auf besondere Ausblicke hin, auf Albatrosse und Wale, die das Schiff begleiten. Auch die anderen Crewmitglieder lernen wir kennen, darunter Bill, einen Schotten, der im Schottenrock erscheint.

"Ich habe die Nationaltracht angezogen, weil wir Schotten gegen den Brexit sind!", erklärt er uns in seinem breiten schottischen Akzent. Währenddessen zieht die Küste am Nordufer des Beagle-Kanals vorbei, das beeindruckende Gebirgsmassiv der Cinco Hermanos und die unzähligen Gipfel der Sierra Sorondo. In der Abenddämmerung erreichen wir Puerto Williams. Die gezackten Dientes-Berge im Hintergrund sind wolkenverhangen.

Wir warten gespannt auf die beiden Hubschrauber, die uns bei der Suche nach einer Kaiserpinguinkolonie unterstützen sollen. Noch ist unklar, ob sie es rechtzeitig schaffen, da die Fluggesellschaft DAP Helicópteros mit Sitz in Punta Arenas normalerweise nur Flüge bei Tageslicht erlaubt. Doch sie erhalten eine Sondergenehmigung. Schon umkreist ein Hubschrauber das Schiff, schaltet die Frontscheinwerfer ein und setzt zur Landung an. Kurz darauf folgt der zweite. Mit den drei Piloten und drei Mechanikern an Bord sind wir nun bereit für das neue Abenteuer.

Touristische Antarktisreisen beschränken sich hauptsächlich auf die antarktische Halbinsel und die vorgelagerten Inseln, Wasserstraßen, Fjorde und Buchten bis zum Lemaire-Kanal, einer schmalen Passage auf dem 65. Breitengrad mit beiderseits steil aufragenden Gebirgsformationen und Hängegletschern. Im ruhigen Wasser treiben Eisschollen, spiegeln sich Fels und Eis, absolute Stille, eine Landschaft wie aus einer anderen Welt. Zum Schutz der fragilen Ökologie dieses Kontinents wurden strenge internationale Verhaltensregeln erlassen: kein Lärm, keinen Abfall hinterlassen und keine Krankheitserreger einschleppen. Es gilt ein Mindestabstand von zehn Metern zu Tieren und dreißig Metern zu Brutkolonien von Pinguinen zu wahren, um die Tiere nicht zu stören. Zusätzlich sollten Fotos ohne Blitzlicht gemacht werden, um den Tieren keinen unnötigen Stress zu bereiten.

Die Antarktis ist im Gegensatz zur Arktis kein schwimmender Eisschild, sondern ein Festlandsockel, der von einem mächtigen Eispanzer bedeckt ist. Er ist mehrere Kilometer dick! Sollte er abschmelzen, würde der Kontinent im Meer versinken. Nur das Vinson-Massiv in den Ellsworth Bergen, knapp 5.000 Meter hoch, würde noch herausragen. Sonnenlicht gibt es auf diesem Kontinent nur von November bis März, in der restlichen Zeit des Jahres liegt er im Dunkeln.

Die Drake-Passage ist berüchtigt und hält viele davon ab, eine Schiffsreise in die Antarktis zu unternehmen. Auf dieser fast 1.000 Kilometer langen Route treffen der Atlantische und der Pazifische Ozean mit großer Wucht aufeinander, heftige Westwinde türmen nicht selten riesige Wellenberge haushoch auf und es bleibt jedes mal abzuwarten, was einen erwartet: "Drake Lake" oder "Drake Shake", eine ruhige See oder aufgewühltes Wasser? Gegen halb zehn verschließt ein Crewmitglied die Bullaugen unserer Kabine und als wir kurz nach Mitternacht die ruhigen Gewässer des Beagle-Kanals verlassen, nimmt der Wind zu, und die MS Ortelius wird bald von heftigem Wellengang durchgeschüttelt. Wir nehmen vorsorglich ein Mittel gegen die Seekrankheit ein, das unseren Gleichgewichtssinn beruhigen soll. Bald stampft und rollt unser Schiff durch heftig bewegtes Wasser. Wir liegen flach in unserer Koje, halten uns am Gestänge des Bettes fest und wissen nicht mehr, ob der Magen oben oder unten ist. Gegen Mittag wird der Seegang noch stärker. Hohe Wellen brechen sich am Bug und schwappen über das Vorschiff. Lynn, unsere Expeditionsleiterin, meldet sich über Bordlautsprecher: "Suchen Sie sich einen festen Platz! Legen sie sich am besten in der Kabine auf das Bett. Verstauen sie alle beweglichen Gegenstände im Schrank! Wir durchfahren jetzt eine Tiefdruckzone."

Am Ende der Drake-Passage treiben erste Eisschollen auf dem Wasser.

Um uns tobt die See. Das Schiff hebt und senkt sich. Neigt sich nach links und nach rechts. Die Augen finden kaum noch Halt. Um uns herum nur Wassermassen in Aufruhr wie in einem kochenden Strudel. Wer schwankt? Unser Horizont oder wir? Irgendwann haben wir keinen Ehrgeiz mehr, dies wissen zu wollen. Nur hinlegen, Augen schließen und hoffen, dass sich das Wasser schnell wieder beruhigt. Im Rhythmus der Wellen rollen Wasserflaschen auf dem Boden hin und her. Das Boot ächzt und stampft durch die aufgewühlte See. Wir fallen in jedes Wellental. Lassen uns auf jeden Wellenberg hochschleudern wie in einer Waschmaschine. Neue Ansage: "Wir durchqueren soeben die Zone der "Antarktischen Konvergenz", eine natürliche Grenze in den antarktischen Gewässern. Kaltes, nach Norden fließendes Wasser trifft auf wärmeres des Atlantiks und Pazifiks und sinkt infolge seiner höheren Dichte

Ein Seeleopard erhebt seinen Kopf aus einem Luftloch, späht nach Beute,

mehrere Hundert Meter ab. Das Oberflächenwasser wird kälter und nähert sich dem Gefrierpunkt. Auch die Luft wird spürbar kühler.

Der starke Seegang stellt für viele Passagiere eine große Herausforderung dar. Der Gang durch die Flure wird schwierig. Fällt das Schiff in ein Wellental, geht der Tritt scheinbar ins Leere, hebt eine Welle es empor, stellt sich auch der Flur steil hoch, und die rollenden Bewegungen der MS Ortelius werfen die Passagiere nach rechts und nach links. Die Schritte geraten zu einem heftigen Torkeln auf Treppen sogar zu einer Achterbahnfahrt. Um das Gleichgewicht zu halten, müssen wir uns ständig an Griffen und Geländern festhalten. Gefährlich wird es, wenn ein Passagier ohne Halt und stark beschleunigt auf einen zufliegt. Dann heißt es schnell einen stabilen Stand suchen und den entfesselten Mitrei-

und sofort werden die Pinguine aufmerksam.

senden so gut wie möglich aufzuhalten, ohne selbst das Gleichgewicht zu verlieren. Selbst das Essen wird zu einer anstrengenden Tätigkeit. Teller und Gläser rutschen auf den Tischen herum, wir müssen sie festhalten. Viele Tische bleiben leer, denn so mancher hat bei dem starken Seegang den Appetit verloren.

Nach der Passage durch die südlichen Shetlandinseln beruhigt sich das Wetter, und das Schiff gleitet wieder ruhiger durch das Wasser. Um halb acht weckt uns Lynn über den Lautsprecher und wünscht uns einen schönen Morgen und der Hotelmanager bittet zum Frühstück. Vor dem Schiff taucht eine Gruppe von Finnwalen auf. Sie machen sich mit meterhohen Fontänen bemerkbar, die sie beim Ausatmen hochpusten. Sie sind schneller als das Schiff und schon bald wieder verschwunden.

Wir bereiten uns auf die Landgänge vor, nehmen spezielle Stiefel mit Neoprenschaft und rutschfester Profilsohle in Empfang, reinigen sie gründlich in einem Desinfektionsbad und säubern unsere Polarkleidung mit Staubsaugern, um keine Krankheitskeime an Land zu bringen. Am Nachmittag üben wir den sicheren Einstieg in die Zodiaks und Hubschrauber und hören Vorträge über die einzigartige Tier- und Pflanzenwelt der Antarktis. Dabei lernen wir auch, wie wir uns verantwortungsbewusst und respektvoll ihr gegenüber verhalten.

Über das gefrorene Meer

Ende November, wenn auf der Nordhalbkugel der Winter beginnt, hält der Sommer Einzug in der Antarktis. Der Südpol der Erde hat sich zur Sonne gedreht, aber die Sonnenstrahlen treffen wegen der Neigung der Erdachse nur flach auf den vereisten Kontinent. Die Bedingungen für unsere Reise sind in diesem Jahr günstig. Obwohl wir häufig Packeis ausweichen müssen, finden wir immer wieder offenes Fahrwasser, das uns nahe an unser Ziel heranführt. Wir nähern uns dem Eisschelf zwischen der Seymour- und Snow-Hill-Insel und bald erhebt sich die vergletscherte Snow-Hill-Insel wie ein mächtiger Tafeleisberg aus dem Packeis vor uns. Ein unerwarteter Ruck, und das Schiff bleibt mit dem Bug im Eis stecken. Auf das Wagnis einer Weiterfahrt möchte der Kapitän sich nicht einlassen. Das Risiko ist ihm zu groß, denn das geschichtete Eisschelf kann meterdick sein und dann bleiben wir darin stecken. Vor uns erstreckt sich, soweit das Auge reicht, eine scheinbar endlose Eisplatte. Es ist schwer vorstellbar, dass sie auf Wasser schwimmt. Die Übergänge zwischen Gletschereis und Meereis sind fließend und mit bloßem Auge nicht erkennbar.

Ein Hubschrauber startet zur Erkundung und bringt gute Nachrichten: Eine Kaiserpinguin-Kolonie wurde vor der Südküste entdeckt, ebenso ein geeigneter Landeplatz für den Helikopter. Auch das Wetter soll sich bessern. Die Gruppen für den Landgang werden eingeteilt. Wir üben das Anlegen der Schwimmwesten, watscheln in warmer Polarkleidung, Rettungsweste und Neoprenstiefeln wie Pinguine durch die Gänge und versammeln uns nach Aufruf in der Musterstation, dem Aufenthaltsraum neben dem Helideck. Nach drei Stunden Übung hat offenbar jeder den Ablauf verstanden.

Die Wetterbesserung lässt weiterhin auf sich warten. Ein stürmischer Wind fegt unerbittlich über das Schiff und es ist eiskalt. Nur einige Hartgesottene setzten ihren Fuß vor die Tür, werden aber gleich von dem heftigen Sturm zurückgeblasen. Am Mittag steht fest, dass die Hubschrauberpiloten heute einen Ruhetag haben. Der starke Wind und die Sicht lassen keine Flüge zu. In der Bar versucht die Crew uns aufzuheitern, und es gibt Cocktails zum

"Happy Hour-Tarif". Die Stimmung an Bord ist dennoch gut, da wir uns bewusst sind, dass das Wetter in der Antarktis unberechenbar ist und solche Rückschläge dazu gehören.

Am Morgen reißt der Himmel auf, Sturm und Schneedrift haben sich gelegt. Und dann endlich die lang ersehnte Durchsage: "Bereitet euch vor, zieht warme Kleidung und Schwimmwesten an und kommt zur Musterstation, wenn ihr aufgerufen werdet!"

Warm eingehüllt wie Michelin-Männchen warten wir vor der Tür zum Helideck und darauf, dass wir in den Helikopter einsteigen können. Immer nur fünf Leute kann er mitnehmen. Ein Passagier sitzt vorne neben dem Piloten. Vier weitere auf der Rückbank. Wir legen die Sitzgurte an und setzen den Gehörschutz auf. Ein Crewmitglied vergewissert sich, dass alle startklar sind. Kurzes

Ein Hubschrauber startet einen Erkundungsflug zu der Kaiserpinguin-

Okay-Zeichen und die beiden Triebwerke, je 420 PS stark, starten laut. Der Heli zittert und schwankt kurz nach beiden Seiten, dann hebt er ab und nimmt Kurs nach Süden. Unter uns erstreckt sich eine endlose Eiswüste. Eisschollen sind zu Bergen und skurrilen Skulpturen zusammengewachsen. Dazwischen schimmert dünnes Eis lichtblau wie auf einem eingefrorenen Planeten. Nach 15 Minuten landen wir vor einem festgefrorenen Eisberg. Neben dem markierten Landeplatz ein Zelt und Kisten mit Verpflegung.

"Falls die Wetterbedingungen sich abrupt ändern, der Helikopter nicht mehr zum Schiff zurückkommt und ihr auf dem Eis übernachten müsst! Eine Vorsichtsmaßnahme für einen plötzlichen Wettersturz. Bitte in spätestens einer Stunde zurück sein!", die letzte Anweisung.

Kolonie Richtung Snow Hill Island.

Wir folgen dem abgesteckten Parcours zu den Pinguinen über das Eis. Der trockene Schnee knirscht unter unseren Füßen. Ein leichter Wind treibt Schneekristalle über die Schneedecke. Wie dick mag das Eis unter unseren Füßen sein? Unser Abstand zu dem eiskalten Wasser darunter? Ein Meter oder mehr? Wenn die Eisdecke transparent wäre, würden wir im Wasser Leben entdecken? Vielleicht antarktische Silberfische sehen, Robben auf dem Weg zum nächsten Luftloch oder vielleicht einen Oktopus? Doch vermutlich herrscht dort unten nur schwarze, eisige Finsternis.

Ende März im antarktischen Herbst haben sich die Kaiserpinguine satt gefressen und wiegen nun bis zu 40 Kilogramm. Die Männchen benötigen diese Fettreserven, denn für sie bricht eine schwere Zeit an. Sie kehren zu ihren Brutplätzen auf dem Meereis zurück. Etwa einen Monat später legt das Weibchen ein Ei und übergibt es sofort in die Obhut ihres Partner. Der rollt es auf seine Füße und hält es in seiner Bauchfalte warm. Noch spendet die Sonne einige Stunden am Tag Licht und Wärme. Die Weibchen machen sich auf den Weg zum Ende des Eisschelfs und zum offenen Wasser. Die

Hubschrauber-Anflug auf die MS Ortelius, die an der Packeisgrenze wartet.

Männchen bleiben zurück, verharren stoisch auf ihrem Brutplatz, stets bedacht, das anvertraute Ei warm zu halten. Tausende von Pinguinen rücken eng zusammen, ducken sich vor dem Sturm und wärmen sich gegenseitig. Bald hüllt sie der kalte und dunkle Polarwinter ein. Zwei Monate trotzen sie Eiseskälte, Dunkelheit und Schneestürmen. In dieser Zeit verlieren sie fast die Hälfte ihres Körpergewichts. Wenn Anfang Juli die Sonne zaghaft zurückkommt, schlüpfen die Küken. Zeitgleich kehren die Weibchen mit vorverdautem Fisch zurück, übernehmen den Nachwuchs und füttern ihn, während die Männchen sich eilig zum Wasser begeben, um ihren Hunger zu stillen. Danach wechseln sie sich regelmäßig bei der Fütterung ab.

Schon von Weitem hören wir ohrenbetäubendes Geschnatter, das die Luft erfüllt. Wir umrunden aufgetürmte Eisschollen und stehen plötzlich vor einer riesigen Kolonie von Kaiserpinguinen. Mithilfe von Luftaufnahmen wurde ihre Größe ermittelt. Mehr als 5.000 Elternpaare und über 5.000 Küken hat man gezählt. 15.000 Pinguine insgesamt! Einige bemerken uns sofort, werfen sich in Pose, schlagen mit ihren Flügeln, strecken ihre Köpfe und kommen

Von unserem Landeplatz hinter einem Eisberg gehen wir noch 20 Minuten über gefrorenes Meer zu der Kaiserpinguin-Kolonie.

mit einem Schnarren auf uns zu. “Willkommen in unserer Kolonie” soll das wohl heißen. Neugierig mustern sie uns, als ob sie unsere Anwesenheit genau begutachten würden. Die Küken sind an ihrem grau-weißen Gefieder gut zu erkennen, sie sind bereits 16 Wochen alt und beinahe schon so groß wie ihre Eltern. Diese sind ständig damit beschäftigt, Futter für den Nachwuchs herbeizuschaffen. Inmitten der riesigen Schar erkennen sie ihre eigenen Küken anhand ihrer unverwechselbaren Stimmen. Wenn die Eltern auf Futtersuche sind, wird der Nachwuchs in einer Art Kindergarten betreut. Ein älterer Vogel passt auf sechs bis acht der flauschigen, tollpatschigen Küken auf. Sie machen erste Gehversuche. Am liebsten bewegen sie sich auf dem Bauch liegend vorwärts, paddeln mit den Füßen und stoßen sich auf dem Eis ab. Wer nur faul rumsteht, erhält einen kräftigen Fußtritt von seinem Betreuer.

So ein Tritt kann schmerzhaft sein. Die Füße eines Kaiserpinguins sind mit starken Krallen bewehrt. Die verschaffen ihnen

Zwei Pinguine kommen schnatternd auf uns zu, betrachten uns aufmerk-

einen guten Halt auf dem Eis, sie sind auch hilfreich bei der Abwehr von Raubmöwen und Riesensturmvögeln. Unablässig kreisen diese auf der Suche nach Futter über dem Brutplatz und haben schwache Jungtiere im Visier. Nach der Mauser im Alter von sechs Monaten wird der Nachwuchs selbstständig, aber noch stecken die Jungtiere in ihrem grauen Flaum. Einen Monat später wechseln sie das Federkleid und sehen mit weißen Bauch- und schwarzen Rückenfedern schon sehr erwachsen aus. Aber bis sie ausgewachsen und ihre Größe von etwa 120 Zentimetern erreicht haben, wird es noch ein ganzes Jahr dauern.

Immer mehr Pinguine nähern sich uns bis auf wenige Meter, betrachten uns neugierig und fragen sich wohl, was da für eigenartige Gestalten gekommen sind, um sie zu fotografieren. Es ist erstaunlich, wie zutraulich sie sind. Auf dem Eis brauchen sie keine Feinde zu fürchten, nur im Wasser. Dort lauern Schwertwale und vor allem

sam, verlieren aber schnell das Interesse an uns.

Seeleoparden. Ihre Arglosigkeit gegenüber uns Menschen beeindruckt sehr und es berührt uns, mit welcher Furchtlosigkeit sie auf uns zukommen.
Das Wetter bleibt stabil und gibt uns noch einmal die Gelegenheit, zur Pinguin-Kolonie zu fliegen. Marcelo steuert den Helikopter. Nach vielen Hin- und Rückflügen kennt er die Strecke bereits auswendig. Sie langweilt ihn! Nun vollführt er wahre Kunststücke. Zieht die Maschine hoch, um sie kurz danach steil nach unten zu drücken. Schon glaube ich zu hören, wie sie über das Eis kratzt. Abrupt wechselt er die Richtung, mal presst es mich gegen die Tür, mal gegen Marcelo. Er gibt uns Kostproben seines Könnens. Ich schreie nicht mehr vor Entsetzen, denn das scheint ihn nur noch zu wahnsinnigeren Kunststücken zu animieren. Fehlt nur noch ein Looping oder eine Drehung um die Querachse! Dann hat er sich ausgetobt und hält schnurgerade Kurs auf den markierten Landeplatz. Abermals beobachten wir die Pinguine aus nächster Nähe.

Die Pinguin-Küken in ihrem grau-weißen Gefieder sind bereits 16 Wochen alt. In einem Monat werden sie ihr Federkleid wechseln und mit weißen Bauch- und schwarzen Rückenfedern dann schon sehr erwachsen aussehen.

Neugierig kommen sie wieder auf uns zu. Bleiben wenige Meter vor uns stehen und recken ihre Köpfe hoch. Ach, dieselben komischen Gestalten wie heute Vormittag! Wie langweilig! Sie drehen ab und schlurfen in Gedanken versunken mit eingezogenem Kopf durch den Schnee zurück zur Kolonie. Der Tag endet in einer ausgelassenen Stimmung an Bord. Die Crew freut sich über die gelungene Exkursion zu den Pinguinen und wir Passagiere sind dankbar für die Gelegenheit, dass wir diese faszinierenden Tiere in ihrer natürlichen Umgebung aus nächster Nähe beobachten konnten.

Zügellos

Die MS Ortelius befreit sich aus dem Packeis und nimmt Kurs auf Ushuaia. Noch bei Tagesanbruch sind die Bedingungen günstig für eine Zodiakfahrt zu der Brown Bluff Insel am Eingang zum antarktischen Sund mit Kolonien von Adelie- und Eselsspinguinen. Leider frischt der Wind zum Sturm auf und die Fahrt muss abgesagt werden. Wir haben es schon geahnt, denn bereits als wir die James Ross Insel passierten, war der Wind sehr stark, er hätte Anlandungen mit dem Zodiak gefährlich gemacht. Stattdessen gibt Bill, der charismatische Schotte, einen Vortrag über die Darstellung der Seefahrt in der Kunst von Turner und Rembrandt bis Picasso und Géricault. Auf seinem Bild "Floß der Medusa" hat er die aussichtslose Lage von Schiffbrüchigen dargestellt. Sturm und hohen Wellen ausgesetzt, treiben sie dem sicheren Tod entgegen.

"Genau so werden sich einige von uns fühlen, wenn wir wieder in die Drake-Passage kommen."

War da nicht ein Funken von Schadenfreude in seinem Gesicht?

"Jetzt hat er aber gewaltig übertrieben!", meinen viele. Aber es gibt auch besorgte Mienen. Still und ruhig verharren Passagiere gedankenversunken, erinnern sich an die stürmische Hinreise und beginnen bereits jetzt zu leiden.

Für weitere Abwechslung sorgt ein Vortrag über den Walfang in den antarktischen Gewässern. Früher wurde Walfett als Beleuchtungsmittel dringend benötigt, weshalb die Wale auch unter extrem schwierigen Bedingungen gejagt wurden. Coloane, Schriftsteller und Sohn eines Walfängers, beschreibt in seinen Büchern das harte und entbehrungsreiche Leben dieser Jäger, das sie oft zu gewalttätigen Menschen machte. Und meistens ging es nur um ein paar Pesos! Danach hören wir einen Vortrag über die bedeutende Rolle von Krill in der Nahrungskette und in der Kosmetikindustrie. Krill, winzige Krebstierchen sind eine essenzielle Nahrungsquelle für Fische, Robben und Wale. Derzeit wird er in großen Mengen aus den antarktischen Gewässern gefischt, was für die maritimen Lebewesen, darunter auch Sturmvögel und Albatrosse, eine ernste Bedrohung darstellt. Krillöl wird für die Gewinnung von Coenzym

Q10 verwendet, einem wichtigen Stoff im menschlichen Energiestoffwechsel. Besonders alarmierend ist, dass Q10 jetzt auch zahlreichen kosmetischen Cremes und Nahrungsergänzungsmitteln beigefügt wird.

Dann gibt es auch noch eine gute Nachricht: "Morgen früh erreichen wir die südlichen Shetland-Inseln, dort können wir voraussichtlich auf der Half Moon Insel anlanden." "Jedoch müsst ihr bereits um fünf Uhr dazu bereit sein", fügt Lynn hinzu.

Schon gegen vier Uhr ankert die MS Ortelius in der breiten halbmondförmigen Menguante Bucht auf der Ostseite der Insel. Das Wasser ist ruhig. Es ist taghell, wie auch die Stunden zuvor. Die Berge der großen Livingstone-Insel gegenüber strahlen blaukalt im Morgenrot. Bizarr geformte Eisberge gleiten im rötlichen Morgenlicht vorbei und spiegeln sich im dunkelblauen Meer. Einer sieht aus wie eine Sphinx, andere wie ein mehrstöckiges Hochhaus, ein Elefant, eine Kathedrale, ein Berg mit den Umrissen des Matterhorns. Ein mächtiger Eisberg ähnelt einem lang gestreckten, mehrstöckigen Gebäude. Es erinnert mich an meine ehemalige Arbeitsstätte, ein Großklinikum. Möchte es sich von mir verabschieden oder mich zu einer neuen gemeinsamen Reise einladen? Das eisige Abbild zieht vorbei, und ich bin mir sicher, folgen möchte ich ihm nicht.

Auf Half Moon, einer der kleinsten Inseln im Archipel der südlichen Shetland-Inseln, erwartet uns eine große Kolonie von Zügelpinguinen. Über 3.000 Pinguinpaare haben Forscher dort gezählt.

"Ihr könnt zwei Stunden lang herumwandern und wer will, kann anschließend auch einen Polar Plunge wagen, ins Wasser springen und ein paar Züge schwimmen", teilt uns Arjen, der stellvertretende Expeditionsleiter, mit. "Vergesst euere Handtücher nicht!", fügt er hinzu, zieht eine Augenbraue hoch und verkneift sich einen Kommentar.

Vier Zodiaks werden ins spiegelglatte Wasser gelassen und bringen uns in wenigen Minuten zur Insel. Dort hat er noch eine Bitte: "Haltet Abstand zu den Pinguinen! Versperrt ihre Wege nicht!" Die Zügelpinguine sind gut halb so groß wie die Kaiserpinguine. Ihren

Auf der kleinen Half Moon Insel kommt uns ein neugieriger Zügelpinguin entgegen.

Namen verdanken sie einem zügelförmigen schwarzen Streifen über dem Kehlkopf, der aussieht, als ob sie einen Helm mit Kinnriemen tragen würden. Kaum angekommen stehen wir vor einem Pinguin-Highway, zwei breiten Spuren im Schnee. Auf der einen watscheln die Pinguine hinauf zu ihren Nestern, auf der anderen rutschen sie hinunter zum Wasser. Die zweispurige Bahn ist eine kluge Erfindung. Sie ermöglicht ihnen einen freien Weg nach oben und verhindert, dass sie sich gegenseitig in die Quere kommen.

Die Zügel-Pinguine bereiten sich gerade auf die Brutzeit vor und sammeln Steine für ihre Nester. Einige von ihnen sind besonders schlau und stehlen in einem unbemerkten Augenblick die vom Nachbarn. Das endet in einem ohrenbetäubenden Geschnatter, wenn der Bestohlene dies merkt. Mit kräftigen Schnabelhieben und empörten Schreien holt er sich die Steine zurück. Zwei Eselspinguine mit rotem Schnabel bleiben vor uns stehen, betrachten uns, picken am Eis, watscheln weiter und peilen die Lage am Ufer. Ist da ein Seeleopard, ihr größter Feind, vielleicht in der Nähe? Sie wirken unschlüssig. Wer macht den Anfang? Sobald der Erste den Sprung gewagt hat, folgen ihm die anderen. Blitzschnell sind sie unterwegs, springen immer wieder aus dem Wasser empor. Stundenlang könnten wir ihnen bei ihren lebhaften Manövern zuschauen.

Am Vormittag ist das Wetter noch schön, aber nun verschlechtert es sich rapide. Auf einer Wetterkarte ist die Drake-Passage rot eingefärbt, was heißt, dass uns stürmische Zeiten bevorstehen. Schon

Zügelpinguine bauen ihre Nester aus Steinen und klauen gerne die vom Nachbar. Der holt sie sich mit kräftigen Schnabelhieben und empörten Schreien zurück.

Eine große Zügelpinguinkolonie empfängt uns mit lautem Geschnatter auf

bald wird aus dem Wind ein heftiger Sturm. Die Wellen werden höher und kräftiger. Wir bewegen uns an Bord wieder wie Pinguine, um das Gleichgewicht zu halten. Beim Gang zum Buffet erfordert jeder Schritt Vorsicht, um zu verhindern, dass unser Essen vom Teller gleitet, in den Ausschnitt der Tischnachbarin rutscht oder auf der Hose eines Gastes landet. Die Wellen klatschen mit dumpfen Schlägen gegen den Schiffsrumpf, und obwohl das Schiff stark ist, spüren wir, wie es bebt, zittert und ächzt.

In Ushuaia sind wir erleichtert, wieder festen Boden unter den Füßen zu haben. Doch selbst hier schwankt er weiter oder bilden wir uns das nur ein? Wie Pinguine bewegen wir uns durch das bit-

der Südspitze der Half Moon Insel.

terkalte und regnerische Wetter, das uns an die Bedingungen in der Antarktis erinnert.

Unsere Reise ist zu Ende und wir können nicht umhin, uns zu fragen, ob es nicht besser wäre, diesen unberührten Kontinent in Frieden zu lassen. Warum müssen wir die Umwelt täglich mit Tausenden Tonnen Dieselabgasen belasten? Es mag zwar scheinheilig wirken, solche Fragen zu stellen, da wir selbst diese Reise unternommen haben, aber die Erfahrung hat uns tief bewegt und zum Nachdenken angeregt.

Der Massentourismus in der Antarktis wirft ernsthafte Bedenken auf. Kann das langfristig gut gehen, ohne den empfindlichen Lebensraum und die dort lebenden Tierarten nachhaltig zu schädigen? Die Zukunft der Antarktis und ihrer unberührten Natur ist ungewiss, und die wachsende Zahl von Touristen, die diesen faszinierenden Kontinent besuchen möchten, stellt eine immer größer werdende Herausforderung dar. Wir sollten uns mehr auf die Erforschung und den Schutz dieses einzigartigen Ökosystems kon-

Über 3.000 Pinguinpaare leben in der Kolonie. Im Hintergrund ist die

zentrieren, anstatt es weiterhin durch unseren Eingriff zu gefährden. Unsere Reise hat uns eindrucksvoll vor Augen geführt, wie zerbrechlich und kostbar diese unberührte Wildnis ist und dass es an uns liegt, verantwortungsbewusst und nachhaltig zu handeln, um sie für zukünftige Generationen zu bewahren.

Livingston-Insel zu sehen.

Epilog

Jeder hat seine eigenen Vorstellungen vom perfekten Urlaub. Manche suchen nach Abenteuern und neuen Erlebnissen, andere stellen sich Herausforderungen an hohen Bergen oder unter Wasser, wieder andere suchen nur Ruhe und Erholung. Die Motivation zu Reisen ist individuell verschieden. In jungen Jahren sind wir abenteuerlustig und neugierig auf die Welt, im fortgeschrittenen Alter gewinnen Entspannung und Erholung mehr Bedeutung. Mit jedem Jahrzehnt, das wir älter werden, verringert sich der Umfang unserer Aktivitäten, und wir neigen dazu, von unserer Umgebung zu erwarten, dass sie sich unseren Gewohnheiten und Bedürfnissen anpasst. Doch das Älterwerden bedeutet nicht zwangsläufig Stillstand. Es bleibt unsere Entscheidung, aktiv und engagiert zu bleiben. Und die Sehnsucht nach Freiheit und Abenteuer muss dann nicht enden.

Nicht nur wir haben uns mit zunehmendem Alter verändert, auch die Art und Weise, wie wir reisen und uns auf Reisen vorbereiten, hat sich gewandelt. Früher verbrachten wir viele Stunden damit, Karten und Reiseführer zu studieren und Reiserouten zu planen. Doch bis ins kleinste Detail war das nie möglich, unterwegs mussten wir flexibel sein und uns an unvorhergesehene Hindernisse anpassen. Die Reisen waren anstrengender und riskanter, aber auch intensiver und abenteuerlicher. Heutzutage bietet das Internet nicht nur schnellere und bequemere Möglichkeiten, Reisen zu planen und zu buchen, sondern auch neue Wege, um günstig zu reisen und neue Leute kennenzulernen. Social-Media-Plattformen ermöglichen den Austausch von Erfahrungen und Tipps, und Online-Communities bieten die Möglichkeit, Gleichgesinnte zu treffen und neue Freunde zu finden. Aber kann eine Reise noch ein Abenteuer sein, wenn sie im Vorfeld bereits minutiös geplant ist, wenn es für Überraschungen und Improvisationen keinen Platz mehr gibt? Internet und Satellitennavigation haben das Reisen zwar erleichtert, aber auch das Gefühl von Freiheit und Abenteuer verringert. Trotz all dieser Veränderungen bleiben die Grundprinzipien des Reisens doch immer die gleichen: Entdecken, Erleben und Freude an der Natur.

Wer heutzutage echte Abenteuer erleben möchte, muss nicht unbedingt an einem Survival-Training teilnehmen, Varianten von Extremsport betreiben oder abgelegene, unberührte Gebiete erkunden. Auch nicht jeder sucht solche Herausforderungen in seiner Freizeit, vor allem nicht, wenn der Beruf alleine schon herausfordernd ist. Und mit dem Alter nimmt die Suche nach derartigen Wagnissen ebenfalls ab, weil das Alter an sich oft schon Herausforderung genug ist. Vielen genügt es dann, von einer komfortablen Bleibe aus in eine andere Umgebung und fremde Kultur einzutauchen. Aber auch auf dieser Art des Reisens ist es möglich, andere Lebensweisen, Traditionen und Sichtweisen zu entdecken. Es gibt viele Wege, das Leben zu gestalten und zu meistern. Träume und Sehnsüchte müssen oft lange darauf warten, verwirklicht zu werden. Spätestens nach Beendigung des Berufslebens ist der Zeitpunkt gekommen, diese Pläne in die Tat umzusetzen und ein Leben ganz nach den eigenen Wünschen zu erleben. Die Welt mag zwar längst entdeckt und bis in die entlegensten Winkel vermessen und kartografiert sein, aber das sollte uns nicht davon abhalten, Landschaften, fremde Kulturen und Bräuche mit unseren eigenen Augen und allen Sinnen neu zu entdecken. Mit offenem Geist auf Reisen zu gehen, lässt uns schnell in die Rolle von Hauptdarstellern auf einer weiten Bühne schlüpfen, auf der wir jeden Tag ein neues Kapitel unseres Abenteuers gestalten.

Unsere Reisen durch Patagonien und Feuerland, bei denen wir auch 600 Kilometer mit Rucksack und Zelt zurücklegten, haben unseren Blick auf die Welt nachhaltig geprägt. Es waren nicht nur atemberaubende Landschaften und faszinierende Tierwelten, die uns beeindruckten, sondern auch das Eintauchen in die Geschichte und Kultur dieser Regionen. Jeder Ort, den wir besuchten und jedes Gespräch mit den Menschen dort eröffnete eine tiefere Wertschätzung für das Leben auf unserer Welt. Dabei kamen auch Fragen auf, die wir bis heute nicht beantworten können: Warum entfernt sich die Menschheit immer mehr von der Natur, ohne die sie nicht existieren kann? Der Mensch ist ein Teil von ihr. Warum zerstören wir sie und machen die Erde auf diese Weise unbewohnbar? Die Natur benötigt den Menschen nicht zum Überleben. Damit verbunden ist gleich die zweite Frage: Warum verschwenden wir Ressourcen für unsere eigene Bequemlichkeit? Ist es wirklich notwendig, überall mit dem Auto hinzufahren, die Luft mit Abgasen zu verschmutzen? Der Klimawandel ist eine Folge davon, aber kaum jemand möchte seinen gewohnten Lebensstil mit allen Bequemlichkeiten aufgeben. Im Winter denkt kaum jemand an die glühend heißen Sommer, die wir erlebt haben. Wir müssten uns wieder mehr einschränken, mehr teilen und besser miteinander und der Natur umgehen. Doch sind wir dazu noch fähig, nach den vielen Jahren des Wohlstands, der Verschwendung und der Achtlosigkeit?

Auflösung des Rätselspiels "Max liebt"

Die Spieler müssen das Muster herausfinden, nach dem Max bestimmte Gegenstände bevorzugt. Die Regeln für das Muster werden vom Spielleiter festgelegt. Manchmal zieht Max Wörter ohne Doppelkonsonanten vor, manchmal Wörter, die einen bestimmten Vokal enthalten, und so weiter. In unserem Fall waren es Wörter mit "r".

Max mag also Bier und Butter. Kaffee und Schmalz enthalten kein "r", also mag Max sie auch nicht.

Manchmal braucht es Zeit, um eine Lösung zu finden, da man den Sinn der Worte analysiert und nicht deren Schreibweise.

Literaturhinweise

Pigafetta, A.: *Die erste Reise um die Erde - Ein Augenzeugenbericht von der Weltumsegelung Magellans 1519 - 1522*, hrsg. und übersetzt von R. Grün, Horst Erdmann Verlag, Tübingen (1968)

Plüschow, G. (2007): *Silberkondor über Feuerland: Mit Segelkutter und Flugzeug ins Reich meiner Träume*, Mittler & Sohn

Hansen, O. W. (2007): *Tierra de Alacalufes*, Editorial Ateli, Punta Arenas

Bridges, E. L. (2007) *Uttermost Part of the Earth: A History of Tierra del Fuego and the Fuegians*, The Overlock Press

Darwin, Ch. (2006): *Die Fahrt der Beagle*, neu übersetzte und umgearbeitete Auflage, Mareverlag

Fernández, C. A. (2011): *Cuentan los Mapuches*, R. P. Centro Editor de Cultura, Buenos Aires

Alvarez, R. C. (1998): *El Libro de la Mitología: Historias, Leyendas y Creencias Mágicas obtenidas de la tradición oral*, Editorial Ateli, Punta Arenas

Chatwin, B. (1984): *In Patagonien: Reise in ein fernes Land*, Rowohlt

Coloane, F. (1996): *Feuerland*, Unionsverlag

Espósito, M. (2003): *Leyendas Mapuches*, Editorial Guadal S. A.

Borrero. J. M. (2016): *La Patagonia trágica*, Zagier & Urruty Publications

Bildnachweise

[1] Romina Bottazzi, Puerto Pirámides, Argentinien

[2] Dr. Ingrid N. Visser, Co-Director, Orca Research Trust, Neuseeland

[3] Grafik der chilenisch-argentinischen Reiseagentur Cruce Andino

[4] T. L. Nataniel, Santiago de Chile

[5] Steve Walkowiak, SWmaps.com, Art Director, Hoboken, New Jersey, USA

[6] Nachbildung, Museo Marítimo y del Presidio de Ushuaia

MEHR AUS DEM STOCK UND STEIN VERLAG KREFELD

Katrin und Klaus Mees

Freiheit zwischen Halbmond und Shiva

Mit Bulli und Rucksack durch die Zeit

Ein VW Camper ist ihr geliebter und treuer Begleiter auf dem Weg nach Osten. Doch bald merken sie, dass Freiheit ein relativer Begriff ist ... Sie bereisen Irak, Iran, Pakistan, Indien und Nepal, sind als Pioniere unterwegs auf dem Everest Trek und folgen im Winter mit Rucksack und Zelt dem gefrorenen Zanskar-Fluss in Nord-Indien.

Taschenbuch, 2022, 408 Seiten, Format 13 x 21 cm, mit vielen Farbfotos, 19,90 €
ISBN 978-3-9824910-0-4

Susanne Goertz

Nomaden der Seidenstraße

Mit Motorrad und Expeditionsmobil unterwegs

Mit Motorrädern und selbst ausgebautem Expeditionsmobil bereisten Susanne und Thomas Goertz mehrmals und auf verschiedenen Routen die Seidenstraße über den Mittleren Osten, durch Zentralasien bis Tibet und Nepal. Entdecken Sie Geschichten und Fotografien, die den "wilden Osten" sehr persönlich zeigen – und wie es zu diesen außergewöhnlichen Reisen kam.

Bildband im Großformat 27,6 x 24,6 cm 2021, 260 Seiten, durchgehend farbig illustriert, mit Schutzumschlag. 29,90 €
ISBN 978-3-9817174-5-7

www.stockundsteinverlag.de

Scanne mich – für das komplette Verlagsprogramm!